祖国が棄てた人びと

在日韓国人留学生スパイ事件の記録

金孝淳［著］
石坂浩一［監訳］

明石書店

目次

装丁　桂川　潤

日本語版に寄せて

　ソウルでこの本が出版されて三年余りにしてついに日本語翻訳版が出ることとなった。日本の読者に読まれることを念頭に置いて原稿を書いたわけではないが、日本語版を渇望している日本人の存在を知っていただけに、いささかホッとしている。さまざまな困難を乗り越えて本を出すために尽力してくださった翻訳者、編集者ら関係者の労苦に深く感謝申し上げる。

　二〇一五年夏、この本が出た直後に「民主社会のための弁護士会」（略称「民弁」）所属弁護士たちとこの本をめぐって懇談会をもった。民弁は人権弁護や公益訴訟を通じて韓国の民主主義を前進させるうえで核心的な役割を果たしている専門家集団の一つである。懇談会である弁護士が、在日韓国人留学生スパイ捏造事件に関与した判事、検事の実名が本のなかで言及されているが、彼らが名誉棄損で訴えて司法的対応をしてくる可能性を考えてみたか、と心配そうに尋ねた。私は執筆中、この本の出版に対して三つの反作用の可能性を想定してみた。極右団体メンバーが私の家の前に押し寄せ騒ぎを起こすケース、拷問でっち上げ捜査の加担者や関連判事、検事らが告訴してくるケース、情報機関に勤務していた元特殊要員らが脅迫・テロをしてくるケースだ。幸いにも私の拙い予想はすべて杞憂に終わった。いや、それればかりではなく、むしろ予想もしていなかったことが起こったのである。ソウル大学法学部の学部長を務めたある学者が司法研修生を対象とした特別講義で、過分にも将来の法曹人たちに拙著を必読書として推薦してくれた。法曹人たる者が二度と事件捏造という不義に手を染めてはならない、という教訓を伝えようとする思いからだったのだろう。

このような話を書き連ねると、筆者が被害妄想や自己陶酔に陥っているのではないかと訝しく思われる方もいるかもしれない。長きにわたって意味のある変化がほとんど見られない日本と異なり、韓国の「民主化時計」はかなり速いスピードで動いている。半世紀以上にわたって韓国を思いのままに動かしてきた守旧勢力の結束力は目立って弱まった。この本が出たあとも意味のある事件や判決が続いた。私はそうした最近の変化をあえてここに盛り込もうとは思わない。本の分量がこれ以上増えることは避けなければならないからだ。

一九九〇年代前半、ある韓国メディアの東京特派員をしていた縁で何人かの日本の記者と知り合い、いまも何事も腹を割って話せる友誼が続いていることは私としては幸運この上ないことだ。そのなかには一〇歳以上も年上の「老記者」もいる。ソウル特派員を経験したある人は現在日本の主流メディアの韓国関連報道の姿勢や内容について、少なからぬ不満を抱いている。日本のマスコミの報道だけでは韓国の変化を理解できないとして私に説明を求めるメールをしばしば送って寄こす。また別の友人は、韓国では数多くの人が自分の命を投げ打って民主化を勝ちとったが、日本でそうした犠牲者はごくわずかだ、だから日本の政治や民主主義が変革へのエネルギーを失ったまま同じ水準でぐるぐる回っているのも仕方ないと嘆く。

韓国には「烈士暦」という特異な卓上カレンダーがある。外見はそれぞれの日にちの欄に日程やメモなどを書き入れるありふれた事務用卓上カレンダーにすぎない。しかし烈士暦の日付欄の多くは印刷された人名で埋め尽くされている。民主化運動、学生運動、労働運動などの過程で焼身・投身などの仕方で決死的抵抗をした人びと、捜査機関の要員らによって連行され疑問の死体で発見された人びと、そもそも跡形もなく消え去り結局失踪者として処理された人びとなどである。個々人の命日に名前を記載するのだが、ある特定の日付に二、三人の名前があるのは普通で、多いときは七、八名の名前が列挙されている場合もある。民主化運動陣営では彼らを「烈士」と称し、彼らの高貴な犠牲を忘れないために多様な努力を重ねている。「烈士暦」もそうした努力の一つである。

実際「烈士暦」を机の上に置いて毎日眺めるのは、誰にとってもつらいものがある。民主主義のために命を捧げた犠牲者たちの険しくも困難な人生が絶えず想起されるからだ。韓国で数十年間、権威主義的政権に立ち向かう抵抗運動が持続し、ついに現職大統領を不正、権力濫用などの嫌疑で平和裡に権力の座から追放できたのは、何よりも民主烈士たちの長きにわたる犠牲的闘争の結果である。同時に烈士たちの生き方から「負債意識」を感じる数多の市民たちが「より公正で公平な社会をめざす改革」を揺るぎなく要求してきたからでもある。日本の評者の一部には、こうした韓国市民たちの変化への熱望を理解できず、たんに選挙結果を受け入れまいとする韓国人の「気まぐれ、せっかち、党派争いの習性」のせいにして貶めようとする向きが見受けられるが、事の本質を見誤った言説だと言わざるをえない。

韓国の歴代の権威主義政権は、くり返し公安捏造事件を仕掛け、大々的ニュースに仕立てあげた。それは、根拠のない「アカの恐怖」を拡散させて市民らを委縮させ、民主化運動を孤立化、瓦解させて独裁を持続させるのに一定期間効果を発揮した。この本のテーマである「在日韓国人留学生スパイ事件」の捏造も同様の脈絡で生じたものだ。

長いあいだ韓国の情勢は良識ある日本市民にとって心配・憂慮の種であった。少なからぬ日本人が隣国の民主主義を心配し、「日韓連帯運動」に積極的に参加した。両国の市民たちの相互訪問が厳格な統制下に置かれ、交流ネットワークもほとんど不毛だった時期に連帯運動が粘り強く続けられたということは、今から振り返ってみればじつに驚くべきことだ。とくに在日韓国人政治犯救援運動に飛び込んだ日本市民の熱意と献身は並大抵のものではなかった。現在、感情的対立がひときわ顕著となっている韓日関係を見るにつけ、当時の連帯運動の意義を振り返ってみることは決して無意味なことではないだろう。

最近、韓国では日本の民主主義の行く末が心配だと語る市民が少なからずいる。長いあいだ東アジア、東南アジアの市民運動に影響を与えてきた日本の市民社会がこうした指摘に接するならばどんな反応を示すだろうか。一部の韓国人の軽率な発言、取るに足りぬ短見と受け流すだろうか。それとも問題提起に共感して真摯な省察の契機として受け止めてくれるだろうか。もし、後者の立場で、その方向に論議が向っていけば二つの国の市民社会は力を合わせて何をなし得るであろうか。東アジアの未来がかかっている問題である。

推薦の辞

一九七〇年代、八〇年代にスパイ容疑で重刑を宣告された在日韓国人被害者たちの再審事件を初めて引き受けることになったのは二〇一〇年のことだった。再審請求の途上でその年の夏逝去された在日韓国人被害者の家族を訪ね、弁護人選任届を受け取るため東京に数日間滞在することになったのだが、そのとき、ほかにも一〇〇件余りの再審を請求する事由のある事件の被害者が日本に居住しているということを知った。だが、そのうちの相当数は連絡がつかず、やっとのことで連絡がついても東京と大阪を中心にあちこち散らばって暮していたし、過去に受けた有罪のくびきから脱することなど夢のまた夢の状態で困難な生活を送っていた。

そこでまず居住地の把握が可能で訴訟の意思がある在日韓国人被害者たちを訪ね、再審を申請するよう提起することが必要だと思った。ただしこれは事柄の性質上一人でできることではないので、ソウルに戻り刑事事件の再審法理に明るい民弁の同僚弁護士たちに在日韓国人被害者の境遇を説明し協力を要請した。このようにして二〇一〇年末、便宜上「在日同胞再審弁護団」と呼ぶ、在日韓国人スパイでっち上げ事件の再審を専門的に担当する法律家組織が初めて作られた。

私はこの弁護団所属の同僚たちと共に二〇一一年三月、福島原発事故がまさに発生したときに大阪に行き、十余名の在日韓国人被害者とその家族に会い相談した結果、再審を依頼された。それからというもの弁護団所属弁護士は、東京、大阪、京都など多くの場所を幾度も往来しながら在日韓国人被害者とその家族に会って再審を準備する一方、それに基づき数十件の再審を提起した。三〇年あるいは四〇年以上も過去の有罪事件に対して再審を準備し、その手続きを進めることは容易なことではなかった。韓国語が不得手であるという在日韓国人の特殊性や被害者が今も変わらず日本に住んでいる点など、多くの困難にもかかわらず、弁護団の同僚弁護士たちの献身的な努力によって再審手続きは大きな難関もなく進められ、その結果、大部分が従前の判決を破棄して無罪判決を受けるなど、一定の成果を上げることができた。

しかしながら再審が無罪で終結したとはいえ、在日韓国人たちが捜査中に受けた拷問や長期間続いた収監生活による苦痛が解消されたわけではなかった。元政治犯が受けた根深い心の傷は弁護人たちにもその一部が語らずとも伝わってきて心が痛んだ。私自身や同僚弁護士たちは、言うまでもなく、これら被害者たちの事件にかかわった過去の司法府の構成員ではなかったが、しかしわれわれもまた過去から綿々と続いてきた韓国司法府の誤った歴史から自由とはいえない以上、われわれの道徳的責任もやはりある程度避けられないという自責の念が消え去ることはなかった。というわけでそうした責務を果たすための小さな実践の一つとして、相当数の再審裁判が締めくくられた現時点で、彼らの無念でやり切れない体験の内容を多くの人びとに伝え、共有することが必要だと考えた。そのためには五年近くにわたって進められてきた在日韓国人被害者の再審経過を整理して一冊の本にまとめるのがよかろうと思った。そこには在日韓国人被害者の具体的境遇と、当時の彼らをめぐる日本と韓国の構造的問題などさまざまな情況が含まれて叙述されなければならなかった。

しかしながら、こうした作業は日ごろ主として裁判にだけ関わってきた法律家たちには能力を超えた仕事だった。そこでやむなく常々尊敬してやまない金孝淳先生に困難を承知で執筆を重ねてお願いをして、ようやくのことで承諾を受けることができた。私が知る限り、かつて『ハンギョレ新聞』東京特派員をされた金先生は、日本の政界や市民社会の事情に隈なく精通し、同時に常日頃在日韓国人たちのさまざまな問題に対して深い理解と問題意識をもっていた。金先生はこの本の執筆に着手すると、それまでに始めていたほかの著述計画をすべて後回しにしてこの本を書くことに没頭された。その結果、韓国社会ではじめて、在日韓国人スパイ事件被害者たちが被った到底承服できない罪状や、彼らをそのように追い込んだ当時の軍事政権の暗い影と不道徳性が一つひとつ暴かれることになった。

私は、在日韓国人被害者たちがこの本を通じてはじめて、誰にも言えず心のなかにしまい込むしかなかった自分たちの苦痛の歴史を、何よりも愛し、愛されることを願いながらもついに叶うことなく、逆に自分たちを棄てた祖国の構成員たち、わが社会の普通の人びとと語り合う対話の窓をもつことになったのだと思う。今日このような事件が再び繰り返される可能性は、過去と比べればきわめて小さくなったことは間違いない。しかし国家保安法が厳然と存在し、分断体制が維持されている現実において、これに類似した事件が繰り返されないという保証はどこにもない。この本が在日韓国人被害者たちの経験した苦痛をわずかながらでも慰労し治癒することに寄与するものと信じる。再審裁判に参加したわれわれもまた、この本を読みながら裁判過程ではついぞ知ることのできなかった多くの隠された真実を知ることができた。常日頃お忙しい立場にあるにもかかわらず、この本を書いてくださった金孝淳先生に今一度深甚なる感謝の言葉を申し上げる。

李錫兌《イソクテ》

弁護士

セウォル号惨事特別調査委員会委員長

はじめに

　一九九〇年六月、ある国際学術会議が東京のプレスセンターで行なわれた。取材のために訪れた私は、そこで奇妙な体験をした。当時はまだ朝鮮半島問題を幅広く議論する場が少なかったので、日本の環太平洋問題研究所が主催するその学術会議はきわめて関心を引くものだった。北朝鮮や中国など社会主義圏を自由に往来できる韓国系アメリカ人の学者たちが、自分が直接見聞した経験をもとに北朝鮮の実像や内情を伝え、会議場の雰囲気を主導していた。「脱北者」という用語すらなかったころに、国務省など、アメリカ政府から委託されて北朝鮮を行き来していた人たちの発言は、制約の多い韓国の学者に比べると実に率直なものだった。

　二日間にわたって開かれた「朝鮮半島統一問題に関する第六回国際学術シンポジウム」の主題は、朝鮮半島の軍縮と軍事的対立の解消だった。韓国、アメリカ、日本の学者以外にも、ソ連科学アカデミー東洋学研究所日本研究センターのコンスタンチン・サルキソフ所長、中国国際研究所の陶炳尉アジア・太平洋研究室主任ら、八ヵ国から一五〇名余りの学者が参席した。北朝鮮からは平和軍縮研究所のチエ・ウジン、イ・ヒョンチョルらが出席することになっていたが、何日か前に突然欠席の連絡が入り、総連からは中熙九《シンヒグ》朝鮮問題研究所所長が姿を現わした。

学術会議が終わったあと、中山太郎外相主催のレセプションが開かれた。会場は、プレスセンターの向かい側、日比谷公園の中にある老舗《しにせ》のレストラン、松本楼だったと記憶している。横に立つ人と片隅で話をしていると、突然目の前でまぶしい光が輝いた。私の方に向かってカメラのフラッシュがたかれたのだ。すぐに何かおかしいという直感が働いた。私は学術会議の発表者でも討論者でもなく、ニュース価値のある存在でもなかった。日本のメディアのカメラマンが、わざわざ私を写す理由があるはずはなかった。フラッシュがたかれた方向を見ると、二〇代後半と思われる二人の若い男が大きなカメラを持って立っていた。私が足早に近づくと、彼らは逃げるように会場の外に走り去った。

見覚えのある者たちだった。開場前に彼らが受付で名刺を出して挨拶をしたので、儀礼的に名刺のやりとりをしたのだ。ネクタイを締めて正装し髪を短く刈った彼らは、韓国と関係ある外国語専門学校の名刺をくれた。外国語学校の職員がなぜこんなところに来たのかという思いがよぎったが、その時は特別怪しいと思わなかった。彼らが会場から消え去ったあと気になったので、カメラを持っていた若い男の正体について主催側の実務者に尋ねた。すると、自分たちも変な人たちだと思ったという。受付で登録したあと、発表や討論を聞かずに、芳名録に書かれた出席者、それも韓国人の名前だけを書き出していったとのことだ。

私には今も彼らの正体がわからない。国家安全企画部（国家情報院の前身）要員だったのだろうか。

いくらなんでも、韓国の代表的情報機関があのように軽率な行動をするとは思えない。もしかすると国軍の保安司令部要員？ とすると、保安司令部が日本に要員を常駐させていたのか。さもなければ、情報機関の協力者か警察の手先？ 私が会場で話を交わした人が、もしも総連や日本国内の「反政府団体」と関わりがないかと、何か様子をうかがい工作でも企んでいたのだろうか。

あの時のことがいまだに私の脳裏に残っているのは、そのような漠然とした不安のためではない。私が衝撃を受けたのは、日本の外相が自国で主催するレセプションの場で、韓国の情報機関と関わりのある者たちが公然と動いているという点だった。それも表面的には全斗煥《チョンドゥファン》の暴力的統治が終わり盧泰愚《ノテウ》の第六共和国に入った頃のことだ。思えば、朴正熙《パクチョンヒ》と全斗煥が独裁権力をふるっていた頃に、情報機関協力者や二重スパイ、日本の公安機関関係者などを通じてもたらされた「諜報」が針小棒大に伝えられて、どれだけ多くの人たちが身に覚えのないことで被害をこうむったことだろうか。やりきれない思いに駆られる。

あの頃は、スパイ事件容疑者や民主化運動の活動家を法廷で弁護したり擁護したという理由だけで、法律の専門家である弁護士すら情報機関に連行されて殴られたり、運が悪いと拘束までされたものだった。ましてや、韓国国内に何の縁故もなく、韓国の事情に疎く、韓国語もおぼつかない在日韓国人の留学生が、ある日突然情報機関に連れて行かれ、人の目の届かない地下室で、生まれてこの方経験したことのない「原始的暴力」に、さらされたとしたら。

今年〔二〇一五年〕は「11・22事件」が起きてから四〇年になる。この事件は、発生当時在日韓国人社会を恐怖と衝撃に陥れ、その傷は今も完全には癒されないままだ。しかし、二〇一〇年代を生きる韓国人に、11・22事件を知っているかと尋ねても、答えられる人は世代を問わずほとんどいないだろう。11・22事件は、韓国人の記憶から消し去られている。いや、そもそも最初から記憶されていないのだから、消し去るという表現も適切ではないだろう。

事件の名は、中央情報部が事件を大々的に発表した日に由来する。朴正熙政権が、維新独裁に抵抗する民主化運動を抑え込むために緊急措置九号を発動した一九七五年の一一月二二日、中央情報部は「母国への留学生を装って韓国内の大学に浸透した在日韓国人スパイ一党二一人を検挙した」とマスコミに公表した。当時日本で救援運動を繰り広げていた人たちは、「11・22在日韓国人留学生・青年不当逮捕事件」という長い名称を使った。

発表された容疑内容こそおどろおどろしいものだったが、その留学生たちは「主犯」といっても二〇代半ばから後半の若者だった。中央情報部は、容疑があれば男女の別なく捕まえた。拘束起訴された二一人のうち、五人が女性だった。一部は極刑である死刑宣告を受けて刑務所で一〇年余りすごしたのち、減刑・特別赦免措置などで釈放された。韓国とは全く異なる社会・文化的雰囲気のなかで育ち、言葉もよく通じない母国に渡った在日韓国人留学生社会はパニックに陥った。疑わしいとされた者に接触しただけで、捜査機関に無理やり連れて行かれ尋問されることも一度や二度ではなく、なかには、恐怖に駆られ学期の途中で荷物をまとめて日本に戻り、母国に背を向けて生きた人も少なくなかった。

不幸にも11・22事件は、一幕だけで終わらなかった。よく似た事件が引き続き起こった。国家情報院の前身である韓国中央情報部と、機務司令部の前身である国軍保安司令部は、競って在日韓国人留学生スパイ団という作品を披露し続けた。発表の時期も計算されていた。独裁体制に対する国民的抵抗が強まり政局が不安定になったり、大学で反政府デモが活発化するような兆しが見えたりすると、まるで示し合わせたかのように事件が発表された。しかし、在日韓国人スパイ事件がすべて公表されたわけではない。のちに主犯とされた人が死刑確定判決を受けた事件すら、当初は全く知らされなかったものも相当数ある。日本の世論が悪化するのを考慮したのか、日本の救援会組織が容疑内容を綿密に分析して反証を集めるのを回避しようとしたのか、捜査機密の保持のためか、あるいは、捜査の裏付けが充分ではないと自ら判断したからなのか。非公開とされた理由はわからない。一審から上告審まで死刑宣告が続いた事件さえ、裁判過程や宣告の内容は全く報道されない場合もあった。だから二〇代の若者たちが監獄で手錠をはめられたまま、いつ処刑されるのかわからない不安感に震えていても、韓国内の人たちはその若者たちの存在すら知らずにいた。在日韓国人関連スパイ事件の被害者のなかには、もちろん北朝鮮と関係のあった人たちもいるし、北朝鮮に行ってきたと認めた留学生もいる。北朝鮮の対南工作機関や総連内の関連組織が、知らん振りを決め込んでいたと見ることもできる。

公務員の腐敗・汚職を厳しく追及し特捜検事として名を馳せた咸承熙《ハムスンヒ》弁護士は、著書『聖域はない』を一九九五年に出版している。のちに政治家に変身して「切れ者」としての評判に傷をつけたが、彼の著書には検事時代の活躍が生き生きと記述されている。裁判所と検察庁舎がソウルの西小門にあったころ、彼は何人かの不正公務員を捕まえると、すぐに次の仕事を組み立てた。自分の執務室からソウル市庁の庁舎を見下ろしながら、あの伏魔殿にいる公務員たちは「今日は何をしでかしているのか」と考えて、新しい捜査の糸口を探し求めたという。彼の著書からは、公務員の不正を一掃しようという執念が感じられる。

たぶん情報機関の対共捜査官も、スパイ検挙に執念を燃やしていたという点で、心理的には同じではなかっただろうか。その執念のもとになるのが安保意識であろうと、愛国心の発露であろうと、表彰されたい、昇進したいなどの個人的な欲望であろうと、組織内にはびこる強迫的文化であろうと、情報機関同士の幼稚な「実績」競争であろうと、結果として残るものは同じである。しかし咸承熙が検事として成功したのは、それほど公務員の腐敗がひどかったからと解釈できようが、対共捜査官が輝かしい成果を上げたということが、在日韓国人留学生のなかにたくさんのスパイが暗躍していた証拠になるのだろうか。

一九七二年の7・4共同声明などの影響で、北から直接派遣されるスパイの数が目に見えて少なくなると、情報機関は日本を経由する「迂回浸透」の可能性に目をつけた。それで在日韓国人留学生のなかにスパイがうようよしているという前提のもと、留学生名簿のなかから的を絞って対象者を作りだしては、「作戦」に入っていった。在日韓国人留学生は、水槽に閉じ込められ釣り上げられるのを待つような存在にすぎなかった。突然捜査機関に連行され、孤立した状態で調べを受ける在日韓国人は、韓国内の刑事事件被疑者とは比較できないものだった。これが咸承熙検事の扱う不正事件なら、たいてい連行の事実が勤め先や家族に知らされて、すぐに弁護人を付けられたはずだ。

だが、留学生は捜査機密保持という名目で数十日も、完全に外部から遮断され、激しい拷問を受けては型通りの陳述を強要される事例が多かった。留学生たちは、弁護人を選任する権利を完全に剝奪され、ただ捜査機関の「慈悲」に自分の運命をゆだねるしかなかった。拘置所に収監されても日本の家族に連絡できず、一枚の着替えもないまま真冬をすごさなければならなかった人もいたし、初めて出廷した日の朝に公訴状を示されて、自分の「犯罪行為」が何なのかわからずに判事の前に立った人もいた。

在日韓国人留学生がスパイ事件に巻き込まれたのは、もちろん11・22事件が初めてではない。在日韓国人母国留学制度は一九六二年に始められ、当時一一人が「招聘奨学生」として入国した。一九六五年に日韓条約が締結されたのち少しずつ増えていき、一九七〇年の大統領令によってソウル大学に在外国民教育研究所（在外国民教育院、国際教育振興院を経て、現在は国立国際教育院）が発足してから本格化した。革新系の美濃部亮吉東京都知事が一九六八年四月、日本政府と民団の反対を押し切って、総連系の学校法人東京朝鮮学園が運営する朝鮮大学校を各種学校に正式認可した。その対抗策として在日韓国人学生の教育を強化する必要が提起され在日韓国人留学制度が本格化した。在日韓国人留学生の数が増えるにしたがって、スパイ事件がぽつぽつと発表されるようになった。そのなかで一番広く知られているのが、一九七一年四月の大統領選挙直前に発表された、徐勝《ソスン》・徐俊植《ソジュンシク》兄弟事件だった。兄弟が一緒に拘束されたうえに過酷な拷問を受けた疑いがあり、日本社会に大きな反響を巻き起こした。兄の勝は顔にひどい火傷《やけど》を負った姿で出廷し、弟の俊植は獄中で転向を強要され拷問されたことを命の危険も顧みず暴露し、懲役七年の刑期満了後も長期間にわたる保安監護処分によって収監され続けた。この事件は今も人びとの記憶に残っている。

しかし、在日韓国人政治犯は留学生だけではない。学者、教授、技術者、ジャーナリストなど、さまざまな人たちが巻き込まれた。時代をさかのぼると、古くは一九六一年の民族日報事件、与党国会議員がスパイとして拘束された一九六九年の金圭南《キムギュナム》事件をはじめ、二〇一四年の春に『傷ついた花』という演劇が上演されて再び世間の注目を集めた一九七四年の鬱陵島事件も日本との関わりがある。また実質的には北朝鮮と何のつながりもないのに、民団内非主流派を「反国家団体」に仕立て上げ弾圧したケースもある。

一九六一年の5・16クーデターのとき、民団内には、軍部独裁に反対し本国執権勢力との癒着に反対するグループがあった。一九六五年に日韓条約が締結され国交が正常化されると、外交官の身分で中央情報部要員が日本に入ってきたが、彼らにとってこのグループは目の上のこぶだった。情報部要員は、このグループを民団から追い出すために執拗な工作を続け、結局は民団を完全に掌握した。一九八〇年の「ソウルの春」を踏みにじり権力を掌握した新軍部は、金大中を戒厳軍事裁判に送って死刑判決を下す。その判決は、金大中と接触した在日韓国人を中心に作られた韓国民主回復統一促進国民会議日本本部（韓民統）が「反国家団体」であるという、維新時代の判例に依拠している。だから広い意味では、金大中も在日韓国人政治犯事件の被害者に入るわけだ。

スパイ事件に巻き込まれた在日韓国人がどれくらいいるのか、正確な統計はない。日本と関連したスパイ事件に巻き込まれた人は約一五〇人、このうち留学、事業、あるいは親戚を訪問する目的で日本に行ったあとに拘束された人たち（生活の基盤が日本にある在日韓国人ではない一時的に在留した人たち）を除くと、在日韓国人は八〇人余りと推測される。これらの人たちは果たして、北朝鮮の指令のもとに韓国内に潜入し、具体的なスパイ行為をして摘発されたのだろうか。在日韓国人関連事件は長いあいだ、韓国できちんと検証されてこなかった。一九七〇年代から八〇年代にかけて韓国の公判過程を取材した日本人記者の記録には、現場で韓国メディアの姿は見なかったという表現がよく出てくる。日本社会で大きな反響を呼んだ徐兄弟事件でもそうなのだから、ほかの事件は言うまでもない。

韓国のメディアは、情報機関から次々と発表される内容をそのまま繰り返すだけだったし、重刑が宣告されても、公訴状に書かれたとおりの判決内容を簡単に伝える程度だった。独裁政権の徹底した統制のもとにあった当時のメディアの状況からすれば、十分理解できることではある。韓国でもスパイ事件が発生すると身近な親戚すら背を向けるくらいだったから、在日韓国人政治犯に激励の言葉をかける者はいなかった。在日韓国人政治犯は、法廷でもメディアから無視され、獄中でも韓国の「民主人士」と切り離され、孤立していた。海を渡って面会に行った家族が感じた絶望感や屈辱を思いやる韓国人も少なかった。徐兄弟の母呉己順《オギスン》が、一九八〇年五月に二人の息子の釈放を見届けることなく息を引き取ったとき、日本の多くの知識人たちは哀悼の意を表したのに、韓国では彼女を記憶する人すらいなかった。呉己順の名は、八七年六月闘争の結果、新しいメディアが登場するまで、韓国の新聞で触れられることはなかった。

長い軍部独裁が終わり、金大中・盧武鉉《ノムヒョン》政権で過去の人権弾圧の真相究明作業が進められた結果、遅まきながら二〇〇〇年代に入って在日韓国人政治犯にも光が当てられるようになった。再審によって無罪宣告される事例は、遅々としてだが少しずつ出てきている。数十年前に密室で作成された捜査機関の調書をほとんどそのまま認めていた司法のあり方を思うと、世の変化の激しさを感じざるをえない。しかし、再審によって司法上救済されたにしても、被害者の壊された人生が元に戻るわけではない。青雲の志をもって故国を訪れた被害者の多くは、今や壮年期をすぎ、老境に入りつつある。すでに世を去った人もいるし、拷問の後遺症に苦しむ人たちも少なくない。

本書は、二〇一〇年から再審によって徐々に被害者の無罪判決と名誉回復が進められている「歴史的変化」をきっかけにして、在日韓国人政治犯の実態を明らかにすべく書かれた。ここでは、多くの事件をただ紹介するだけでなく、在日韓国人の受難がどのような時代的つながり、歴史的背景のもとに引き起こされたのかを、さまざまな要因を考慮に入れつつ描きだそうと思う。そのためには、在日韓国人の特殊な境遇と青年たちの成長の環境、朝鮮半島の分断状況、南と北の在日同胞政策、本国政権との関係をめぐる民団内部の長いあいだの葛藤、日韓の公安機関の連携、韓国情報機関の協力網と収集した情報の信頼度、金大中の海外活動基盤をつぶそうとする当局の執着、祖国の民主化運動に少しでも参加したいと願った在日青年の思い、拘束された留学生の家族たちの苦しみ、政治犯救援活動を通じた日韓市民の出会い、転向工作とその廃止運動など、多面的に接近する必要がある。

在日韓国人としてのアイデンティティ、祖国分断という現実、韓国の民主化闘争……、こうしたことに悩んだこともないような人なら、突然情報機関に引っ張られていって一瞬にしてスパイに「でっち上げられる」こともそれほどなかっただろうと思う。たとえば、一九七〇から八〇年代に量産された「在日韓国人留学生スパイ事件」のなかには、在日韓国学生同盟（韓学同）とつながりのある韓国文化研究会（韓文研）のようなサークルに関係した人たちが多い。総連系に在日本朝鮮留学生同盟（留学同）があるように、民団には韓学同があったのである。

民団系列の大学生で構成された韓学同が、在日韓国青年同盟（韓青同）とともに民団の傘下団体の地位を取り消されたのは、一九七二年七月のことだ。韓学同と韓青同が、朴正熙独裁政権を支持する民団指導部を非難して民団自主化運動を積極的に進めると、民団指導部は中央情報部と手を組んでこれらの人たちを追い出した。韓国内でも維新体制に対する大学生の抵抗運動が力強く湧き起こっていたことを考えると、韓文研に属する民団系大学生が、日本で金大中、金芝河《キムジハ》らの救命運動を繰り広げて維新独裁を糾弾するデモを行なったのは、自然な流れだったにちがいない。韓文研などに参加した在日韓国人学生が母国留学で入国すれば、いつでもスパイにでっち上げられる条件があったのである。

現在、在日同胞のうち日本社会で最も知られている人物として、姜尚中《カンサンジュン》をあげることができる。彼には、在日同胞として初めて東京大学教授になった人という修飾語がついて回る。早稲田大学政経学部を出て大学院課程を終え、ドイツのエアランゲン大学に留学した彼は、国際基督教大学助教授を経て、一九九八年東京大学社会情報研究所助教授となった。以後、東京大学大学院情報学環教授を経て、東京大学付設現代韓国研究センターセンター長に任ぜられた。二〇一三年には定年を三年後に控えて退職し、聖学院大学学長を務めたこともある。

一九五〇年八月、九州の熊本で在日二世として生まれた彼が華やかな経歴をもつようになったのはなぜか。限りない努力と抜きん出た能力の結果だろうが、それに劣らず重要な前提条件がある。留学の対象地として韓国を選ばなかったという点だ。早稲田大学在学中だった一九七二年の夏、彼はソウルで弁護士をしていた叔父の招きで福岡から釜山の金海空港行きの飛行機に乗った。金海空港に到着して荷物の検査を受けるとき、思いがけないことが起きた。彼が持っていた週刊誌『サンデー毎日』に、偶然金《キム》日成《イルソン》の写真が載っていたのだ。彼は空港内の事務室に連れて行かれて尋問された。どうしていいかわからなかった彼は、うまい具合に叔父と電話連絡が取れて何事もなく解放された。当時、自家用ベンツに乗っているような叔父が、高官に頼んだおかげだった。

母国の人たちが多様な生き方をしているのを見たあと、帰りの飛行機の中で彼は、その時まで深く考えることもなく使っていた「永野鉄男」という名を捨て、「姜尚中」として生きようと決心した。早稲田大学の韓国文化研究会を訪ねて、在日の学生たちと悩みを分け合い熱心に活動に参加した。一九七三年夏に長野県美ヶ原で開かれたサマー・キャンプを終え、田舎の家にいた彼に緊急連絡が入った。一九七二年一〇月、維新体制が宣布されたあと亡命していた金大中が、八月八日の白昼、東京のホテルから中央情報部員によって拉致されるという事件が起こったのだ。姜尚中は、彼の回顧録、『在日』(二〇〇四年)のなかで、当時感じた怒りについて、「大統領選に立候補した有力政治家ですら、こんなふうに扱われるとしたら、名もない在日の自分たちなど、吹けば飛ぶようなゴミ扱いではないか。そう思うと、戦慄が走るとともに、やるせない憤りが湧いてくるのだった」と書いている。

急いで東京に戻った彼は、朴正熙政権の暴挙を糾弾するデモに参加した。一九七四年七月民青学連事件で拘束された詩人金芝河らが「非常普通軍法会議」で死刑判決を受けると、韓学同など民団の非主流は、東京都心の数寄屋橋公園にテントを張ってハンガーストライキを始めた。在日朝鮮人作家の金石範《キムソクポム》、李恢成《イフェソン》だけでなく、後にノーベル文学賞を受賞した大江健三郎ら、日本の著名人も座り込みに参加した。

韓学同の学生たちは、駐日韓国大使館前に押しかけてデモを繰り広げた。当時の『毎日新聞』に載った写真には、泣きそうな顔をした青年姜尚中の姿も鮮明に写っている。姜尚中の回想によると、日本の機動隊の数は学生の三倍にものぼり、韓国大使館の中からはデモをする人を一人ひとりカメラで写していたとのことだ。

この時期の姜尚中は、激烈な「反韓分子」だったのだろうか。日本にいる北朝鮮工作員や総連の活動家から指示されて、韓国政府を糾弾する「反国家的行為」を行なったのだろうか。そうではあるまい。彼と一緒に活動した大多数の在日同胞の大学生も同じだと思う。当時、日本のメディアでは、朴正煕独裁政権の悪行が比較的詳しく報道されていた。韓国の現状をそのまま伝えるニュースを通して母国の現実に接した在日韓国人学生たちが糾弾デモを行なうのは、当然な怒りの表現だと見ることができよう。

姜尚中が若いときに、もしも留学先をドイツではなく韓国にしていたら、今の姜尚中はなかったのではないか。彼もある日、恐ろしい機関に連行され手ひどく拷問され、広い世界に羽ばたくための翼をばっさり切られていた可能性は高い。逆に、たくさんのスパイ事件の犠牲となった在日韓国人留学生がその時期にほかの国に行っていたなら、第二、第三の姜尚中が続けて出てきていたのではないだろうか。

韓国社会は、希望を求めて母国に渡ったのに冷たく棄てられた在日韓国人政治犯犠牲者たちに、温かい手をさしのべたことがない。本書が、その人たちの受難の背景を理解し、在日韓国人問題について社会的関心を高める一助になればと願う。

第1章　一九七〇年代の在日韓国人社会

外国人登録証の「朝鮮」は北朝鮮ではない

一九七〇年代は、在日韓国人留学生の政治犯事件が頻発した時期である。一九七一年四月、第七代大統領選挙の直前に発表された徐勝・徐俊植兄弟事件から始まって、一九七〇年代半ばからは在日韓国人政治犯が多くつくりだされた。代表的な事例が一九七五年の11・22事件だ。この時代にスパイの疑いをかけられた人たちは、なぜこれほどつらい試練を受けなければならなかったのか。この人たちの過酷な運命を理解するには、当時の在日同胞の一世・二世がおかれた時代状況を把握する必要がある。比較的名の知られた人たちをとおし、彼らが在日同胞がおかれた状況と朝鮮半島の分断状況をどのように認識していたか見てみよう。

一九七一年九月二九日付『朝日新聞』の読者投稿欄に一人の在日同胞の投書が載ったが、それには「うれしい南北会談　みんなの力で促進望む」というタイトルがつけられていた。

血を分けた親子兄弟が、人為的な国土分断のために、間近に住んでいながら会うことはおろか、手紙一本もやりとりできず、生死の消息さえつかめずに二十六年間も閉じ込められていたこの朝鮮民族の悲劇は、世界に例をみない。それが最近やっと、離散家族さがしのための南北赤十字会談によって解決へのきざしが見えてきたことは、なんとうれしいことだろうか。これを機会に、南北統一の話合いからその実現へと進めていかねばと切に思う。

私も二十六年前、親兄弟と別れたきりだ。その間、両親はなくなって再び会うすべもないのだが、せめて墓参りはしたい。また兄弟にも会って肉親の情を分かち合いたい。故郷の山河にも触れてみたい。私は国籍が朝鮮であるがために、故郷のある「韓国」に行って来られないし、日本から一歩も出ては帰ってこられない。許可をもらって自由に南北朝鮮に行って来たいのは、在日朝鮮人全部の願いなのである。

私は南北赤十字会談を成功させ、さらに南北統一の会議が開かれるよう個人的な立場において「南北会談支持・促進会議」（仮称）を提案したい。所属団体・思想・宗教その他の違いは、民族統一の悲願を達成するのに障害とはならないはずである。一人でも多くの人びとの奮起を願ってやまない。また日本の良識ある人びとの協力を望んでやまない。

投書が掲載されたのは、南北関係が凍てついていた朝鮮半島にも緊張緩和の機運が訪れ、離散家族が再会するための会談が初めて開かれたころだった。一九七一年九月二〇日、板門店の中立国監視委員会事務室で、常設会談連絡事務所設置など三項目の合意成立後の興奮が冷めやらぬ頃のことだ。当時の

『東亜日報』社説には、「国土が分断されて以降、実に初めての快挙と言わざるをえない」と書かれている。五回にわたる話し合いを重ねた末に実現されたこの予備会談は、南北が主導的に推進したというより、米中接近の衝撃から生まれたものだ。その年の四月に名古屋で開かれた世界卓球選手権大会に参加したアメリカの代表団が予告なしに中国を訪問し、「ピンポン外交」という言葉が時事用語となるくらい話題になった。その三ヵ月ほど後には、ニクソン米大統領が、外交関係正常化のために敵性国家である中国を訪問すると発表して世界を驚かせた。

投稿者の名は朴慶植《パクキョンシク》、職業は元大学教授、四八歳と書かれている。一九六五年に『朝鮮人強制連行の記録』という本を出して、日本の知識人社会に衝撃を与えた人物だ。一九二二年に慶尚北道で生まれ、七歳の時に両親に連れられて日本に渡った彼は、東洋大学史学科を卒業したあと、東京朝鮮中・高級学校の教員、朝鮮大学校歴史地理学部教授を歴任した。彼に薫陶を受けた教え子のなかには、民族教育に身を捧げた若者が大勢いた。彼は、日本の植民地時代に日本に連れてこられて犠牲になった朝鮮人の遺骨が、あちこち放置されていることに憤りを覚え、学生たちとフィールドワークを行なって調査した。『朝鮮人強制連行の記録』はその時の綿密な実証的研究をもとに出された成果である。

徴兵、徴用等に関連して強制連行という言葉が定着したのは、ひとえに彼の努力のおかげである。先行研究がほとんどない分野を開拓した彼は、次のように指摘している。日本の多くの学者はアジア、アメリカ、ラテンアメリカは研究しても、本当に切実に反省しなければならない過去の植民地である朝鮮からは目をそらして、「進歩的といわれている人でも、国際連帯は強調するが、朝鮮については関心がうすい」と。

1990年8月、強制連行研究交流集会に参加した朴慶植(中央)

朴慶植の指摘に刺激されて、その後、強制連行に関する研究を始める日本人研究者が出てきた。しかし朴慶植は総連中央から批判され、宗派分子という汚名まで着せられて朝鮮大学校から追われた。総連は、『朝鮮人強制連行の記録』の出版をやめさせようとしたが、朴慶植が譲らなかったので、彼を追い出したのだ。『朝日新聞』で元大学教授という肩書になっているのはそのためである。彼はいくつかの大学で非常勤講師をしながら、強制連行と在日朝鮮人運動史の研究を続けた。交通費が捻出できなくて、一〇キロであろうと一五キロであろうと歩いて図書館まで通った話は有名だ。総連が強制連行問題に関心を寄せて遺骨調査を始めたのは一九七二年以後であり、民団は特に関心を示さなかった。

投稿に書かれたように朴慶植の「国籍」は朝鮮である。これは単に南北のどちらか一方を指しているのではない。日本が戦争に負けたあと、日本国籍を一方的に剝奪された在日同胞は、外国人登録証の国籍欄に一律に「朝鮮」と表記された。日本の植民地支配から解放された直後の米ソ占領軍の分割占領に始まり、朝鮮戦争後に軍事境界線によって分けられた朝鮮半島とは異なり、在日同胞のなかに分断が持ち込まれたのは日韓条約締結後のことだ。韓国政府が駐日公館を総動員して、日韓の協定により永住権を取りたいなら朝鮮籍から韓国籍に変えるようにと、在日同胞に圧力をかけ続けたからだ。韓国政府が勧めても変更しない同胞が相当数いたが、この人たちのすべてが北朝鮮を支持するゆえに変更を拒否したわけではない。朝鮮籍のままでいても、総連の熱心な活動家だと断定するのも正しくない。

在日同胞社会にも、分断が持ち込まれるのを望まない、また分断体制のどちらか一方に立つようなことはしたくないという理由で、あえて韓国籍に変えない人たちが結構いた。総連傘下の文化団体で働いていたが、教条主義的な姿勢に不満をもち飛び出した知識人たちが、かなりのあいだ朝鮮籍のままでいたのは、このような理由からである。朝鮮籍だと当然韓国のパスポートを持てず、海外旅行に出ることもできない。自分のルーツである国を訪問するのはすべての人の基本的権利なのに、朝鮮籍の人たちには認められなかった。彼らが日本の地を離れることができるのは、犯罪者として強制退去されるか、北朝鮮に移住するために「帰国船（北送船）」に乗るしかなかった。さもなければ、密航船や工作船に乗るという非合法的な方法しかなかった。

初めて訪韓してから、二六年目に国籍を変えた李恢成

一九七二年に小説『砧をうつ女』で在日同胞として初めて芥川賞を受賞した小説家李恢成《イフェソン》は、長いあいだ朝鮮籍のままでいたが、一九九八年に金大中政権が成立したあと韓国籍に変えた。日本の植民地時代である一九三五年にサハリン（樺太）で生まれた彼は、早稲田大学露文科を卒業し、総連の機関紙『朝鮮新報』等に勤務したあと作家となった。芥川賞受賞で一躍有名になった彼は、一九七二年六月一三日、韓国日報社の招きで韓国に入国し、文学講演や文学者との座談会をしながら、二週間ほど浦項、

蔚山、釜山、扶余などを見て回った。

彼の母国訪問の所感は、七月一三日付『東亜日報』に特別寄稿として掲載された。「自主、平和統一、民族大団結」を謳った7・4南北共同声明が発表された直後のせいか、あふれんばかりに感激した表現が冒頭に記されている。「感慨がこみあげ、胸が熱くなった」、「わが民族は死なずに生きているという矜持をいだくことになった」と書かれている。中程に以下のような記述がある。


僕は韓国ですごした十五日間の生活をふりかえってみた。ソウルでの僕は、神経を張りつめた毎日を送った。同じ五千万民族の一人として、祖国の南の地にやってきたのであったが、分断された祖国の体制や現実がしぜんと僕をそのような心境におもむかせたのである。

しかし僕は民族の一員として、自分なりにこれまで抱いてきた民族観なり文化観を率直にのべたいと思ったし、またあるていどでも、その考え方をかたることができた。

たぶん、当時の僕は韓国において、誰よりも言論の自由をもっていた人間といえよう。しかし、このことは喜ぶべきことか、悲しむべきことなのかわからない。「条件」下に置かれている国内の人々のもだしがたい気持がひびいてくるからである。


彼が自分は韓国で誰よりも言論の自由をもっているといった理由は何か。彼が不憫に思った、韓国内の人びとが置かれている「条件」とは何なのか。彼の初めての母国訪問は平坦ではなかった。当局は彼の言動を厳しく監視した。昔、ソウル大学があった東崇洞のキャンパスで行なわれた彼の講演は、始まるとすぐに中断された。彼が、韓国の学生運動の聖地で講演することができて光栄だという趣旨を述べると、当局が即座に発言を阻止したのである。彼は、ソウル大学に先だって行なわれた韓国日報小劇場での講演でも、自分の「民族文学論」をはばかることなく明らかにした。彼は、分断の現実を受け入れるより、自分の国は五千万民族全体だと堂々と主張した。

> 僕は文学者である以前に、民族主義者だと自負している。民族主義者とは、自分の国を愛する精神であり、ここでいう自分の国とは五千万全体をさす。体制が異なる二つの国が現実に存在する。だが、民族は一つであり、国家は人工的、一時的なものである。しかし、民族は自然な存在であり永遠である。民族があるから国家があるのであって、民意を反映する国家は長い間持続することができる。こんにちの現実は国家の見地から見るものになっているが、「同じ民族」という視点を忘れている。僕自身は民族的立場を取ろうと努力している。わが国は南北に分断されているが、必ず統一される日が来ると考えており、したがって作家と詩人は、その日のために寄与する課題があるのではないかと自問してみる。

李恢成

李恢成が激しい心情を吐露する一方で、韓国内の作家たちは慎重に言葉を選びながら発言した。李恢成がそのような雰囲気のちがいを見逃すわけがなかった。彼が最大の言論の自由を享受していると言ったのは、分断の枷に縛られた韓国の知識人たちの現実を逆説的に表現したものだ。

日本に戻った李恢成を待っていたのは、総連の除名処分だった。総連中央は、六月二七日から三〇日まで九期三次中央委員会を開き、「分派主義者、不平不満分子、変節者は容赦なく粛正する」として幹部級の一三人を追い出したが、そのなかには小説家金達寿《キムダルス》と李恢成が含まれていた。『太白山脈』などの作品を書いた金達寿は、在日朝鮮人一世を代表する作家だ。李恢成は、朴正煕維新独裁を批判し、金大中、金芝河救援運動や在日韓国人政治犯抗議集会にしばしば姿を現わした。一九七四年には、金芝河死刑判決に抗議して日本の有名な作家たちと一緒にハンガーストライキも行なった。

「思い通りにならない」李恢成を、韓国政府はそれ以上受け入れようとしなかった。彼が再びソウルに入ったのは、一九九五年一一月に行なわれた、「東北アジアの平和と韓日協力体制の模索」というセミナーの時だった。韓国国籍に変えていないので、臨時旅券証明書で入国した。彼は、「朝鮮籍にこだわるのは、分断された祖国が再統一されるようにという願いが込められているから」と述べた。時代が変わったので韓国籍に変えると彼が宣言したのは、一九九八年五月のことだった。彼は変更の理由について、もう韓国は「独裁政権でも不完全な文民政府でもない、本当に国民のための政府の時代になった」からだと説明した。

司法研修所の国籍条項の壁を破った金敬得

李恢成が在日一世の感情をもっているとするなら、帰化することなく初めて弁護士になった金敬得《キムギョンドゥク》は、苦しい精神的葛藤を経て在日二世としての劣等感を克服した人だ。彼は一九七六年一〇月に司法試験に合格したあと、最高裁判所から、日本国籍でなければ司法研修所に入る資格はないから帰化するよう勧められた。彼は、六回にわたって最高裁判所に請願書を提出し、韓国国籍を捨てられない理由を明らかにした。在日外国人の司法研修所入所資格をめぐって世論が大きく動くと、最高裁判所は結局彼に入所を許可した。彼が当時提出した請願書には次のような一節がある。

私は幼時より朝鮮人に生まれたことを恨みに思い、自己一身から一切の朝鮮的なるものを排除することに努めてきました。小学・中学・高校・大学と年を経るにつれ、日本人らしく振舞うことが習性となっていました。しかし、日本人の差別を逃れるために日本人を装うことは非常に苦痛を伴うものでした。私は、大学卒業が近づくにつれ、朝鮮人であることを見すかされないかと周囲に気を配り小心翼翼として生きていくことのみじめさに耐えられなくなりました。

一九四九年に和歌山で生まれた金敬得は、なぜ自分が朝鮮人として生まれたことを恨んだのだろうか。メッキ職人を父にもった彼の家は、貧乏暮らしをまぬがれなかった。金敬得が育った朝鮮人部落の人たちはみな貧しかった。安定した仕事がないので、昼日中から酒を飲み道ばたで喧嘩するのが日常茶飯事だった。幼い時の彼にとって、希望とは何が何でも朝鮮人社会から抜け出すことだった。彼は小学校から大学まで日本の学校に通い、日本式の名前である「通名」を使った。同じ世代の在日韓国人の若者には、大学に入ってから本名を使い始めた人が結構いたことと比べると、彼の民族的劣等感はかなり強かったようだ。

早稲田大学法学部に通ったが、最初から司法試験の勉強をしようとは考えもしなかった。司法試験に合格しても司法研修所に入れず、弁護士になれないからだ。一九七二年、卒業を前にして大学で就職について相談したところ、証券市場一部上場会社の九九・九パーセントが在日朝鮮人を受け入れないという絶望的な答えを聞かされた。二部以下の会社なら社長が「いい人」であれば、もしかすると受け入れてくれるかもしれないとも言われた。日本社会で差別する者と差別される者がいて、なぜどちらか一方があらゆる不利な条件を押しつけられて生きなければならないのか納得できなかった。彼は悩んだ末、卒業したら本名を使うことにし外国人登録証から通名を消した。

彼は自分が許せなかった。多くの同胞が民族的に生きようとしているのに、それを他人事のように生きてきたと自責の念にさいなまれた。彼は差別と闘う手段として、司法試験を受けることに決めた。試験に合格し闘って壁を開けようと誓ったのだ。原則的に日本人に限って公務員に任用される「国籍条項」こそ、民族差別の典型だと考えた。

遅ればせながら自分のアイデンティティを回復した金敬得は、法律書より在日朝鮮人の歴史、人権、

金敬得

差別問題等に関する本を手当たり次第に読んだ。お金がなくて工事現場で日雇い労働をしながら試験勉強し、ようやく司法試験に合格した。そして最高裁判所からの帰化の勧めを断わり捨て身の訴えをした結果、とうとう差別の壁に大きな穴を開けることに成功した。彼は司法研修所の課程を終えて一九七九年に弁護士登録をし、在日同胞の指紋押捺拒否や強制動員犠牲者の戦後補償関連裁判などで活躍した。しかし、険しい道をかき分け新しい道を切り開く過程で心身を酷使したためか、二〇〇五年一二月、五六歳という働き盛りで他界した。

彼は旅立ったけれど、彼の挑戦に勇気を得て弁護士の資格を取得した在日同胞は、今では一六〇人を超えた。日本弁護士連合会に登録された外国人弁護士一七七人のうち、韓国籍または朝鮮籍の弁護士は一六四人である。日本には「在日コリアン弁護士協会（LAZAK, Lawyers Association of Zainichi Koreans）」という団体がある。ここに所属する人のなかには、韓国名を日本式に発音して使ったり、最初から日本名を使ったりする人もおり、コリアンとしてのアイデンティティの自己規定が多様化・複雑化している。日本全体では現在約三万人の弁護士がいる。

分断状況を見つめる在日同胞二世の視線

在日二世の青年たちの多くは、憂鬱な思いで朝鮮半島を見つめていた。南北が分かれて互いに中傷し合うばかりで、在日同胞の暮らしに実質的な助けとなるものは何もなかった。それでも北朝鮮は、民族教育を支援するために長期にわたって相当の額の補助金を送ってきたが、韓国からは、在日同胞が実感できる支援はほとんどなかった。

このような状況で韓国に留学した青年たちは、それなりに悩んだ結果、自分のアイデンティティを見出すため母国に足を踏み入れたのである。物理的な軍事境界線がなく、思想の自由が認められている日本で育った青年たちは、民団系であっても北朝鮮を排除して韓国だけが自分の祖国だと考えはしなかった。統一を望む気持ちや問題意識は韓国の同年配の者たちより高く、アプローチにも当然差があった。

一九七一年一〇月一一日の『朝日新聞』に、作家としての地歩を固めつつあった李恢成の紀行文が載った。南北赤十字予備会談が順調に進められていることに励まされているという内容だった。「朝鮮統一と在日二世青年」というタイトルが付けられたこの文で、在日二世のなかの一部が劣等意識、民族虚無主義に陥って日本に帰化する現象を認めながらも、「祖国の運命と自己の青春を一体化して（中略）祖国統一の担い手になろう」と呼びかける新しい動きがあると注目している。次のような一節がある。

> 僕は在日朝鮮人二世が、祖国統一の最もみずみずしい時代に生きているのだ、と思わずにはいられない。また棄民意識に悩む青年も祖国統一の希望が広がってくる今日の祖国情勢の中で、じょじょに自己回復をとげていくにちがいないと考える。
>
> 三十八度線をわたっていく機関車のホイッスルを鳴らすのが老練な一世だとすれば、力持ちの二世はさしずめ罐《かま》たきである。南北の対話は、このごろの僕に緊張感とともにうれしい想像を抱かせている。

在日韓国人留学生スパイ団事件の当事者のなかで、少数とはいえ、実際に平壌に行ってきた人がいたのは事実である。韓国で「越北」というと、あってはならない重大な犯罪だが、在日の青年であれば、もう一つの祖国を自分の目で見たいという好奇心によるものかもしれない。平壌に行ってきたからといって、すぐにスパイの烙印を押せば済むものではない。その前に、青年たちが実際に工作員教育を受けて戻ったのか、韓国に来て実質的なスパイ行為をしたのか、収集したとされる情報の中身が果たして何なのかを、冷静に見極める必要がある。

韓国の学生は、「北韓」より「北傀」という表現に馴染み、「傀集」「傀儡集団」という用語で教育されてきた。だが、一九六〇年代から七〇年代の日本における北朝鮮の印象は、一方的な非難の対象ではなかった。むしろ、主流メディアでも「主体《チュチェ》」の道を行く北朝鮮を好意的に描く報道が少なくなかった時期だ。

『朝日新聞』一九七一年九月二七日付の記事を例に取ってみよう。同紙は金日成のインタビューを一面トップに載せ、四面全体を使って詳細に報告している。当時の東京本社編集局長である後藤基夫は、記者たちを連れて北朝鮮を訪問、黄海北道沙里院において金日成に会い、夕食を共にしながら五時間半をすごした。金日成に対する呼称は、朝鮮民主主義人民共和国指導者金日成首相である。金仲麟《キムジュンリン》朝鮮労働党中央委員会政治委員と、鄭準基《チョンジュンギ》朝鮮記者同盟中央委員会委員長が同席した会見で、金日成は日本人の記者と会見をするのは初めてだと言って、記者会見ではなく友人として話し合うのだと述べたという。

初めての会見だからか、紙面には高ぶったような表現が多い。「会見記の原稿は約四時間にわたって平壌－朝日新聞東京本社をつなぐ国際電話で送られた。これは戦後初めての記録で、平壌当局の好意によって北京経由で行なわれた」と、送稿方法についての説明も一面に出ている。驚いたことに、一面の冒頭記事に金日成が「ハンサム」だという描写まである。

金日成首相は、少年時代から抗日パルチザン運動に投じ、その指導者としての地位につき、抗日－独立－朝鮮戦争と、共和国の運命を一身にになってきた。

来年六十歳の還暦を迎える首相は、パルチザン時代の若い、ハンサムなおもかげを残した、きわめて壮健な円熟した政治指導者である。力強いバリトンで語りかけ、終始、笑みをたやさず、ときにゼスチュアや機知もまじえ、熱意をもってどの問題にも答えていた。

四面には金日成の人柄と業績についての記事が別途掲載され、「五九歳。社会主義国のなかではキューバのカストロ首相らと並ぶ最も若い指導者の一人」と書かれている。彼の業績を記録した伝記そのものが、まさに朝鮮民主主義人民共和国の建国の歴史だといえる、という表現もある。かなり後になって、金日成に対する「追従記事」と非難されたが、当時は別になじられるような性質のものではなかったようだ。

このような自由な環境で育った在日青年留学生が、ある日突然情報機関に連行されて、密室に閉じ込められ、それまで何をしてきたか包み隠さず告白しろと責め立てられたら、情報機関にとってこじつけられる材料が必ず出てくる。その「こじつけ」が数十日におよぶ尋問の過程でどんどんふくらまされ、ついにはおどろおどろしいスパイ事件に仕立て上げられてしまうのである。

第2章　思想まで罪に問われた在日青年

「経済学徒としてマルクスとレーニンを尊敬する」

一九七六年四月一三日、ソウル西小門法院庁舎で在日韓国人留学生、金元重《キムウォンジュン》の第三回公判があった。金元重は「11・22事件」の拘束者の一人で、当時ソウル大学社会大学院経済学科一年生だった。この日の公判は、一週間前の公判が検事側の要求で延期されたため、実際には二回目の公判だった。金鍾吉《キムジョンギル》弁護士の尋問が終わった後、黄振灝《ファンジノ》ソウル地検公安部検事が反対尋問を行なった。黄検事は、平壌に行って来れば死刑になることもあるのを知っているか、北朝鮮に帰った（北送された）親戚はいるかなどと訊いたあと、だしぬけに「被告人が尊敬する人物は誰か」と尋ねた。金元重は、ついに来るべきものが来たなと思いながら、マルクスとレーニンだと答えた。彼は、この途方もない裁判で自分がなしうる精一杯の反撃だと考えた。黄検事は待っていたと言わんばかりに、「ということは、被告人は共産主義者なんだね」と追及した。

反共が「国是」として強要されていた時代、国家保安法上のスパイ容疑で裁判を受けながら、共産主義の双璧であるマルクスとレーニンを尊敬すると法廷で公言する彼は、はたしてまともな精神状態なのか。彼はいったいどういうつもりで、本国の人間であれば決してしない発言を泰然と行なったのか。

金元重が来るべきものが来たと考えたのは、中央情報部での「前史」があったためである。捜査が事実上終わった被疑者が西大門拘置所に収監される前に、慣例的に作成しなければならない書類があったが、調査項目のなかに「尊敬する人物」を聞く欄が設けられていた。彼は一瞬考えたうえで、何の迷いもなくマルクスとレーニンと書いた。前に座っていた捜査官たちは互いに顔を見合わせながら、「こいつ気が狂ったのか」という表情をしながらも、何も言わなかった。検事は送検書類に添付されているその記録を見て、会心のカードを手にしたと言わんばかりに、おまえの口から直接言ってみろと促したのである。

しかし、金元重は自分が検事の罠にはまったとは考えなかった。公判廷には、彼が通っていた中学高校の同窓生たちをはじめ、救援活動をしていた日本人たちが座っていた。彼は法政大学でマルクス経済学を勉強し、陳述書でも社会主義思想をもっているということを隠さなかった。思想の自由がある日本で生まれ、民主主義と自由の価値について教育を受けて育った彼は、「経済学徒として」マルクスやレーニンの経済理論を認めることにいったい何の問題があるのかと抗弁したのである。日本であれば取り立てて話題にすらならないことが、韓国ではとんでもない違法行為として裁判にかけられ、厳罰に処されるという現実を韓国駐在の日本人特派員や救援会関係者に伝えようとしたのである。金元重は経済学を学ぶ者として社会主義経済理論を研究することと、社会主義社会を建設するために行動や運動を行なうことには大きな隔たりがあると信じていた。そのため、前者と後者を同じと考える韓国社会の後進性に対し、彼なりの疑問を提起したのである。

思想の自由を基本的に認めない分断国家の浅薄な知的風土は、一審裁判長の許正勳《ホジョンフン》判事が直接尋問した内容のなかにも表れている。許判事は、「被告人は大韓民国の国是が反共であることを知らないのか」と訊いた。金元重は判事の予期せぬ尋問にしばし戸惑ったが、韓国の国是は民主主義であると考える、と述べた。彼が日本で大学に通っていたころ、韓国の国会で国是をめぐる論争が繰り広げられたのを思い出したためだ。

一九七一年九月一三日、第八代国会に入って最初に迎えた定期国会の対政府質疑で、新民党の尹吉《ユンギル》重《ジュン》議員が最初の質問者として登壇した。自由党政権末期、進歩党が弾圧された時に拘束されたことがあった尹議員は、「国是は民主主義か、反共か」と追及し、国家保安法、反共法を改定するつもりはないのか質した。5・16クーデターの主役である金鍾泌《キムジョンピル》総理は、「民主主義はわれわれの望ましい手段ではあるが、国是にはなりえない」、「民主主義だの自由だのというのは、北の脅威を排除しない限り実現できないから、反共を第一の国是と決めたのだ」と主張した。金総理は、現在も反共が国是であるかという問いには、「現在も反共はおろそかにできないもの」と答えて追及をかわした。反共を国是と考えていると思われる金総理の発言に対し、翌日、同じ新民党の初当選議員の趙洪来《チョホンネ》議員が食い下がった。彼は、「民主主義が国是でなく反共が国是だというなら、反共のためならどんなことでもすることになり、逆説的に表現すると、ファッショや鉄拳統治も辞さないということなのか」と追及した。すると金総理は、「5・16当時、最も差し迫った問題は反共体制の強化だと信じ、革命公約に反共を国是として明示したが、これは憲法に明示された国是ではない」と後退した。

金元重は金鍾泌の発言が頭のなかに浮かび、民主主義が国是だと堂々と述べたが、一審裁判部は彼の意見に耳を傾けず、一九七六年四月三〇日に懲役一〇年を宣告した。公判開廷から宣告まで一ヵ月しかかからなかった。控訴審では量刑不当理由が受け入れられて懲役七年になり、その年一二月末に大法院で上告が棄却され、そのまま刑が確定した。彼が監獄から釈放され、解放されたのは一九八二年一二月一九日である。有期刑を受けた在日韓国人留学生のうち、満期をきっかり満たして釈放されたケースは、彼が唯一の事例として知られている。有期刑が宣告された者の大部分は仮釈放、刑執行停止などの特赦により途中で釈放され、ごく一部は非転向を理由に清州保安監護所に移送され、確定刑期より長い歳月を監獄ですごさなければならなかった。

平和憲法講演会を聞きに通った中学生

金元重は一九五一年に東京で生まれ、育った。四男一女のうち三男で、父母の故郷は済州島である。父親は涯月面下貴里、母親は朝天面咸徳里の出身だった。初等学校を出た父親は日帝期に、大阪に行けば商店の住み込み店員をしながら夜学に通えるという噂を聞いて日本へ渡って行った。しかし学校には通えず、商売をしていたが、日本の敗戦後に大阪から東京へ行き、足立区に定着した。金元重は幼いころから自分が日本人ではないということを気づいていた。両親が自分にはまったく聞き取れない言葉で対話するかと思えば、チマチョゴリ姿で家に出入りする親戚のおばさんさんたちがいた。母親も親戚の法事などに行くときはチマチョゴリを着て出かけて行った。

金元重は小学校一年生の終わりに文京区千駄木の住宅街へ引越しをするため転校した。二年生に上がったころ、一生忘れることのできない光景を偶然目撃した。クラスの子どもたちが教室の真ん中で一人の子どもを立たせて指を指しながら、「おい、このチョーセン」とからかっていた。その子どもは日本の名前を使っていたが、朝鮮人であることを皆が知っていたのである。金元重が元々住んでいたところは貧しい人びとの居住地域であったためか、朝鮮人だからと特別に差別したり、いじめたりすることはなかった。衝撃を受けた彼は、絶対に他人に後ろ指をさされることのないよう気をつけなければならないと、肝に銘じた。誰とでも心置きなく交わって遊んでいいはずの歳に、いわれなき民族差別からの「自己防御」に迫られたのである。当時彼が使っていた「通名」は金田だった。クラスで学級委員活動を一生懸命に行ない、周囲から「まじめな金田君」と呼ばれた。

小学校時代の独特な経験のためか、彼の民族意識は中学校時代から形成され始めた。在日同胞二世として、いつでもひどい仕打ちを受ける可能性があるという考えが心のなかにあったためである。日本で五月三日は憲法記念日である。敗戦後の占領体制下で制定された新しい憲法が一九四七年のこの日を期して施行されたために制定された祝日である。中学校三年生の頃、憲法記念日に彼は偶然広告を見て、文京区公会堂へ憲法問題研究会の記念講演を聴きに行った。マルクス経済学の大御所である大内兵衛、憲法学者の宮澤俊義など、権威ある出版社である岩波書店の書き手たちが講演者として登壇した。中学生の彼がすべてを理解できる内容ではなかったが、彼の探求心は大きな刺激を受けた。

一九六七年、都立大山高等学校に進学してからは、東京の有名な古本屋街である神田周辺を徘徊することが多くなった。その年はちょうど『資本論』第一巻が出版されて一〇〇年になる年だった。神田からそう遠くない九段会館（旧軍人会館）で、岩波書店と社会党系の社会主義青年同盟の共同主催で開かれた『資本論』出版一〇〇周年講演会に興味本位で入ってみた。向坂逸郎や宇野弘蔵などそうそうたる経済学者たちが講演者として登壇した姿が彼の記憶のなかに残っている。その一人である経済学者の美濃部亮吉が東京都知事選挙に当選し、「革新都政」を始めたのもその頃だ。憲法学者として、戦前に「天皇機関説」のために弾圧を受けた美濃部達吉の長男である美濃部亮吉は、一九六七年四月から一九七九年四月まで都知事を三期歴任した。美濃部知事も大内兵衛の影響を受け、マルクス経済学が専攻だった。

金元重の高校時代の体験はそれほど特異なものだったのだろうか。彼は当時の時代の雰囲気を考えると、そうではなかったという。最近の高校生には想像もできない時代だったのである。一九六八年五月、パリ大学で大学の自治拡大と改革を要求する学生たちのデモが繰り広げられた。当局の鎮圧で衝突が起こると、学生たちのデモは全国に広がり、労働者が加わり、ゼネラルストライキへと発展した。東西両陣営の権威主義体制を共に批判していたフランスの「五月革命」はドイツ、イタリア等へ拡大し、ヨーロッパ全域に広がった。アメリカのベトナム戦争介入とソ連の「プラハの春」鎮圧を糾弾したこの運動が「六八革命」である。運動を率いていた層は「六八世代」と呼ばれた。

六八革命の波は日本にも激しく押し寄せた。大学街はもちろん、一部の高等学校にもバリケードが登場した。ベトナム反戦デモや沖縄米軍基地撤廃運動に参加する高校生が少なくなかった。高等学校には、生徒の研究サークルの一つとして「社会科学研究会（社研）」があり、日教組所属の教師たちがサークル顧問を務め、学生たちを指導した。韓国では『ドイツ・イデオロギー』のように禁書目録にリストアップされて出版さえできなかった社会科学書籍を日本では高校生たちが当たり前のように読んでいた。

民族日報・趙鏞寿の追悼式に参加した大学時代

六八革命の雰囲気によって精神的洗礼を受けた金元重は、一九七〇年四月に法政大学経済学部に進学した。彼は大学生になると本名で大学に登録した。入学してまもなく、在日本朝鮮留学生同盟（留学同）関係者から連絡があって、大学の近くの喫茶店で会った。留学同は大学の学生課を通して新入生名簿を確保し、在日同胞と思われる一年生に加入を勧誘した。

金元重は登山が好きで、学校に行くより山で過ごすことが多かった。韓国学生同盟（韓学同）は留学同よりはるかに遅く訪ねてきた。家庭が民団側だったため、個人的に韓学同傘下の韓国文化研究会（韓文研）に親近感をもったが、留学同の朝鮮文化研究会（朝文研）学習会にも参加したりした。しかしながら、金日成をほめたたえる雰囲気が漂っていたために、朝文研の会合には数ヵ月のうちに行かなくなってしまった。

在日同胞団体は大きく分けると、民団、総連、そして双方から距離を置く第三の集団があった。李承《イスン》晩《マン》政権時に農林部長官と国会副議長を務めた曺奉岩《チョボンアム》の秘書をし、日本へ亡命した李栄根《イヨングン》が第三の集団で指導者の役割を担った。日本で『統一朝鮮新聞』（のちに統一日報と改名）を創刊した李栄根は、一九六〇年代中盤に「韓国民族自主統一同盟（韓民自統）」と「韓国民族自主統一青年同盟（韓民自青）」を相次ぎ結成し、青年たちを引き入れようとした。

金元重は大学一年生の時に韓民自青の平和統一署名運動に参加し、李栄根の統一運動講演も何度か聞いた。一学年の終わりである一九七〇年一二月、韓文研の一年先輩である崔康勲《チェガンフン》が行くところがあるといって彼を連れ出した。5・16クーデター後の革新系弾圧の際に処刑された趙鏞寿《チョヨンス》民族日報社長の九周忌追悼式だった。行事を主導したのは『民族統一新聞』系列の人びとだった。これは『統一朝鮮新聞』で中堅幹部であった朴徳萬《パクトンマン》、金重泰《キムジュンテ》（本名、金仲泰）、尹秀吉《ユンスギル》等が、李栄根が朴正熙《パクチョンヒ》と妥協しようとしているとして不満を抱いて飛び出し、一九六八年三月に新たにつくった新聞だ。彼らは、4・19革命後に民団幹部である趙鏞寿を韓国に送り、結果的に死に至らしめた当事者である李栄根が朴正熙軍事政権支持に寝返る動きを見せると、「変節」したと批判に乗り出したのである。金元重は趙鏞寿追悼式参加を契機に『民族統一新聞』系列の人士らと親しくなった。反独裁統一運動を展開するため、「民主主義民族統一委員会（民民統）」という政治結社をつくろうと準備作業をしていた彼らには、若い活動家の存在が必要だった。そうして、法政大学韓文研の新入生である金元重を積極的に引き入れたのである。

彼らの熱情に共感した金元重は、一九七一年五月から民族統一新聞社の活動に積極的に参加した。事務所は新宿区四谷の民家にあった。新聞は一ヵ月に三回、旬刊形式で発行した。事務所には『朝鮮日報』『東亜日報』『韓国日報』等、韓国国内の新聞が入ってきて、裵東湖《ペドンホ》が発行する『韓国通信』が毎日配達された。金元重は韓国語ができないため、編集よりは主に発送作業を手伝ったが、日本の新聞に掲載された韓国関連の記事をもとに小さな記事を書いたり、「青年論壇」の主張を書くこともあった。新聞社で一九七三年に出した『朝鮮統一問題資料集――民族統一のために』の編集の仕事も手伝った。

彼は大学四年間、新聞社で活動しながら、将来は統一運動に献身したいという漠然とした憧れの気持ちをもっていた。新聞購読料を集金したり、資料集を売ったりする仕事も一生懸命やった。新聞代金を受け取りに登録された住所へ読者の家を訪ねにいくと、自然と同胞一世に会い、対話をすることとなる。

民族統一新聞

第98号 1971年 12月25日

朴政権打倒と 故趙鏞寿民族日報社社長 第10周忌 統一達成誓

栄光の殉節たたえ朴一派を断罪

追悼の辞

民族民主革命に不滅の功績

国際言論闘争史上の偉大な模範

田中寿美子女史

日本の良識人士も激賞

高き理想のために

趙鏞寿10周忌を伝える『民族統一新聞』98号（1971年12月25日）

同胞一世たちは若い大学生が統一運動をするなんて感心だと言いながら、韓国語はできるのか尋ねた。できないと答えるたびに彼は心の片隅で不甲斐なさを感じた。そうして韓国語をきちんと身につけなければならないという考えが次第に募っていった。

ちょうどそのころ民族統一新聞社で働いていた同年輩の若者がいた。彼は母国留学生としてソウルに行き、在外国民教育研究所で一年間韓国語の教育を受けた経験があった。だから彼は難なく本国の新聞を読み、韓国語で記事を書くことができた。四年生になり、進路に悩んでいた金元重は、やはり韓国へ行き、韓国語をきちんと学ばなければならないと考えた。彼の父母は暮らしが豊かなほうではなかったが、子どもたちに民族教育を受けさせることができなかったという負い目があったためか、喜んで母国留学を許してくれた。母国留学の決心がつくと、彼は韓学同が主催するデモに参加する際にも慎重に行動した。一九七三年の金大中《キムデジュン》拉致抗議デモには、はじめから加わらなかった。ベトナム戦争反戦デモには何回か参加したが、いつも後ろの隊列に並んだ。韓国に行くかもしれないのに、拘留や逮捕の経歴が記載されると困ると考えたためだ。

ソウルへ渡る前、徐勝《ソスン》・徐俊植《ソジュンシク》事件の余波のために家では心配する雰囲気もあったが、彼は勉強だけして帰って来るつもりだったので気にかけなかった。一九七四年三月、法政大学を卒業した彼はすぐに入国し、在外国民教育研究所に入った。その年一二月、母国語教育課程を終えた彼は、日本に帰り大学院課程に進むか、あるいは韓国で大学院に通い、韓国語の実力をさらに磨くか悩んで、後者を選択した。当初は一年の予定で入国したが、韓国語と韓国社会についてさらに知る必要があると考え、計画を変更したのである。一九七五年三月、ソウル大社会大学院経済学科に入った彼は、講義内容についていくのに四苦八苦していた。産業革命史などの経済史は大きな問題はなかったが、マルクス経済学を専攻した彼にとって、マクロ経済学、ミクロ経済学、貨幣金融論などはなじみが薄かった。さらに、大学院の同級生たちは英語の原文をすらすらと読んでいるようだったが、彼は毎日、英語の原書と格闘しながら解読しなければならず、並大抵の苦労ではなかった。

同胞の留学生は休みになるとほとんどが日本の家に帰る。金元重は大学院一学年一学期課程を終えて夏休みに日本へ帰ったところ、法政大学韓文研の二年先輩が日本に帰る前に中央情報部で厳しい取調べを受けたという話を人づてに聞いた。夏休みに農村ボランティア活動に参加しようとソウルに残り、中央情報部に連行された先輩女子学生は、韓学同関連の活動について集中的に追及され、一緒に活動していた在日学生の名を訊かれたというのである。金元重は新学期には自分も連行されて取調べを受ける可能性があると考えたが、大きな心配はしなかった。ソウルに留学してからはひたすら勉強だけをやってきたので、たとえ民族統一新聞社関連のことが出てきたとしても、少々どやされる程度ですむのではないかと単純に考えた。

薬品の説明書さえ貴重な読み物だった拘置所生活

二学期の開講を前にして彼はソウルへ戻り、ソウル医大構内にある王龍舎での生活を再開した。在日同胞学生たちの寄宿舎である王龍舎では、毎年秋に寮生たちの恒例のピクニックがある。九月末ころに秋のピクニックに出かけたが、親しくしていた寮生から誰々が当局に引っ張られていって帰って来ないという、どきりとさせられるような噂を耳打ちされた。金元重は内心不安であったが、逃げるわけにもいかなかった。

彼は一〇月一八日朝、寄宿舎に現われた中央情報部捜査官らによって令状なしに連行された。南山にあった中央情報部対共分室の地下室に連れ込まれ、生まれてからこれまでのことをすべて書けと指示された。苦心の果てに書いて出したところ、捜査官はあれこれ書き直す箇所を指摘し、より詳細に書けと命令した。しかたなく同じような内容を何度も書き直した。

噂には聞いていた中央情報部の地下室に引っ張り込まれて、最も耐えがたかったのは、まったく睡眠をとることができないことだった。やがて頭のなかは次第にもうろうとし、昼と夜を区別できなくなった。金元重は、自分が何を書いて出したのかぼんやりとしてきた。彼の陳述書を検討した捜査官らは嘘をついているとして、本格的に力づくの取調べに乗り出した。パンツのみ残して服をすべて脱がせたあと、壁を背に膝を曲げた中腰になった姿勢を取らせて尋問を再開した。十数分ほど過ぎると、全身から汗が滴り落ちた。彼らは陳述書のなかのいくつかの内容について認めようとせず、警棒でわき腹や胸をしきりに突き、嘘だと責め立てた。事実だと言うと、本当のことをしゃべるようにしてやると言って両腕と両太ももを容赦なく殴りつけた。警棒で殴打された部位は次々と赤く腫れあがった。体の均衡を失って床に倒れ伏しても無理やり立たせては殴り続けた。

激しい警棒の殴打は続いた。彼はもうだめだと思い、話すから殴らないでくれと叫んだ。完全に正気を失ったら何をしゃべってしまうかわからないから、気が確かなうちに話すほうがましだろうという考えが瞬時に浮かんだ。捜査官たちは本当に話すつもりなのかと念を押すと、彼をひとまず部屋の隅にあるベッドへ連れて行き、眠らせた。はじめて睡眠をとることができたのである。彼は、毛布を頭からかぶり、毛布の端を口に押し込んで息が止まれば窒息してこの苦痛と惨めさから逃れられるのではないかと考え試してみた。だが、命をそんなに簡単に断てるはずがなかった。何時間眠っただろうか、捜査官たちは彼を起こし、陳述書を書き直せと言った。彼はそれまで書かなかった民族統一新聞関連の事実を明かさないわけにいかなかった。趙鏞寿追悼式に行ったことが契機となって、民族統一新聞グループの一員になったと明かした。新聞社から出た『朝鮮統一問題資料集』末尾には彼の名前も編集陣の一員としてあがっていた。韓国語を学ぶために母国留学を決めてからはすべての組織活動をやめたと明らかにした。

金元重はもう打ち明けるだけのことはすべて話し、取調べは終わるだろうと考えたが、まったくの誤算だった。捜査官は、おまえくらいの経歴がある者なら平壌へ行ったことがないはずがないと述べ、服を脱げと言った。拷問が再び始まったのである。いくら殴られても彼が必死にそんな事実はないと言い続けると捜査官もそれ以上入北の有無には執着しなかった。地下室で一週間ほどひどい目にあった彼は地上三階か四階の調査室に移され、本格的な調書作成に入った。そうして、平壌の工作員と直接連携することはできないので、民族統一新聞社の記者である金重泰の指令で韓国に潜入し、大学に侵入したスパイである、というシナリオが描かれた。

彼は十一月七日になってやっと令状が執行され、西大門拘置所の独房に収監された。板敷きの床から立ちのぼる冷気も耐えがたかったが、それよりもさらに苦痛だったのは、一日中ぼんやりと座って退屈に時間をすごすことだった。裁判が終わるまでは一切の読書、書信も全面禁止だった。本を読むことがとりわけ好きだった彼は、いわば「活字飢餓症」状態だった。薬が入ってくると、ゴマ粒のような小さな字で書かれた薬品説明書をむさぼるように繰り返し読んだ。監房の壁の国民教育憲章も暗記するまで声をあげて読んだ。ある日、「救世主」が現われた。懲役刑として便所の汲み取りをしていた一人の若者が、本が読めなくてつらいだろうから、これでも隠れて読めと言って便所の窓越しに本を投げ入れて去っていった。新約聖書だった。読書が禁止されていたので昼には読めず、かすかな電灯が射す夜に布団の陰に隠れて、マタイによる福音書から読んでいった。彼には、あまりに貴重な悦楽の読書時間だった。

聖書は独房に投げ込まれた彼にとって大きな慰めとなっただけでなく、裁判に向き合う姿勢にも影響を及ぼした。彼は四大福音書よりも使徒行伝のパウロの生涯により心が惹かれた。訴えられたパウロが総督の前で、イエスの教えに帰依し、ただ真実を伝えているだけであって、いかなる罪も犯していないと堂々と弁明するのを読んで感銘を受けた。聖書を読む前には、刑を少しでも軽くするために、自分が悪かったと罪を認めても良いのではないかと心の葛藤があったが、パウロのように法廷で堂々と言うことは言わなければならないと心を決めたのである。裁判がすべて終わって刑が確定したあとにも、新約聖書は彼の愛読書になった。

公判初日に渡された起訴状

西大門拘置所に収監されて数ヵ月が過ぎ、ソウルに住む親戚が紹介した金某《なにがし》という弁護士が接見に来た。三〇代後半と見える弁護士の話にはがっかりさせられた。事件が事件であるだけに、法廷では「純真な心」で裁判を受け、同情を得なければならないと言うのである。法廷で潔白を主張し、事件が捏造されたことを明らかにしようとした金元重は、このような弁護士とどうやって裁判に臨めばよいだろうかと不安になった。二週間ほど過ぎて、新しい弁護士が接見に来た。日本で結成された救援会が、きちんとした弁護士に頼まなければならないと選び直した金鍾吉弁護士だ。彼は朴正熙と大邱師範学校の同期生で、東ベルリン事件、人民革命党再建委員会事件など、数多くの国家保安法違反事件を担当し、経験が豊富だった。軍法会議で拙速に進められた人民革命党再建委員会事件の公判記録が変造されたことも明らかにした。

金鍾吉弁護士は、起訴状がまもなく届くからしっかり読んで、次の接見時にどのように裁判を受けるか話そうと言って帰った。しかし、11・22事件で拘束された在日同胞学生たちの裁判が始まったという噂が流れても、彼には起訴状が届かなかった。あまりに事件が軽いので、このまま釈放してくれるのではないかというはかない夢まで抱いたりした。

待っていた起訴状は一九七六年三月三〇日、彼が初めて出廷する日の朝になってようやく刑務官から伝達された。護送バスに乗って西小門法院に到着し、「ハト小屋」と呼ばれる狭い待機室で冷や飯を食べながら起訴状を読むのだが、頭に入らなかった。分量が相当長く、彼が理解しにくい用語が多かった。独房にずっと収監され、裁判というものがどのように進められるのか教えてくれる人もいなかった。検事は起訴状を朗読せず、すぐに尋問に入った。金元重は起訴内容もよくわからない状態で、神経をとがらせながら、検事の尋問に無我夢中で答えていった。

金元重は一審公判で民族統一新聞に関係したことは認めたが、在日工作員から教育、指令を受け、入国してスパイ行為をしたという嫌疑は強く否認した。結審公判があってからは家族との面会も許容され

金元重

た。弁護士の要請で許されたのか検事室で母親と会ったが、「大韓民国の法廷をどこだと思っているのか、神聖な法廷を汚すとは」と検事が怒鳴りつけた。一審宣告は求刑量とかなり差がある懲役一〇年だった。無期は免れたので、そのぶん幸いだったという思いがよぎった。

控訴審の検事は全斗煥《チョンドゥファン》政権時に検察総長、盧泰愚《ノテウ》政権では中央情報部後身である安全企画部部長を務めた徐東権《ソドンクォン》だった。彼は簡略に尋問を終えたが、むしろ裁判長がマルクス経済理論を信奉するかと尋ねた。一審でマルクス、レーニンを尊敬すると答えたので、共産主義者ではないのかという追及である。金元重の答弁は長くなった。

大学でマルクス経済学を専攻したが、経済理論家としてのマルクスとレーニンを尊敬するということだ。共産主義者は政治的実践活動をしなければならない。私は今後、共産主義者になるかもしれないが、ならない可能性もある。今は単に経済学徒として、マルクスやレーニンを尊敬していると言っただけだ。私の方で伺うが、ここに篤実なキリスト教信者がいて法政大学でマルクス経済学を勉強したとして、社会科学理論としてマルクス経済学が正しいと認識し、マルクスとレーニンを尊敬するようになったとすると、その人はクリスチャンなのか、共産主義者なのか。

裁判長は金元重が逆に反問をすると、北欧にはキリスト教社会主義があるが、韓国では認められていない、とこの問題を打ち切ってしまった。二審裁判部は起訴事実をおおむね認めながらも、刑量は三年減刑し、七年とした。大法院に上告したが。一九七六年一二月二八日に棄却され、懲役七年刑が確定した。

収監生活で大きな慰めになった日本の救援会活動

11・22事件関連者のなかで金東輝《キムドンフィ》（当時カトリック医大一年）、姜鍾健《カンジョンゴン》（高麗大法学部三年）等、刑が確定した一〇余名と共に大田矯導所（刑務所）へ移監され、特別収容舎（特舎）に収容された。惨《むご》たらしい転向工作の嵐が一段落した時だったので、刑務所内ではむき出しの暴力を受けたりはしなかった。

面会時に家族が持ち出す転向の話を聞かされるのは、彼にとっては実につらいものだった。彼は転向制度自体を認めることができなかった。思想や良心の自由を根本的に否定することになるからだ。だから、可能なかぎり転向書は書かないと決心した。一九七八年五月、徐俊植は懲役七年の刑が満期となったが、非転向を理由に釈放されず、保安監護処分を受けた。11・22事件の一人である姜鍾健も同じ理由で五年の満期を経たにもかかわらず、清州保安監護所へ移送されていた。

一九七九年一〇月末、朴正熙が突然死亡したという知らせが特舎の収容者にも伝えられた。金元重は独裁者が消え去ったのだから、軍事独裁もこれ以上続くはずはない考え、満期となれば非転向という理

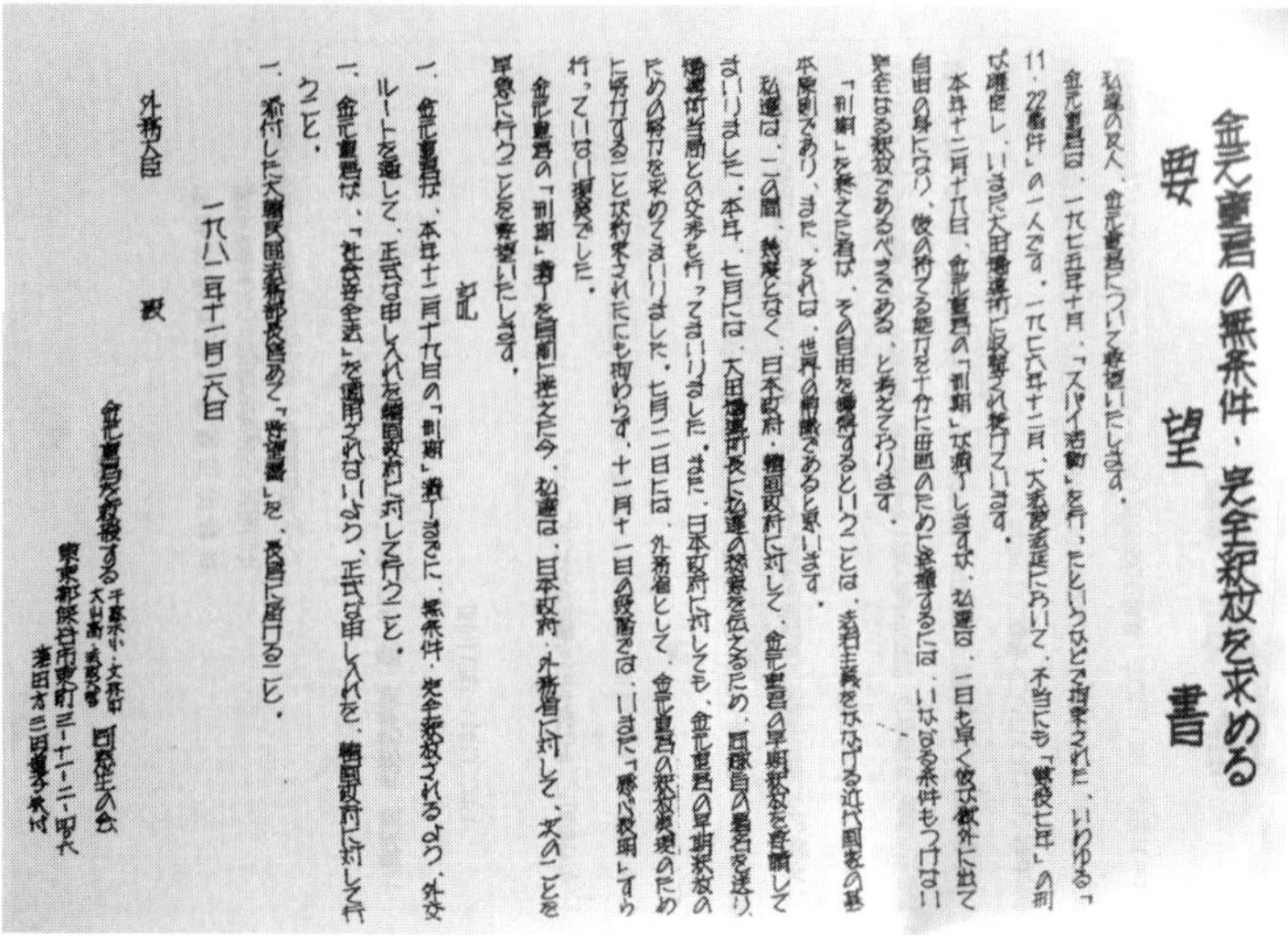

金元重君の無条件・完全釈放を求める
要望書

私達の友人、金元重君について要望いたします。

金元重君は、一九七五年十月、「スパイ活動」を行ったということで拘束された、いわゆる「11・22事件」の一人です。一九七六年十二月、大法院において、不当にも「懲役七年」の刑が確定し、いまだ大田矯導所に収監され服役しています。

本年十二月十九日、金元重君の「刑期」が満了しますが、私達は、一日も早く彼が獄外に出て自由の身になり、彼の持てる能力を十分に母国のために発揮するには、いかなる条件もつけない完全なる釈放であるべきである、と考えております。

「刑期」を終えた者が、その自由を獲得するということは、法治主義をかかげる近代国家の基本原則であり、また、それは、世界の常識であると思います。

私達は、この間、絶え間なく、日本政府・韓国政府に対して、金元重君の早期釈放を要請してまいりました。本年、七月には、大田矯導所長に私達の要望を伝えるため、同窓会の代表を送り、矯導所当局との交渉も行ってまいりました。また、日本政府に対しても、金元重君の早期釈放のための努力を求めてまいりました。七月二二日には、外務省として、金元重君の釈放実現のために努力することが約束されたにも拘らず、十一月十一日の段階では、いまだ「様子見の段階」すら行っていない状態でした。

金元重君の「刑期」満了を目前に控えた今、私達は、日本政府・外務省に対して、次のことを早急に行うことを要望いたします。

記

一、金元重君が、本年十二月十九日の「刑期」満了までに、無条件・完全釈放されるよう、外交ルートを通して、正式な申し入れを韓国政府に対して行うこと。
一、金元重君が、「社会安全法」を適用されないよう、正式な申し入れを、韓国政府に対して行うこと。
一、添付した大韓民国法務部長官あて「要望書」を、韓国に届けること。

一九八二年十一月二六日

金元重君を救援する 千葉ホ小・文京中 大山高・武蔵大 同窓生の会
東京都保谷市東町三ー十一ー二ー四〇六
連絡先 三田隆子 気付

外務大臣 殿

1982年11月、金元重の刑期満了を前にして、小・中・高・大学の同窓会が共同で発表した無条件釈放要望書

由で再び拘禁されることはないだろうと予想した。しかし、楽観的な予測は長くは続かなかった。まもなく「光州事件」が勃発、とてつもない犠牲があったという噂が伝わった。大虐殺を犯した軍部は強圧的な統治を継続するだろうというのが一般的な判断だった。教務課からは、満期三ヵ月前までに転向書を書かなければ自分たちの手を離れ、情報機関の管轄になるとかなり前から予告してきた。彼は体力的には四、五年程度はまだ十分耐えられると考えたが、首を長くして出所を待ちわびている両親を思うと、悩まずにはいられなかった。

結局、転向書を書き、出所することに心を決めた。一九八二年一二月一九日、彼はついに大田刑務所の獄門から出た。七年二ヵ月余りぶりの自由の身となったのである。しかし、完全に解放されたわけではなかった。刑務所に訪ねてきた刑事たちと一緒に大田のある警察署へ行き、

簡単に取調べを受けた。翌日にもソウルのある警察署へ出頭し、再び取調べを受けなければならなかった。

長い収監生活のあいだ、彼の大きな支えになったのは、日本で救援活動を展開していた人びとであった。小学校から大学までの同窓生たちが救援会を結成し、激励するハガキを送ってくれたり、裁判の傍聴、面会のために海を渡って韓国を訪ねてくれたりした。救援会関係者の面会は、五回来て一回程度許された。大山高等学校在学時の恩師である教師たちも救援会で活動した。世界史担当教諭であり、社会科学研究会顧問を務めた岡百合子先生、図書館司書だった三田道子さんはじめ多くの人が非常に尽力してくれた。岡先生は著名な在日朝鮮人作家・高史明《コサミョン》の妻である。

「時代の痛みを共に味わった、後悔しない」

金元重が日本へ再び帰ったのは、一九八三年二月末だ。長い監獄生活をした彼に、家族はあえて何か仕事につくことを強要しはしなかった。三〇代はじめに入ったが、彼は勉強をもっとしなければならないと考えた。家庭の経済状況を考えればすぐにでも仕事に就いて家計を助けるべきであったが、父親の許しを得て法政大学大学院経済学科に入った。マルクス経済学が圧倒的に強かった学部時代に比べて近代経済学の講義も大幅に増え、時代が変わったことを痛感した。教授たちは、母国留学で苦難を強いられた「年を食った大学院生」を温かく迎えてくれた。

母校の大学院で修士、博士課程を終えた彼は、八、九年間の非常勤講師生活の末に新潟産業大学の教授として採用され、現在、千葉商科大学に教授として在職している。スパイ容疑によって韓国で裁判にかけられて受刑生活を送った者のなかで、正規に大学院を修了し、教授として採用された事例はほとんどない。博士課程を終えた人はいるにはいるが、非常勤講師をしている程度だ。無期懲役を受け、一九年間収監された徐勝《ソスン》は立命館大学に特任教授のかたちで任用された。

金元重は留学生政治犯のなかで運が良いほうではあるが、未婚の彼は健康の悪化に苦しんでいる。長年の糖尿病のうえに視力が非常に悪くなり、右腕の神経炎のため右手がまともに使えない。ペンや箸をきちんとつかめず、食事をするのが困難で、授業をする際に黒板に板書するのも苦労する。職業柄文章を書かなければならないのに、パソコンのキーボードを打つのも以前のようにはいかない。長い収監生活からくる後遺症の可能性もある。

大学生時代、分断と統一問題について人一倍悩んだ彼は、還暦になった二〇一一年四月二八日、再審を請求した。それに先立ち、真実和解委員会に「在日韓国人良心囚同友会」の一人として、スパイ捏造事件の真実糾明を要請したが、活動期間の制約に追われた真実和解委員会はその事件を締めくくることができないまま幕を閉じた。再審は張慶旭《チャンギョンウク》弁護士が担当した。ソウル高等法院第五刑事部は、再審申請から半年過ぎた二〇一一年一一月一〇日、再審決定をし、二〇一一年三月二九日、高等法院第五刑事部裁判部は原審判決を破棄するとして、無罪を宣告した。

裁判部（裁判長・金基正《キムギジョン》部長判事）は判決文で、「一九七五年当時、中央情報部に連行されたあと、長期間令状なしに不法拘禁された状態で、拷問・暴行および苛酷行為を受けるなかで自白したり陳述したりしたことには任意性を認めることができない」と判決を下した。裁判部はまた、彼が情報を探索・収集したという「在外国民教育研究所の在日同胞留学生人員」や「中浪橋近くのバラック村の実態」などについて、「誰にでも公開され、簡単に知ることのできた事実であって、間諜罪でいう国家機密とみなすことはできない」と明らかにした。ソウル高等法院の再審無罪判決は、検察が上告しなかったのですぐに確定した。

韓国語を習得しようと母国にやって来て、スパイ容疑で長期間投獄され、健康まで害した彼は、自分の人生をどのように整理しているのだろうか。母国を訪ねて人生が台無しになったと考えるかと尋ねると、こんな答えが返ってきた。

留学に行くと決心したとき、かなり危険であるということを認識していた。軽く考えすぎた点もあったが、途方もない運命を背負うことになったわけではない。母国にいる同世代の若者が、時代の痛みを背負い耐えていた現実のなかで、私が無駄な歳月をすごしたとか、母国に行って人生を台無しにしたなどとは考えていない。だからといって自慢するほどのことは何もないが、母国留学に行ったのを後悔したことはない。

第3章　前史―進歩党事件と民族日報事件

六〇年安保闘争で鳴り響いた「オンヘヤ」

村岡博人のあだ名は「朝鮮記者」だ。長い記者生活の間、在日同胞と関連する問題を持続的に取材してきたことから生まれたあだ名である。

一九三一年、東京の教育者の家庭で生まれた彼は、サッカー日本代表チームのゴールキーパーという記者としては珍しい経歴の持ち主である。父親は東京高等師範学校の英語教師、母親は高等女学校の家庭科教師だった。東京高等師範附属中学校に入学した彼は、父親のすすめで剣道部に入った。運動神経に秀でていた彼がサッカー選手になったのは、日本の敗戦後、占領軍司令部の命令によって学校での武道教育が禁止されてサッカー部に移ったためである。右足を怪我したあと、ゴールキーパーとして頭角を現わした。

東京高等師範学校の後身である東京教育大学に進学した彼は、一九五三年七月、西ドイツのドルトムントで開かれたユニバシアード大会（当時、国際学生スポーツ週間と呼ばれた）にサッカー日本代表として参加し、その年の九月、共同通信の入社試験を受けた。面接の時に、編集局長が「大学では運動をしてたのか」と問うと、「はい、ボールを蹴っていました」と答えて編集局長を驚かせたというエピソードがある。編集局長は大学で学生運動をしていたのかを尋ねたのだが、彼はスポーツの話だと思ったのである。彼は本格的に記者生活に入る直前、一九五四年三月に神宮外苑競技場で開かれた、スイス・ワールドカップの地域予選である日韓戦にも代表として参加している。

「朝鮮記者」と呼ばれた村岡博人（2008年）。蝶ネクタイは彼のトレードマークのようだった。

村岡は一九九一年九月に満六〇歳で定年退職するまで管理職につかず、労働組合員、現場記者を貫きとおした。それも労組専従であった一年と短い運動部勤務を除外すれば、三四年間を社会部記者としてすごした。彼がジャーナリストとして生涯をかけたテーマは、在日同胞の人権問題、日朝国交正常化、腐敗政治の糾弾などであった。

彼は一九五九年末、在日同胞の北朝鮮への「帰還事業」を現場で取材した記者の一人だ。民団や韓国は「北送」と呼び、総連や北朝鮮は「帰還事業」と呼んだできごとである。北朝鮮を新しい居住地に選んだ在日同胞を運ぶ最初の「北送船」はソ連船クリリオン号、トボリスク号であった。三四九七トン級の二つの船舶は一九五九年一二月一一日に新潟に入港、二八三世帯九七五名を乗せ、一二月一四日に清津に向けて出発した。当時の時代状況にあっては、祖国の「社会主義国家」建設に参加したいという在日社会の熱気は相当なものであった。船が埠頭を徐々に離れ始めると数千名の歓送客のあいだで万歳の声が上がった。広場に集まった在日同胞は、慶尚道地域でムギの脱穀の際に歌われた民謡「オンヘヤ」を歌い、踊った。日本に近い慶尚道の出身者は、在日同胞の中でひときわ多かったのである。

居合わせた日本人は、オンヘヤのダイナミックなリズムと絶え間なく繰り返される掛け声に衝撃を受けた。一九六〇年、日米安保条約改定をめぐって全国的に展開された闘争で、反対陣営はオンヘヤをデモや座り込みの雰囲気を高めるのに活用した。東京・渋谷の南平台にある岸信介首相の私邸の前で行なわれた抗議デモなどでも、デモ隊はオンヘヤを歌い気勢をあげたという。

平壌で在日帰国者を取材した「朝鮮記者」

最初の帰還船に乗る在日同胞たちは、東京の品川駅や大阪駅から専用列車に乗って新潟駅に集結した。日本のマスコミは、この類例のない大移動を取材するため大規模な取材陣を編成した。共同通信も東京本社、大阪本社、新潟支局などから記者を送り出して四〇名の取材チームを構成した。

新潟で約一ヵ月の間取材していた村岡は、突然北朝鮮出張の指示を受け、帰還船が出発する当日にパスポートと香港へのビザを受けとるや、飛行機で羽田を出発した。戦後初めて北朝鮮の地を踏んだ日本の記者団は、五社七名で構成された。一二月一八日に平壌に入った日本記者団は、二日後に清津港から列車で平壌に到着した在日同胞帰国者たちが一五万の群衆の歓迎を受ける行事を取材した。記者団は一九日間滞在し、「北朝鮮式社会主義の生産現場」を取材、一九六〇年一月に帰国した。

彼らの訪問記は『北朝鮮の記録――訪朝記者団の報告』（一九六〇年）という単行本として出版された。朝日新聞を除いた四社の記者五名が分担執筆した。この本は数十年後になって北朝鮮の体制を美化したと非難の対象となった。しかし、時代的背景を無視した非難は単なる誹謗にすぎないとの見方も根強い。そのころ、在日同胞の平均的生活は極めて悲惨で、逃げ場のないものであった。九州の貧しい炭鉱村で生活した在日同胞少女の日記『にあんちゃん』（一九五八年）がベストセラーとなった時代であった。この日記は今村昌平監督によって映画化され、テレビドラマにもなって日本全国で知られるようになった。

人付き合いが好きな村岡は「情報」を聞き出す鬼才であった。彼の並みはずれた情報力は、膨大な量のスクープ記事の基礎となった。それは、彼が直接記事に書いたこともあり、担当の記者や部署に伝え共同作業形式で作品が出されたこともあった。彼が在日同胞問題と関連して残した取材記録は、後に雑誌など他の媒体でしばしば引用されたという。

著名な俳優・演出家である千田是也が、一九二三年の関東大震災の時に朝鮮人にまちがえられそうになり、あやうく殺されかけたところを助かったというエピソードを広く知らせたのも村岡だった。千田は早稲田大学独文科聴講生であったが、演劇の世界に飛び込み、一九二七年にドイツに渡ってラインハルト演劇学校で勉強した。卒業後、ドイツ共産党に入党したこともある彼は、一九三一年に帰国し演劇活動をしていたところ、治安維持法違反で逮捕された。彼は、プロレタリア作家として活躍し特別高等警察（特高）に逮捕され拷問により死んだ小林多喜二の遺体を引き取り、デスマスクを作ったことでも知られている。当時、特高の報復を恐れ、遺体の検死を引き受ける病院さえなかったことを思えば、大変勇気のある行為だった。

千田是也は本名ではなく芸名である。一九〇四年生まれである彼が「千田」という芸名を使うようになったことは、関東大震災の朝鮮人虐殺と直接関連がある。その話を村岡が一九五九年に本人から直接聞いた。大地震があってから数日後、彼は千駄ヶ谷駅付近で群衆に取り囲まれた。巷では社会主義者と朝鮮人が襲撃してくるという噂が広がっていた時だ。興奮した群衆が、彼のことを朝鮮人であると騒ぎ立てた。彼は、自分は日本人であるといって学生証まで見せたが、群衆は「歴代の天皇の名前を言ってみろ」と迫った。恐怖に震えている時、近くの酒場の給仕が「伊藤家の坊ちゃん」といって、助け船を出してくれた。伊藤は彼の本来の姓であった。つまり、芸名の千田是也は「千駄ヶ谷のコリア」を意味するのである。

警察より先に金大中拉致現場に駆けつけた村岡

村岡の在日同胞取材の長いキャリアは、一九七三年八月八日、金大中拉致事件の際にもいかんなく発揮された。彼は拉致現場である東京のホテルグランドパレスに警察より先に駆けつけた。金大中はその日、訪日中である民主統一党党首梁一東《ヤンイルドン》と会い、午後二時からは自民党内のリベラル派「アジア・アフリカ問題研究会」の木村俊夫議員（一九七四年外相就任）と赤坂東急ホテルで会う約束になっていた。当時日本で金大中の身辺警護は在日韓国青年同盟（韓青同）所属の青年たちが担当していた。ホテルグランドパレスに到着した金大中は、警護の青年たちをホテル一階ロビーで待たせて二二階の面談場所に一人で上がった。警護チームのリーダーは金大中が降りてこず、様子がなにかおかしいと気づいたが、自分たちが二二階に上がることができなかったので、村岡に来てほしいと助けを求めたのである。村岡が二二階に上って現場に直行したとき、金大中の行方はすでにわからなくなっていた。

村岡は日本公安警察と右翼勢力の癒着疑惑についても監視の目をそらさなかった。一九六〇年一〇月一二日、東京の日比谷公会堂で開かれた演説会で、浅沼稲次郎社会党委員長が右翼青年に刃物で刺され殺害される衝撃的な事件が発生した。東京都選挙管理委員会が衆議院選挙を前にして自民党、社会党、民社党の党首を招請して準備した場であった。西尾末広民社党委員長、浅沼、池田勇人自民党総裁（首相）の順で演説することになっていた。公会堂には制服・私服の警察官も配置され、演説会はＮＨＫのラジオを通して全国に中継された。

西尾民社党委員長の演説が終わり、浅沼委員長が登壇し演説をはじめると、聴衆席に座っていた右翼たちがビラをまきながら「中共の手先」だとわめきちらした。場内の混乱が収まって浅沼がふたたび演説をはじめた時、突然一人の青年が演壇に駆け上がり浅沼を短刀で二度切りつけた。大動脈が切断された浅沼は出血多量で即死した。驚くことに犯人は「大日本愛国党」という右翼団体の活動をしていた一七歳の少年山口二矢であった。東京少年鑑別所に収容された山口は裁判がはじまる前、その年の一一月二日壁に歯みがき粉で「天皇陛下万歳、七生報国」という遺書を遺して自殺した。シーツを裂いて天井の電球ソケットにかけて、首を吊ったのである。

翌月、右翼政治テロの現場である日比谷公会堂で、少年テロリストの「慰霊祭」が、右翼六〇団体の主催で約二三〇〇名が集まり開催された。警視庁クラブに出入りする村岡は現場に取材に行ったところ、驚くべき光景を目撃した。警視庁公安三課の係長たちが、弔問録に名前を記し弔慰金を出してから会場に入っていったのである。彼は記者室に戻りテロリスト慰霊祭と警察幹部弔問を記事にして送稿した。記事の内容が問題化すると、警視庁公安部は弔問の事実はないと否認し、他社の記者たちも彼の記事を無視した。怒った村岡が弔問録を確認しに行くといって問い詰めると、公安部はやむをえず弔問の事実を認めた。村岡は当時、しっぽをふって「権力の犬」になりたがっている「同業者」がいることを知って失望したという。日本の右翼はその後も毎年「山口烈士慰霊祭」を開催した。

曺奉岩救命運動の集まり

二〇一四年五月、プレスセンタービルの中にある日本記者クラブで、「朝鮮記者」村岡に会った。往年のサッカー国家代表選手も、時の流れには逆らえないようで、気力がだいぶ落ちていた。定期的に透析を受けていると言った。それでも以前の記憶を探る表情からは、敏腕記者時代の面影が感じられた。彼は日本記者クラブの創立メンバーであった。当時事務室は帝国ホテルの隅にあったという。彼が第一線の記者として活躍したときは、民団中央本部も現在の麻布ではなく本郷にあった。

村岡に「在日問題」を生涯の取材テーマとした理由をたずねると、大統領選挙に出た野党政治家を裁判にかけて死刑にする国があるというニュースを聞き、とても驚いたことが契機だったと語った。誰のことかと聞くと、その政治家の名前をすぐに思い出せなかった。金大中のことかときくと、それよりもずっと前のことだという。あらためて、曺奉岩《チョボンアム》のことかと問いかけると、やはりちがうようだった。彼が八〇代であることを考慮して、日本式の漢字の発音で「そうほうがん」のことかと聞いたところ、今度はそうだと答えた。そして、彼が在日関連の最初の記事を書いたわけを説明してくれた。

進歩党事件の裁判の進行していた一九五八年一〇月頃、共同通信本社の片隅に事務所を置いていた新亜通信代表の李相権《イサングォン》が、村岡に取材をしてくれないかと相談しに来た。新亜通信は、韓国関連ニュースを配信する小規模メディアだった。在日韓国人有志たちが、李承晩独裁政権と闘ってきた曺奉岩の救命運動を始めるというのである。

典型的なでっち上げによる野党弾圧事件である進歩党事件は、一九五八年一月、進歩党幹部たちの一斉検挙からはじまった。曺奉岩が北朝鮮スパイとひそかに連絡をとっており、進歩党の平和統一の主張は「北韓共産集団の統一計画」であるとして、罪をなすりつけた。検察は曺奉岩と「北韓スパイ」であるという梁明山《ヤンミョンサン》（実際には特務隊の二重スパイ）に死刑、尹吉重《ユンギルジュン》、朴己出《パクキチュル》、金達鎬《キムダロ》、金基喆《キムギチョル》、李東華《イドンファ》には無期から二〇年の重刑を求刑した。しかし柳秉震《ユビョンジン》を裁判長とする一審は一九五八年七月、起訴内容を大部分認定せず、曺奉岩と梁明山を懲役五年、それ以外は大部分無罪や執行猶予の軽い刑を宣告した。しかし控訴審では、公判の雰囲気ががらりと変わった。裁判長である金容晋《キムヨンジン》部長判事は、一九五八年一〇月の結審公判で被告たちの最後陳述が終わったあとに、一審で無罪判決が出て釈放された人まですべて、法廷での拘束を指示した。そして、曺奉岩・梁明山に死刑を宣告するなど、二一名全員に有罪判決を下した。

曺奉岩に極刑が宣告されると本国の情勢を憂慮した在日韓国人有志は不安にかられた。二審判決直後の一〇月末、村岡は東京都心の公園である小石川後楽園内の料亭に来るよう呼びだされた。この公園は、一六三〇年代から水戸徳川家の庭園として造成されたところで、今は特別史跡・特別名勝に指定されている。在日同胞有志一〇余名が集まり、韓国政府への嘆願書作成を議論した料亭の名前は涵徳亭だ。公園の入口の入場券売所のすぐ横にあって、今も会合の場所として使用されている。

村岡は、涵徳亭が当時はとても閑静で、公安機関も盗聴器を設置できないところだったため、会合の場所として選ばれたのだと説明した。彼はそこで裵東湖《ペドンホ》に初めて会った。後に日本に派遣された韓国の情報機関と対決することになる人物である。村岡はこの会合を通して「在日民主化運動」の指導者たちに出会い、親交を深めることとなった。とある料亭でひそかに進行していた曺奉岩救命運動が、彼が在日同胞問題について初めて書いた記事であった。

小石川後楽園の入口にある涵徳亭

在日同胞有志の曺奉岩救命運動は、一九五九年二月二七日に大法院で死刑が確定すると、さらに活発に展開された。当時、韓国の新聞でも小さな記事ではあるが、その動きが報道された。『東亜日報』一九五九年五月一八日付朝刊一面には「在日同胞のアピール文、まもなく提出」、「死刑囚曺奉岩救命要請」というタイトルで短めの外信記事が掲載された。

〈東京一七日発UPI＝東洋〉現在死刑宣告を受けている、韓国の政治指導者であった曺奉岩の救命を要請する八〇〇〇名以上の在日韓国人によって署名されたアピール文が一八日、李承晩大統領に提出される。このアピール文は在日南韓僑胞一九名で構成されたある委員会によって送られる。

李承晩政権の治安機関は、日本での曺奉岩救命運動を相当警戒していたようである。『東亜日報』が関連の動きを報じた五月一八日、検察はただちに論評を出し、救命運動の背後に左翼がいると述べた。曺奉岩救命委員会には裵正《ペジョン》を代表委員として、姜渭典《カンウィジョン》、李康勲《イガンフン》、金三奎《キムサムギュ》、李千秋《イチョンチュ》、梁兆瀚《ヤンジョハン》、金鍾《キムジョン》在《ジェ》、梁承浩《ヤンスンホ》、李栄根《イヨングン》、元心昌《ウォンシムチャン》、金奉鎮《キムボンジン》ら一二名の在日韓国人の大御所が名前を連ねていた。村岡が注目した裵東湖は、当時民団幹部として民団の実務を担っていたと思われる。元心昌、李康勲は中国で鄭《チョン》華岩《ファアム》、白貞基《ペクチョンギ》、李会栄《イフェヨン》らと無政府主義者連盟を作って活動した独立運動家だ。二人は一九三三年三月白貞基とともに上海で日本公使有吉明《ありよしあきら》暗殺を企てたが、決行の直前に発覚して逮捕された。彼らは長崎に押送され日帝の法廷で白貞基と元心昌は無期、李康勲は懲役一五年の刑を宣告された。白貞基は一九三四年六月獄死し、元心昌と李康勲は、日本の敗戦後に監獄から釈放された。二人は朴烈《パクヨル》とともに初期の民団を確立させるのに中核的な役割を担った。元心昌は金沢で銃殺された尹奉吉《ユンボンギル》義士の遺骨を探すうえでも決定的な役割を果たしたことで知られている。李栄根は5・16クーデターの後、軍法会議で死刑宣告を受け処刑された民族日報社長趙鏞寿の背後にいると見られることになる人物である。

曺奉岩に対する再審請求は一九五九年七月三〇日に棄却され、ただちに翌日死刑が執行された。そして、彼が処刑場に散ってからほぼ五二年が経とうとしていた二〇一一年一月二〇日、大法院は大法官一三名全員一致の意見で再審を通じて無罪を宣告した。

民族日報事件、李栄根と趙鏞寿

5・16クーデターで張勉《チャンミョン》政権が崩壊し、権力を掌握した朴正熙軍事政権は通常の立法手続を無視して、布告によって武断政治を開始した。軍事政権は一九六一年六月二二日「特殊犯罪処罰に関する特別法」を作り、その日の夜一一時中央放送を通じて内容を発表、公布した。全七条と附則で構成されたこの特別法は、公布と同時に発効した。附則には公布日から三年六ヵ月前まで遡及適用するという規定が盛り込まれた。反共体制の再整備強化を「革命の公約」一号に掲げたクーデター勢力のねらいは、「特殊反国家行為」に対する処罰を規定した六条にあった。

政党・社会団体の主要幹部の地位にある者で、国家保安法の第一条に規定された反国家団体の利益となるという情を知りながら、その団体や構成員の活動を称揚鼓舞、同調し、あるいはその他の方法でその目的遂行のための行為をした者は、死刑・無期または一〇年以上の懲役に処す。

4・19革命後、南北和解と平和統一を訴え、政治の公の舞台で活動した革新系は、この特別法第六条の適用を受け、活動停止を余儀なくされた。朝鮮戦争を前後して無念にも虐殺された犠牲者の名誉回復を叫んだ遺族や教員労組関係者も、みなこの法で辛酸をなめることになった。クーデター指導部は、特殊犯罪処罰に関する特別法を公布する前日に「革命裁判所および革命検察部組織法」を公布した。軍事政権が断罪対象を迅速に起訴し、またたく間に処理する法的装置を用意したのである。

趙鏞寿社長ら民族日報関係者が逮捕されたのは、クーデター直後である五月一八日である。民族日報事件拘束者の起訴状は、一九六一年七月二九日午前九時、ソウル筆洞の革命裁判法廷二号法廷で開かれた初公判で公開された。趙鏞寿に対する起訴事実の概要は、日本にいるスパイ李栄根の指令と資金支援

独立運動家革新系の大御所たちと民族日報社前で記念撮影をした趙鏞寿（前列中央）。申肅、金在浩、李鍾律、安新奎、耆圭澤、劉秉黙らの顔が見える。

を受け国内に潜入して活動したというもので、李栄根の背後には北朝鮮の社会安全省高位幹部がいるとされた。

趙鏞寿が死刑宣告を受け執行されてから二八年が過ぎ、李栄根統一日報会長が一九九〇年五月一四日に東京の国立がんセンターにおいて肝臓がんで亡くなったという訃報が韓国の新聞に短信で報道された。そして、盧泰愚政府は一〇日後の五月二四日、国務会議を開き、国民勲章無窮花章を追叙することを議決した。無窮花章は、国民勲章五等級の中で最も格の高い一等級の勲章である。国務会議に添付された提案理由は「一九五八年一二月に『朝鮮新聞』（現、『統一日報』）を創刊、在日同胞社会の民族紙として発展させる一方で、在日同胞の法的地位向上と和合を図ったことはもちろん、平和統一のための政府施策を積極的に広報するなど国家社会の発展に寄与した統一日報会長故李栄根に国民勲章一等級を追叙しようとするもの」とされた。

李承晩政権ではスパイ容疑で拘束・起訴され、5・16クーデター後は革新系撲滅のために見せしめとして処刑された趙鏞寿の背後操縦者と見なされていた李栄根と、死後に韓国政府から勲章をもらった李栄根は、果たして同一人物だろうか。それは人ちがいではなかった。一人の人間をめぐって、政府の公式評価がこのように変わってしまった背景には何があるのだろうか。それは波瀾万丈な彼の人生を抜きには、説明することができない。

李栄根は一九一九年忠清北道清原の地主の家に生まれた。清原高等普通学校在学時に日本商品不買運動を主導し、延禧専門学校を出て呂運亭《ヨウニョン》の建国同盟に関与した。解放後には呂運亭が率いた建国準備委員会の治安隊創設の実務を受け持った。大韓民国政府樹立後、李承晩初代内閣の農林部長官である曺奉岩の秘書として働き、農地改革を助けた。彼の兄李萬根《イマングン》は清州高等普通学校、同志社大学法経科を出て、清原で無所属の制憲議員に当選したが、朝鮮戦争で拉北された。

李栄根は、曺奉岩国会副議長の秘書をしていた一九五一年一二月に、陸軍特務部隊釜山派遣隊に連行されスパイ容疑で拘束された。李栄根が曺奉岩を書記の座に据え政党を結成しようと「新党準備事務局」の責任者として働いていた時のことであった。李栄根だけではなく新党を準備していた関係者たちが続々と特務隊に連行された。年が明け、李起鵬《イギブン》国防部長官は突然、李栄根が「北韓傀儡集団」の治安安全省の指令を受け、一九五一年二月ころ越南し、大邱で米軍関係の某諜報機関に潜入した後、米軍をはじめとする韓国の機密情報を収集したと主張した。以後、李栄根は「傀儡安全省対南スパイ団事件」の首領として起訴され、一九五二年三月に初公判が開かれるまで家族の面会がすべて禁止された。四月末の第二回公判で李栄根はスパイ容疑を全面否認した。彼は一九五〇年九月にソウルで人民軍に逮捕され北に連行されたが、人民軍から脱出するために「情報収集工作員」という名目で大邱に来たと述べた。この事件の裁判は金龍式《キムヨンシク》釜山地方法院長が担当した。

曺奉岩の秘書を務め、日本に亡命し『統一日報』を創立した李栄根（中央）。左は独立記念館長を務めた安椿生、右が孫基禎。

一審宣告公判は一九五二年五月二六日に開かれた。戦時下の裁判にもかかわらず、金龍式裁判長は検察が死刑、無期等を求刑した九名に無罪を宣告した。検察は大きく反発し即日控訴した。李栄根は二審の大邱高等法院で有罪となり懲役五年を宣告されたが、大法院で破棄差し戻しとされ、一九五八年一月二三日にソウル高等法院でふたたび懲役五年を宣告された。病気によって保釈されていた彼は、海外亡命を決心していた。

統一運動家である朴進穆《パクチンモク》の回顧録には、当時の状況と符合する部分が出てくる。一九五八年一月初旬に李栄根が訪ねて来て、竹山（曺奉岩の号）と進歩党指導部が拘束されるという情報を入手したとほのめかし、インドのような国に亡命でもしようと語ったという。二日後に逮捕令状が出て進歩党の主要幹部たちが続々と捕まっていった。李栄根はただちに日本に向かうといって、朴進穆に助けを求めたということである。

判事金龍式

「傀儡安全省対南スパイ団事件」の一審公判で全員無罪を宣告した金龍式裁判長は、清廉剛直な法曹人として記憶されている。植民地時代に独学で朝鮮弁護士試験に合格した彼は、釜山地方法院長から大邱高等法院長に昇進したが、一九五八年一二月退任した。裁判官の任期一〇年が満了し大法院は再任を望んだが、李承晩大統領が拒否した。総選挙や大統領選挙で慶尚北道の開票管理の責任者となった彼は、不正開票を容認しなかったという。4・19革命後には大邱高等検察庁長に復帰し、一九六一年一月には3・15不正選挙の首謀者を処罰する革命検察部長として抜擢されたが、5・16クーデターで拘禁され、病気によって保釈された。以後、生活さえも困難になり、一九六三年五月、腕時計一つを残してみずから命を絶った。

李栄根の日本亡命後

一九五八年四月日本に亡命した李栄根は、密入国容疑で裁判に付された。彼は八月一〇日東京地方裁判所で懲役四ヵ月、執行猶予二年の刑で仮釈放された直後、東京・西神田に朝鮮統一問題研究所を設立した。彼はただちに同胞社会の有力者とともに進歩党事件で拘束された曺奉岩の救命運動を計画した。李栄根が日本で最も力を入れたのは平和統一運動に着手するための言論活動だった。彼は一九五八年一二月、朝鮮新聞社を設立し、翌一月一日付で『朝鮮新聞』創刊号を刊行した。月に三回刊行の旬刊だった。一九五九年一〇月に『統一朝鮮新聞』に題名を変えた。4・19革命後、本国情勢が緊迫していった一九六一年三月には週刊に転換した。一九六三年五月には二面から四面にページを増やした。そして、一九七三年九月に今度は題号を『統一日報』に変え、日刊紙に大転換を試みた。

彼は自身が作った媒体を通して記名、無記名、匿名等で数多くの論説、評論、論文を書きながら、統一理論家としての地位を固めた。『統一朝鮮年鑑』のような資料集を発行し、英文月刊紙『One Korea』を出して国際世論に訴えることにもとりわけ熱心だった。彼が執筆した「創刊にあたって同胞に告ぐ」という『朝鮮新聞』創刊辞には、分断祖国に対する悲嘆とともに、平和統一に対する渇望がにじみ出ている。彼の文才を示す一節を引用してみよう。

目にも見えない三八線——朝鮮人のほとんどすべてが、自国のどのあたりにあるのかすら知らなかった三八度線は、まさに民族最大の悲劇の線、呪いの線となった。敗戦後の日本軍の処理のため米ソ両国が暫定的に取決めたにすぎなかったこの線は、双方握手の接点にはならず、アジアにおける対決の最先端となってしまった。そして、「クジラの喧嘩でエビの背中が裂ける」という朝鮮のことわざのとおり、三八度線を最前線として争っている二大陣営の犠牲となり背中が裂ける状況にあるのが、エビではなく美しきわが朝鮮である。

朝鮮戦争最大の被害は、なんといっても単一民族である同族同士であれほどまでに残忍に殺し合ったという消しがたい残酷な事実と体験が民族の心理に与えた衝撃、それが一つの民族感情として凝り固まり、ひいては同族同士のあいだの溝を深めてしまったこと、一人ひとりの心をむしばんでいることである。南北の戦争による物的被害は、多少の差があるにしても一〇年もあればおおよそ復旧するだろう。だが精神的被害は、志を同じくする人びとの燃えるような愛族心と不屈の努力なくしては、その回復を期すことができない。

私たちは国内外すべての愛国同胞に対して、わが祖国の平和統一のためにもう一度決意を新たにし朝鮮人民の正しい声を一つに結集することを訴える。それを訴えるために私たちの新聞、この『朝鮮新聞』は誕生した。

李栄根は『朝鮮新聞』一九五九年一一月号に掲載された「平和統一運動の前進のために」という文章で、民族統一の原則と当面の目標を書き連ねている。統一は、民族自決の原則、自主独立の原則、民主革新運動を内包しなければならないと主張した。彼は具体的な闘争目標として、朝鮮民族の総力を平和統一事業に集中させ、朝鮮の平和統一に対する世界の関心を高めるために世論を喚起させることが重要だと主張した。さらに、平和統一に反対する勢力と果敢に闘争しなければならず、まず李承晩政権打倒に全力を集中しなければならないと促した。そして、国内外の活動家の糾合を強調した。民団で曺奉岩救命運動に参加した趙鏞寿が4・19革命後国内に入り、革新系運動に参加し『民族日報』創刊を主導したことは、李栄根の平和統一運動による糾合の主張と密接な関連があるのである。

民族日報事件に対する軍事裁判はまたたく間に進行し、一九六一年八月二八日の公判で社長趙鏞寿、監事安新奎《アンシンギュ》、言論人宋志英《ソンジヨン》に死刑が宣告されると、李栄根は日本で必死に救命運動を始めた。この運動には日本の知識人がこぞって参加し、国際的な問題となった。後にノーベル文学賞を受賞する作家川端康成、東京大学新聞研究所長城戸又一ら多くの知識人が署名に参加し、村岡は当時の日本ペンクラブ事務局長松岡洋子らとともに舞台裏の実務者として活動した。しかし、国際的な救命運動の甲斐なく、趙鏞寿は一九六一年一二月二一日、社会党組織部長である崔百根《チェベックン》とともに死刑が執行された。安新奎と宋志英は長期間収監された後に釈放された。

分裂する日本亡命者たち

平和統一運動と言論活動に奔走した李栄根は、一九六二年八月「在日韓国政治難民対策委員会」を結成し、日本社会で初めて政治難民問題を本格的に提起した。ほかでもない彼自身が政治難民であったからである。李栄根は日本政府に亡命申請をしたが、一九六一年八月二日、逆に強制退去命令を受けた。彼は趙鏞寿が処刑された直後の一九六二年一月一二日、帰国すれば虐殺を免れないという釈明資料を添付し再審を申請したが、受理されなかった。彼は病院に入院し毎月入院診断書を提出して、一ヵ月ごとに「仮放免」されるという、不安な生活を継続しなければならなかった。

一九六三年六月一二日、衆議院法務委員会で社会党の猪俣浩三議員が、韓国から政治的理由で密航してきた人びとの政治的亡命審査が遅延している理由を問うた。人権侵害、汚職事件追及に熱意を見せた猪俣は、一九七〇年にアムネスティ日本支部が設立されたときに理事長となった。以下は猪俣の質疑内容である。

入管当局にお尋ねいたします。実は韓国の政治亡命者の件につきまして、たびたび入管とは折衝もしておりますし、当衆議院の法務委員会、あるいは参議院の法務委員会におきましても質疑が行なわれておるのでありますが、まだ明確なる線が打ち出されておらぬのでありまして、実は私どものところへ相当心配をいたしまして陳情に来る者が非常に多いわけであります。ことに先般仮釈放になっておりました孫（孫性祖）君が、毎月一回の（滞留資格）切りかえのときに出ましたところが、そのまま逮捕されて抑留されてしまったということから非常な恐慌を来たしまして、一ヵ月ごとの滞留の切りかえにも本人自身は行かないで代理人がやるというように警戒をするようにまで相なってまいりました。相当ノイローゼぎみになっておる者が多数あるわけであります。これらの人物は相当の教養があり、また、それがゆえに現朴政権等と世界観を異にし、民主政治の理解を異にしているために、帰りまするど、韓国におきまする幾多のいろいろな法律にひっかかる連中が多いわけであります。そこで何らかの保護を求めてきているわけでございますが、そのうちにも代表的な者は李栄根、これはもう相当の人物でありまして、一方の旗頭の人物であります。それから金重泰、それから朴徳萬、この三人は詳細な上申書をいろいろ証拠をつけて入管には提出してあるはずであります。そこで、この李栄根あるいは金重泰、それから朴徳萬の上申書、政治亡命疎明書というようなものが出されているはずでありますが、入管当局は、これを審査なさっておるかどうか、これをお尋ねいたしたい。

答弁に立った入国管理局次長富田正典は、慎重に検討しているが、まだ結論を出すことができていないと述べた後、政治亡命について学説や定義が確定していないという一般論を冗長に羅列した。

猪俣議員が、相当に教養のある人物であるとして名前を挙げた李栄根、孫性祖《ソンソンジョ》、金重泰《キムジュンテ》、朴徳萬《パクトンマン》は、みな李栄根の『統一朝鮮新聞』で働いていた人びとである。金重泰と朴徳萬は11・22事件の関係者としてスパイ容疑で拘束された金元重の背後工作員として、韓国情報機関が目を付けた人物である。現在唯一残されている趙鏞寿の獄中書信と推定される葉書にも、金重泰の名前が記載されている。ソウル拘置所に収監されている趙鏞寿が拘束されてから四ヵ月ぶりに書信制限が解除されて一九六一年九月二七日に日本に送った葉書である。受取人が当時韓青同委員長と副委員長であった郭東儀《クァクトンイ》と金重泰の二人になっていた。

朴徳萬は、日本でシアレヒム社を運営し文筆活動をした鄭敬謨《チョンギョンモ》の回顧録に登場する。朴正熙政権や日本の対韓政策を鋭く批判する新聞（『民族統一新聞』と推定される）の記事を読み、思い切って訪ねていって出会った人が朴徳萬であったという。朴徳萬の紹介で裵東湖に会い、その縁でのちに韓民統（韓国民主回復統一促進国民会議日本本部）の機関紙『民族時報』主筆として働くことになったという。

国内で革新系活動家たちが軍事政権によって息をひそめ、趙鏞寿が処刑されたあとも、李栄根の筆鋒が鈍ることはなかった。『統一朝鮮新聞』一九六二年四月一九日付に掲載された「統一問題の本質とその方法」は統一運動を進めようとする熱気に満ちあふれていた。書き出しはこのように始まっている。

> 昨年一九六一年五月、韓国軍の一部によってクーデターが発生して以来、朝鮮の統一運動は低調となっており、よって統一の実現が遠のいているという。今日、韓国側では軍事政権によって数多くの統一運動家が逮捕・拘禁・虐殺され、統一運動は残酷に弾圧され、現在統一運動を口に出す人さえもいなくなっているようである。……実際には韓国の統一運動はまるで解氷期の初春に踏まれる麦のようにさらに強く、さらに深く、さらに広く韓国の国民のあいだに根を張りつつある。……統一運動が

韓半島でどんどん広がって、その声が朝鮮全域をゆさぶる日が近づいている。

李栄根は「統一」の概念を規定する必要性を強調し、第一に国土の統合、第二に政治権力の単一化、第三に社会の同質化を打ち出した。論説の末尾には「統一を促進させるための当面の最大任務」を列挙した。

・韓国での統一運動を弾圧し朝鮮統一を阻害している韓国の軍事政権を打倒すること。
・すべての障壁を乗り越え困難を克服して、朝鮮の南北、左右の人民の接触、交流を推進し、統一に対する朝鮮民族の決意をさらにいっそう強化し、それを内外に明らかにすること。
・朝鮮統一問題に関する国際的認識をただし、「ジュネーヴ政治会議」の成果を継承して朝鮮統一問題を解決する「関係国会議」を開くようにすること。
・韓国に駐屯している駐韓国連軍を国際保安軍に交替させること。
・朝鮮の分割状態を利用しようとする外勢の野望を封じ込めること。

趙鏞寿が刑場の露と消えた四ヵ月後に掲載された文章は、軍事政権を打倒対象と明示し、駐韓国連軍のあり方を変えるよう促している。統一問題を論議するための国際舞台の重要性を強調する認識も、そのまま表明されていた。

しかし、一九六〇年代後半に入ると、朴正煕政権に対する李栄根の闘争の意志は相当に変わってしままう。李栄根が一九五八年初めに日本に亡命し言論活動を始めたときは、在日同胞青年層のあいだに支持者が多かった。解放以後、多様な運動を経験し「自主的で独自な革新勢力の結集」を促す彼の論理には、訴求力があったためである。『統一朝鮮新聞』は5・16クーデターに対してただちに反対の立場を明らかにした。ところが、朴正熙政権に対する彼の認識は、一九六七年の大統領選挙・総選挙が終わったころから、容認の側に向かった。新聞社内部では当然、激烈な論争が引き起こされた。批判する側は「統一なくして社会発展や民族主義の成熟はありえない」という大前提を李栄根がみずから放棄したと主張した。金重泰、朴徳萬らは『統一朝鮮新聞』を離れ、『民族統一新聞』を創刊した。李栄根の現実論を認め残った李承牧《イスンモク》、孫性祖《ソンソンジョ》、黄迎萬《ファンヨンマン》、金総領《キムチョンニョン》らがその後の『統一朝鮮新聞』の主力となった。

李栄根が一九六五年七月と一九六六年八月に結成した「韓国民族自主統一同盟日本本部（韓民自統）」と「韓国民族自主統一青年同盟（韓民自青）」は、権逸《クォンイル》が民団中央の団長であった時期に民団の「敵性団体」と規定された。韓民自統は一九七一年四月、元心昌《ウォンシムチャン》代表委員名義の嘆願書を李禧元《イヒウォン》団長あてに送り、敵性団体解除を要求した。元心昌がその年七月四日に死去して以後は、李栄根名義で嘆願書を提出し、「大韓民国の立場を固守、すなわち国是に依拠して民団育成にも努力するため、敵性団体規定を解除することを要請した」と明らかにした。あらためてその年の一一月二四日には韓民自統の拡大委員会を開き、一九六五年発足時に採択した結成宣言を破棄することを決定した。当時の活動方針には△統一を阻害する韓日協定反対、△反民族的ベトナム派兵反対、△分裂主義者朴正熙打倒などが含まれていた。一九七四年四月一三日、民団中央本部は緊急執行委員会を開き、民団の規約による正式手続を踏まずに韓民自青と韓民自統に対する敵性団体規定を解除した。この措置は、東京に派遣されている中央情報部要員の承認がなければできないことであった。

李栄根の変節の背景を、日刊紙『統一日報』の登場と関係づけてみる人が多い。週刊で発行されていた『統一朝鮮新聞』は一九七三年九月一五日『統一日報』に題号を変え、日刊紙に転換した。『統一日報』は大衆的によく売れる新聞ではない。購読料収入の増加があまり期待できない状況で、日刊紙転換に要する莫大な資金の出所が問題となった。『統一日報』は一九九八年、再び週刊に戻った。

11・22事件の無罪判決──許景朝と張永植

李栄根の路線転換は、一九七五年の11・22事件で拘束された同胞留学生事件にも影響を与えた。『民族統一新聞』側の人びとと仕事をしたソウル大大学院生金元重は懲役七年刑を受け、そのまま刑期満了まで収監されたが、李栄根の韓民自青に関係したソウル大医学部生許景朝《ホギョンジョ》は三年後に無罪判決が出た。大阪大学を卒業し同大学院で制御工学理論を学んだ許景朝は、医学を勉強しようとソウル留学に来たところ、スパイ容疑で逮捕された。彼の容疑は、総連と連携して資金支援を受けている韓民自青に加入し構成員の指令を受け国内に潜入し国家機密を収集したということである。彼が逮捕、起訴されたときには韓民自青が民団の公式団体に認定されてから三年余りたっていた。ところが、許景朝は一審で懲役三年六ヵ月の刑を受け、二審では控訴が棄却された。だが、文仁亀《ムンイング》弁護士の粘り強い努力により大法院で破棄差し戻しされ、ソウル高等法院は一九七七年二月彼を保釈、一九七九年一月七日無罪を宣告した。

さらに11・22事件の拘束者のなかでソウル大大学院に一年通った張永植《チャンヨンシク》も一九七九年一月一四日、ソウル高等法院破棄差し戻しで無罪判決を受けた。彼は中央大在学中、コリア文化研究会に参加したことが総連系工作員への包摂と捏造され、スパイ容疑で裁判にかけられた。二人は運良く無罪を受けたとはいえ、容疑を晴らすのに三年余りの苦難を経験しなければならなかった。

日本で出版された孫性祖の『亡命記』

一九六五年に日本で『亡命記——韓国統一運動家の記録』という本が出版された。李栄根が発行した『統一朝鮮新聞』に「クーデター亡命記」というタイトルで連載したものをまとめて、みすず書房から出版したものである。日本語で書かれたこの本は、民族日報記者であったが、5・16クーデター直後に姿をくらませ、数ヵ月のあいだ身を隠し、釜山から密航船に乗って日本に劇的に脱出するまでの生々しい体験が描かれている。

著者である孫性祖は、本の末尾に「同志たちと会いたいことは会いたいが、国民の急迫した生活を見れば一日もはやく帰国したい。帰国したその日にはまず趙鏞寿社長の墓所の前で思う存分泣きたい」と書いていることからみて、趙鏞寿と特別な縁がある人物と思われる。彼は一九三二年密陽で生まれた。趙鏞寿より二歳下である。自分を趙鏞寿の中学校、大学の二年後輩と紹介している。中学校は大邱の大倫中学校、大学は明治大学である。

彼は朝鮮戦争の時、臨時首都である釜山にいて満足に勉強ができなかった。たびたび休戦協定反対や北進統一要求デモに動員され、軍事訓練まで受けなければならなかったからである。彼は高校三年生のころから日本に渡って勉強しようと考えた。韓国水産大学二年生を中退した彼は一九五四年七月に三回目の挑戦の末に日本密航に成功した。拓殖大学を経て明治大学で政治学を専攻し卒業した。

彼は4・19革命後、「統一運動家」として生きていくために一九六〇年五月二八日に帰国し『民族日報』創刊後、政治部で記者生活を送ったというが、本ではその経緯は詳しく書かれてはいない。『民族日報』以前には言論機関で記者をした経験はない。当時『民族日報』に勤務した同僚たちは、彼を記者というよりは趙鏞寿社長の側近として考えていたという。彼が日本から来たうえに、趙鏞寿と同志的関係にあったと考えたためである。

彼の本で興味深い部分は、クーデター直後の『民族日報』内部の動きと、身を隠す過程である。彼は鍾路区唐珠洞の下宿で弟と二人で住んでいた。5・16クーデターの明け方、下宿で銃声を聞いた彼は、不吉な予感がしたため本と資料を整理し、弟に戻らないかもしれないと告げて下宿を去った。『民族日報』社屋（現在は朝鮮日報社の裏側の五洋水産ビルのところ）に行って、新聞社の車で趙鏞寿社長の家に迎えに行った。軍の兵力がすでに大通りのあちこちに配置され交通を遮断しており、趙鏞寿はやっとのことで社にたどり着き、社に着くなり、「CIAの仕業だ」と第一声を放った。趙鏞寿は、緊急幹部会議、そして編集会議を開き、仮にクーデターが成功したとしても新聞社が閉鎖されるまで継続して新聞を発行すると再確認した。趙鏞寿は迫り来る危機を覚悟し、統一運動の名で最後まで新聞社を守るという決心を固めた。

1947年中国から帰国して一年を記念した独立運動家・金毅漢一家。左側から鄭靖和、金滋東、金毅漢。

孫性祖は会社の外に出て、革新系青年団体である「統民青（統一民主青年同盟）」の人びとと言葉を交わして別れた。彼らは万一の事態に備えて、盟員名簿とすべての書類を処分し、同盟を一時的に解散し地下に潜行することにした。その日午前一〇時、マーシャル・グリーン駐韓米国代理大使とカーター・マグルーダー第八軍司令官が張勉内閣を支持し、クーデター加担軍に原隊復帰を促す声明を発表した。孫性祖は声明発表の報に接して、その全文を入手するために東洋通信社に走った。東洋通信社の政治部長の好意で、全文を書き写したが、編集局長に持ち出しを阻まれた。

クーデター当日午後から民族日報社を監視する動きが現われた。一七日には午前から正体不明の人びとが新聞社周辺にうろうろしていた。二〇代後半の一青年が新聞社に孫性祖を訪ねてきた。田舎出の純朴そうな様子をした青年は弟の友人であるといい、下宿の住所を尋ねた。孫性祖はふだん下宿の住所を新聞社の同僚一名を除いては誰にも教えていなかった。弟にも自分が民族日報社に勤務しているという事実を外部にもらさないように徹底して口止めしていた。それだけでなく、大部分の同志たちが「万一の事態にそなえて」住所を秘密にしていたという。スパイであることを直感した孫性祖は出まかせの住所を教えた。

民族日報社員に対する一斉検挙は一八日昼の編集締め切り時間直前に行なわれた。民族日報内部では一七日の夜半から一八日の未明になるのではないかと予想していたという。一八日午前一時半頃、二人ずつで構成された逮捕チーム四組がやってきた。趙鏞壽社長ら幹部たちと目星をつけられた編集局の記者たちは、ただちに連行された。孫性祖は、機関員が民族日報を急襲した日に外部にいたため、逮捕を免れた。彼は知人のつてで高級住宅街の一洋館に移り、二ヵ月近くをすごした。

彼は『亡命記』で自分が身を隠した家が、近所の人たちのあいだで「将軍宅」と呼ばれており、警察の捜索を受ける危険がなかったと書いている。その家には主人夫婦と女の子、それからおばあさんが住んでいた。主人夫婦とおばあさんは孫性祖の境遇を理解し、彼が不安にならないように最大限配慮してくれたという。外を出歩くことができない孫性祖は配達される新聞の行間を読み、情勢把握に没頭した。将軍宅には困難ななかで連絡のつく同志たちが訪ねてきて、情勢の展望について意見を交換した。もっとも憂慮されたことは趙鏞寿裁判の行方であった。クーデター勢力が「平和統一勢力」の責任者として少なくとも一人は処刑しようとしており、趙鏞寿は死刑を免れることはできないだろうというのが大方の意見であった。趙鏞寿が日本から帰ってきたうえに、国内外であまり知られていないために、犠牲になる可能性が大きいというのだった。

孫性祖は六月中旬ころから、一人でも外国に出て軍政反対運動をしなければならないと考えた。彼は七月一一日に将軍宅を離れ、ソウル駅で夜行列車に乗って釜山の友人宅に身を隠した。ブローカーを通して貿易船の密室に潜み、九州の小倉に到着したのがその年の一〇月中旬であった。

金滋東と「将軍宅」の主人崔徳新

孫性祖が『亡命記』を出版したとき、職責は『朝鮮統一新聞』編集委員であった。彼は5・16クーデター直後から日本に脱出するまで自身をかくまった人、逃亡資金を提供するなど援助してくれた人をすべて匿名で処理した。朴正熙政権の報復がおよぶことを憂慮したためである。釜山から逃避する前に、ソウルで長い間滞在した「将軍宅」についても全く説明していない。

将軍宅の実体を最もよく知るのは「臨時政府記念事業会」会長をしている金滋東《キムジャドン》である。彼がまさにその家の「主人」だったからだ。しかし、彼は所有者ではなかった。彼が母を連れて臨時に暮らしていた家であった。内幕を理解しようとすれば、居住者と所有者の家庭の来歴を説明しなければならない。

金滋東は一九二八年中国上海で生まれた。趙鏞寿より二年、孫性祖より四年、歳上になる。金滋東の家門は韓国で指折りの独立運動家の家庭である。祖父の東農・金嘉鎮《キムガジン》は、朝鮮末期に外部大臣などの高官を務め、韓国強制併合後には独立運動団体大同団をつくり、初代総裁となった。彼は一九一九年一〇月に息子の毅漢《ウィハン》を連れて上海に亡命し、臨時政府顧問などとして活躍した。金毅漢は臨時政府で李東寧《イドンニョン》、金九《キムグ》らを補佐し、光復軍の養成に尽力し、韓国独立党の監察委員、常務委員などを歴任した。彼は一九四八年四月韓国独立党代表として南北協商会議に参席し、朝鮮戦争の時に拉北された。

『亡命記』でおばあさんとして登場する人は、金滋東の母親の鄭靖和《チョンジョンファ》である。一〇歳で結婚した彼女は、舅と夫が上海に亡命すると、朝鮮末期に全羅右道水軍節度使、慶尚左道兵馬節度使、忠清南道観察使などを務めた父親鄭周永《チョンジュヨン》から資金八〇〇円を受けとり、一九二〇年上海に行った。臨時政府の財務担当として彼女は臨時政府の秘密連絡網である連通制を利用し、何度か国内に潜入、独立運動資金を集める危険な任務をも厭うことはなかった。孫性祖は彼女が「将軍宅」で『ヤンキー・ゴー・ホーム』の翻訳本を読んでいたと書いている。

将軍宅の実際の主人は崔徳新《チェドクシン》である。彼の父親は天道教指導者として満州で抗日闘争に参加し、臨時政府で国務委員を務めた崔東旿《チェドンオ》である。崔徳新は中国国民党政権の士官学校である黄埔軍官学校を出て中国軍将校として抗日戦争に参加、解放後帰国し朝鮮戦争のときは師団長として活躍した。陸軍中将として予備役に編入された彼はベトナム公使に任命され、5・16クーデター後には外務部長官、西ドイツ大使などを歴任した。後に朴正熙政権とたもとを分かち、天道教では実権を剥奪され、米国に移住した。一九八六年、平壌に行き祖国平和統一委員会（祖平委）副委員長、天道教青友党委員長などを務めた。崔東旿、崔徳新父子は平壌の「愛国烈士陵」に一緒に葬られている。

金滋東と崔徳新は中国に滞留したときから、家族ぐるみの交流があり、親しい間柄であった。金滋東は一四歳上である崔徳新を中国語で「哥哥（お兄さん）」、夫人を「姐姐（お姉さん）」と呼んだ。崔徳新の夫人は、独立運動家として解放後の創軍の際に初代統衛部長を務めた柳東説《ユドンヨル》の娘柳美英《ユミヨン》である。

崔徳新の家は新堂洞の金鍾泌《キムジョンピル》の家のすぐ上の丘の上にあった。もともと日本式家屋だったものを買って、二階建の洋館に建て替えた。金滋東は母親からその家が空いているという話を聞き、敦岩洞の借家の保証金を返してもらい、新堂洞の洋館に移った。崔徳新は、お金は気にしないから、そのまま住みなさいと言った。崔徳新は当時、ベトナム（サイゴン政権）の初代大使であった。韓国はベトナムと一九五五年一〇月に外交関係樹立に合意し、それにともない一九五六年四月に初代公使として赴任し、二年後には外交関係が格上げされ現地で大使に任命された。将軍宅に移ってからは、金滋東の心は穏やかであった。情勢が不安だといっても警察がやってくる心配がなかったためである。

金滋東は中国で生まれ青少年期をすごしたため、同世代の韓国人が使う日本語を駆使することができないかわりに、中国語と英語は上手であった。一九四九年ソウル大学法学部に入学した彼は、朝鮮戦争が勃発すると数年間駐韓米軍通訳官として勤務し、一九五四年に朝鮮日報記者募集に応募した。外国語試験は三言語のなかから一つを選ぶようになっており、彼は最も自信がある中国語を選択した。英語筆記試験の点数がなかったので、朝鮮日報幹部陣は彼の英語の実力を確かめようと、大韓公論社が出していた英字紙『コリア・リパブリック』(コリア・ヘラルドの前身)の編集局長高貞勲《コジョンフン》に協力を求めた。当時朝鮮日報主筆洪鍾仁《ホンジョンイン》と編集局長成仁基《ソンインギ》は、内部に英語面接を担当できる人材がいないと判断したのか、英字紙編集局長に面接を頼んだのである。高貞勲は米国人二名を連れてきて面接を実施した。合格した金滋東は外国語能力を認められたのか、外信部に配属された。

外信部には部長、次長はなく、後に『ハンギョレ新聞』初代社長となる宋建鎬《ソンゴノ》が一人で座っていた。米国の通信社UPIの記事だけがテレックスで入り、新聞の紙面自体が小さかった時だったから、あまりやることもなかった。ソウル大法学部入学が一年先輩の宋建鎬は新聞社に勤務しながら大学に通っていた。宋建鎬は金滋東に、卒業証書をもらっておいたほうがいいから復学しろと薦めたが、彼は気が進まなかった。彼は外信部の仕事が退屈だと考え、国防部出入り記者が主に担当する板門店会談もみずから進んで担当した。後に政治部の仕事も兼ねることになったが、外交分野の記事はすべて政府方針をオウムのように書き写すだけで、何のちがいもなかった。新聞記者の仕事にあまり楽しみを見いだせなかった彼は四年で朝鮮日報をやめ、個人事業をはじめた。

4・19革命後、世の中が変わると、新聞社復職を考えた彼は『民族日報』創刊の話を聞いた。李鍾律《イジョンニュル》編集局長が彼に政治部長を引き受けてほしいと勧誘したが、そのポストは経験がある人がやるべきだと固辞した。結局、民族日報政治部で外務部、公報処、景武台(大統領府)を合わせて取材する仕事を任された。彼は政治部で孫性祖と一緒だったが、親しい仲ではなかった。社長の友人としてきていた人物として、話をするでもなく挨拶するだけだった。クーデターが起こり、二日後に機関員たちが新聞社に入り幹部と記者たちを連行したとき、運良く彼は新聞社にいなかった。そのころ、なにかの意見のちがいから会社に辞表を出していて、出勤しても仕事もしなかったが、五月一八日はたまたま社にいなかった。

新聞社は閉鎖され、互いに身辺を心配し、不安を感じながらすごしていたとき、民族日報調査部に勤務していた丁三星《チョンサムソン》が訪ねて来て、思いもよらぬ話をした。孫性祖を知っているかと訊き、彼が隠れる場所がないかと言葉を続けた。日本から来た人は捕まってしまえば、殴られてスパイにされてしまう時代であった。孫性祖の故郷は慶尚南道密陽、丁三星は馬山であった。同じ慶尚道人だったからか、二人は社内で親しかったのだ。

丁三星から身を隠す場所を教えてほしいと頼まれた金滋東は、母親や妻と話し合った。独立運動家である彼の母親鄭靖和は困難な状況にいる人を見捨てておけない気質であったため、かくまってやれといった。追われていた孫性祖は、金九が「韓国のジャンヌ・ダルク」と呼んだ独立運動の女傑の保護を受けることになったのである。

孫性祖が将軍宅に潜伏先を移してきた時、金滋東も無職で生活は厳しかった。出歩くのも難しかったので、家で三度の食事を一緒に食べ、囲碁を打ちながら、日々をすごした。民族日報事件以降、言論界に戻ることを放棄した金滋東は、くず鉄貿易に手をつけた。孫性祖と再会したのは一九六〇年代後半だった。彼が『統一朝鮮新聞』で仕事をしているという話を聞き、ベトナム出張に行った帰りにわざわざ日本に立ち寄ったのだ。新聞社に電話をかけ、孫性祖に会いたいと用件を伝えた。電話を受けた人が誰なのかと訊くと、「ソウルから来た者だが、会えばわかる」と告げた。もう一度名前を尋ねたが、電話では名乗れないと応じなかった。当時は朴正熙政権に反対する立場の新聞だったから、盗聴されていることを恐れたのである。すると、ある公衆電話の前に来てほしいといわれたので、訪ねて行き待っていると、二人の人が現われて孫性祖に会いに来たのかと訊いてきた。彼らについて行くと、しばらくして孫性祖が現われた。道ばたに隠れて誰が来たのかを確認してから、姿を現わしたのである。金滋東と孫性祖は、民族日報の人たちの近況と密航後のことなどを話して再会の喜びを分かち合った。

交流の幅が大変広かった李栄根

金滋東は東京で孫性祖と再会したときに、彼の紹介で李栄根にも会った。話をすると、李栄根が人的交流の幅が大変広いことに強い印象を受けたという。李栄根は、独立運動家朴贊翊《パクチャニク》の息子で韓国電力初代社長を務めた朴英俊《パクヨンジュン》、安重根《アンジュングン》義士の甥・安椿生《アンチュンセン》、盧伯麟《ノベンニン》将軍の息子盧泰俊《ノテジュン》らをよく知っていた。この独立運動家二世たちは、中国で光復軍の活動をした人びとである。李栄根は、金滋東が自分の父親金毅漢について話をすると、やはりよく知っていると答えた。そうした縁ではじまった金滋東と李栄根の交流は長く続かなかった。金滋東は一九七〇年代前半、李栄根が朴正熙政権と「野合」したという噂を聞いて絶交したという。金滋東はその後、孫性祖と偶然趙鏞寿の墓のある墓地の入口で会った。趙鏞寿の弟・趙鏞俊《チョヨンジュン》と一緒に墓参りに行ったとき、朴進穆と一緒に参拝して降りてきた孫性祖と遭遇したのである。統一日報常務として勤務していた孫性祖は一九八〇年代に事業家に変身し、大きな成功をおさめて東京韓国学園理事長などを務めていた。

李栄根が独立運動家の先輩たちを大切にし、あれこれ援助したということは、言論人南載熙《ナムジェヒ》の証言にも出てくる。新聞を出すのに苦労していても、劉錫鉉《ユソッキョン》・金在浩《キムジェホ》・宋南憲《ソンナモン》ら国内にいる独立運動家一〇名余りを日本に招請して手厚くもてなしたという。南載熙の証言で興味深い点がある、一九七〇年代に金載圭《キムジェギュ》の義理の弟である崔世鉉《チェセヒョン》が、中央情報部から出向した公使として日本の大使館に来ていた。李栄根は崔世鉉《チェセヒョン》を通して、外交と内政を分ける内閣責任制改憲運動を国内で推進したということである。李栄根は国内政治危機を解消する方策として、二元執政府制構想を金載圭中央情報部長と朴正熙大統領に伝えようとしたが、失敗したという。

第4章　再審無罪の途を切り拓く

誕生日に保安司令部「ホテル」に連行

彼は悪夢が始まった日を、決して忘れることができない。ほかならぬ自分の誕生日に、悪名高い保安司令部分室に連行されたからである。一九八二年一一月六日、高麗大学国文科に通っていた在日韓国人留学生李宗樹《イジョンス》は、授業を終えて校門を出たところで迷っていた。本を読んでレポートを出すという課題が出されていたが、財布の中には一万ウォンしかなかったからだ。ほかの日であればそんなに悩むこともなかっただろうが、自分が生まれた日なのだ。本を買えば手元に三〇〇〇ウォン程度は残ることになるが、誕生日を自分で祝うお金も無くなってしまうことになる。彼はしばらく迷ったあげく、結局意を決して本を買って下宿に帰った。

高麗大学裏門のそばにある彼の下宿は、学校の友人たちが退屈しのぎに立ち寄るたまり場であった。日本式の礼儀作法に慣れていた彼には、韓国人の友人たちが不作法に感じられた。疲れて独りで寝ていても、遠慮なくドアを開けて入ってきて、安眠を妨害されることは普通だった。友人たちと親しくなると、彼の小さな自炊部屋は親しい友人たちの憩いの場となった。デモをして警察に追われて逃げてきた友人たちが、周囲が静かになるまで何時間も避難することもあった。

誕生日に誰か来て酒でも一杯おごってくれないかと心の中で期待したが、その日に限って訪ねてくる友人もなかった。ああ、今度の誕生日はこうやって過ぎていくのかなあと思っていたところ、大家のおばさんが誰か知り合いが訪ねてきたようだと知らせてくれた。よかったと思い外に出てみると背広姿の二人の男が立っていた。彼らは「あなたの友人がデモをしてわれわれのところに回されて来たのだが李宗樹という名前を口にした」、「参考までに確認することがあるので二時間ほど同行してください」と丁重に言った。彼らは「機関」から来たと明らかにしたが、李宗樹はその言葉の意味を理解できなかった。当時しょっちゅうデモをしては殴られて下宿に逃げ込んできた友人がおり、そいつが何かヘマをしでかしたのか、と思ってことさら疑うことはなかった。旅券だけ準備して出てこいといわれたので、そのまま ついて出かけた。

彼を乗せた乗用車は都心をすぎて梨泰院方向に走った。大学の近くに警察署があるのにどうしてこんなに遠くに行くのかと不思議に思ったとき、機関員は彼の頭を抑えつけて下げさせた。到着してみると警察署ではなく軍人が銃を持って立っていた。ある捜査官が彼を部屋に引っ立てていき、正直に話をしろと威圧的に脅してきた。いったいどういうことだと戸惑っていると、二名がまた入ってきていきなり、「おまえいつ以北に行って帰ってきたんだ」と大声で叫んだ。そのときは「以北」という言葉の意味も知らなかった。「以北が何ですか」と聞き返すと、「この野郎」とどやしつけられた。李宗樹は思いもよらぬことに、頭の中が混乱した。保安司令部要員は李宗樹を軍服に着替えさせた。本格的な試練が始まったのである。その日からソウル拘置所に収監される一二月一四日まで三八日間、彼は不法拘禁された。

大学生になって使い始めた本名

一九五八年東京に生まれた李宗樹は、主に祖母朴粉石《パクプンソク》のもとで育った。彼の祖父は日帝末期に妻と息子をおいてフィリピンに徴用されていった。戦後、日本で生活基盤を固めた祖父は、家族を呼び寄せようと郷里である忠清北道槐山に行ったが、妻の行方はわからなかった。彼は親戚の家に預けられていた息子を連れて日本に戻り、同胞女性と再婚した。その女性が李宗樹の人生に大きな影響を与えた祖母である。戦後日本に残った同胞たちが生計を立てるためにできる職業はとても限られていた。祖父は息子とともに古物商を営んだ。李宗樹が三歳の時、父が突然息を引き取り、翌年には祖父までこの世を去った。京都地域で育った彼は小学校からずっと日本の学校に通った。学校では日本式の名前である「通名」を使っていたため、彼が朝鮮人であることを知る学生はほとんどいなかった。性格が快活で楽天的であったからなのか、「いじめ」を受けたこともなかった。

李宗樹

交友関係は比較的円満であったが、高校二年生の頃から日本人のふりをして生きている自分が息苦しく感じられた。まるで二つの人格が自分を内面からがんじがらめに縛りつけているようであった。有名な在日同胞作家である李恢成の作品を読んでみたが、精神的に成熟していないせいなのか、彼が求めていた答えを得ることはできなかった。悩んだ末、一九七七年京都の精華短期大学英文科に入学し、本名を使い始めた。日本で韓国人として生きていこうとすればきっぱりと覚悟を示さなければならず、その土台となるのが自分の名前を使うことだと考えたからである。家でいつも祖国の韓国語で話をしていた祖母がもらしたひとことも刺激となった。小さい時は韓国語で話してもわかったのに、大きくなると全然わからなくなっちゃったね、と寂しそうに言った。

　自身の家族関係からも影響を受けた。京都の家は二階建てだった。下の階には二番目の伯母夫婦が、祖母と彼は二階で暮らした。伯母の夫の曺昌淳《チョチャンスン》は京都大学農学部に通い、韓学同（在日韓国学生同盟）京都支部初代委員長を務めた。韓学同は元来民団内の公式傘下団体であった。総連の大学生組織として留学同（在日本朝鮮留学生同盟）があり、民団でこれにあたる組織が韓学同であった。戦後すぐの一九四五年九月、同胞留学生たちは早稲田大学大隈講堂に集まり「在日本朝鮮人留学生同盟」を結成したが、左右対立で結局分裂したのだ。

　曺昌淳は一九六九年から京都の民団系韓国中・高等学校を運営する学校法人京都韓国学園の事務長を一〇余年務めた。京都韓国学園はもともと一九四七年同胞たちの力で樹立された京都朝鮮中学校である。一九五八年京都韓国学園が設立されて校名の朝鮮を韓国に変えた。傘下の京都韓国中学校は一九六一年、京都韓国高等学校は一九六五年に、それぞれ本国政府の認可を受けた。二〇〇四年には学校名を京都国際中・高等学校と変えて日本の正式学校（日本の学校教育法に定められたいわゆる一条校）に認定され、法人名も京都国際学園と変更された。李宗樹は曺昌淳の生き方を見て日本社会で民族的に生きていくということが重要だと考えた。保安司令部に連行されたとき、彼のこのような家族関係がスパイとして作りだすのに災いの元となった。

韓国語に慣れなかった留学初期

大学生になった彼は京都地域の韓学同のサークルに参加した。何よりも同胞学生たちと会い交流することができたためである。韓学同では祖国の言葉、祖国の歴史を学習して南北関係などをテーマに討論をしたが、当時は朴正熙《パクチョンヒ》維新独裁時代で反政府的な気質があったことも事実である。彼はほかの大学に通った同胞学生たちとともに東京まで行き、韓日閣僚会談反対デモに参加したこともあった。しかし彼が特別だったわけではなく、同胞学生と行動をともにしただけだった。

彼はもともと文学が好きだった。そして韓国文学を学び在日同胞に祖国の言葉と文学を教えたかった。それが意味のある生き方につながる道だと考えた。韓国語を教えるだけならば、祖国の言葉に精通した日本人でもできるだろう。しかし、自分たちの歴史と文化をよく知る在日同胞みずからが在日同胞を教えることこそがより重要ではないか、と考えたのである。韓学同の集まりに参加して、何か空しい気がしたのも事実だ。血気盛んな若者である大学生たちが当時韓国の社会問題を真摯に考えたことは事実だが、あくまでも本から得た知識をもとに、もっともらしい話をする程度であった。だからこそ、韓国社会を直接経験すれば韓国人として堂々と生きてゆけるだろうと思い母国留学を決心した。末の伯母が韓国から留学を終えて帰ってきて、京都韓国学園で国語教師をしていたことも、彼にとってきっかけとなった。

李宗樹は二年制である精華短期大学の課程を終えずに、一九八〇年三月ソウルに発った。彼がソウルで順調に生活できるように助けてくれる縁故者はいなかった。ちょうど末の伯母が同僚教師と結婚し韓国に新婚旅行に行くことになり、それに同行して韓国へと出発した。「アンニョンハセヨ」というあいさつのほかには韓国語をほとんど知らなかった時であった。自分の名前もきちんと書くことができなかった。末の伯母が下宿を見つけて日本に帰ったが、彼は一人残った。

「在外国民教育院」に行くバスの番号をメモして訪ねていった。在外国民教育院は在日同胞など海外同胞留学生教育のため、一九七〇年に政府がソウル大学の付属機関として設置した在外国民研究所の後身である。

韓国語の学習を本格的に始めてから二ヵ月が経ったとき、新軍部は全国に戒厳令を拡大して民主化運動関係者を一斉に検挙し始めた。ソウル市内の至るところに武装した軍人が配置され、一段と強化された検問は彼をいらだたせた。戦闘警察〔日本の機動隊に相当するが、兵役に就いた若者もこの仕事に就くことを強いられた〕は通り過ぎようとする彼を呼び止めてカバンを引っ掻き回した。カバンの中に入っていたノートには教育院で出された宿題の文字が書き込まれていた。戦闘警察は小学生程度にもならない文章を読みながらクスクス笑っていた。李宗樹は今もその光景を思い出すと怒りがこみ上げる。

過酷な責め苦の頂点は性器拷問

保安司令部の捜査官は日本での交友関係を集中的に問い詰めた。親しくつきあった在日同胞の友人は誰がいたのか、加入して活動したサークルは何があったのか、サークルではどんなことをしたのかと追及した。李宗樹は揚げ足を取られまいと緊張した。京都の家に時折遊びに来た曺仲夫《チョシンブ》の名前を告げた。京都の立命館大学に通った曺仲夫は伯母の夫の曺昌淳のおいであった。伯父に挨拶をしに来て帰る時には、いつも歳が三、四歳しか違わない李宗樹と気兼ねなくつきあった。曺仲夫は母国の状況にとても関心があり、読書が好きで物知りだった。保安司令部要員は曺仲夫が曺昌淳のおいだという事実を知るや快哉を叫んだ。何か「作品」が生まれそうな予感がしたのだ。曺昌淳は捜査機関で注視していた人物であった。京都大学在学中、母国の軍事政権批判の先頭に立ち、韓学同京都支部初代委員長だったためである。大きな絵がすぐさま描かれていった。在日工作指導員曺昌淳に背後で操縦された曺仲夫が、李宗樹を抱き込み教育したあと、韓国に潜入させたというシナリオが組み立てられた。

「スパイ」のシナリオの大枠ができると、捜査官たちはそこに盛り込む細部の内容を作り上げるためにさらに過酷な拷問を加えた。電気拷問、水拷問である。時間の観念が麻痺していたので正確にはわからなかったが、一週間から一〇日程度続けられたという。過酷な責め苦の頂点は性器拷問であった。はじめは両手の親指に電線を付けて電気拷問をしたが、やがて彼の性器に電線を巻いた。そして「いつ以北に行って帰って来たのか、正直に話せ」といいながら、「一生まともに動けない体にしてやる」と脅した。皮膚が鋭敏な性器に、裂けるような苦痛が押し寄せた。彼はもうだめだと思い、北に行ってきたと話した。捜査官は望んだ答えがついに彼の口から出ると、北に往来した過程など具体的な内容を探り出そうとした。しかし、無理な自白をさせられた李宗樹に、それ以上話すことはなかった。もうどう話していいかわからないというと、捜査官は彼を取調室に移して攻め方を変えた。彼らは取調べの山場を越したと判断したのか「酒でも飲むか、コーヒーがいいか」と聞いてくることもあった。コーヒーを飲むと、再び追及が始まった。彼は嘘の自白であっても、それを覆せば再び拷問に合うのではないかと恐れ、いいなりになるほかなかった。

李宗樹の陳述のつじつまが全然合わなくなると、捜査官はもはや北への秘密往来の話を追及しなかった。そして曺昌淳、曺伸夫と交わした話に焦点を合わせて訊問した。調書作成段階に入ると、連行初期のようなひどい拷問にあうことはなかった。彼らが意図する通りに答えなければ殴られることはあったが、その苛酷さは比較にならなかった。

電気拷問が加えられた性器は傷になって化膿した。捜査官が軟膏を持ってきて塗ってくれた。一週間程度経って、傷は癒えたとはいえ、精神的な傷は消えることがなかった。彼は十余年の歳月が経って真実和解委員会の調査官に会った時も、再審を申請するため担当弁護士に会った時も、どうしてもその話を口にすることができなかったという。

学生をスパイに仕立てて情報収集

建国以来、特務部隊、防諜部隊、保安部隊などを経て国家発展の礎を築いてきたと自負する保安司令部は、組織の成果を誇示するため資料集『対共三〇年史』と『対共活動史1』を出した。前者は陳鍾《チンジョン》埰《チェ》が保安司令部令官だった一九七八年一〇月、後者は一九七九年の12・12粛軍クーデターを主導したハナ会《フェ》〔全斗煥・盧泰愚を中心に少壮強硬派の将校を糾合し「新軍部」として政治力をふるった韓国軍内部の私的組織〕の中心人物の一人である高明昇《コミョンスン》が司令官だった一九八七年三月に発行された。『対共活動史

1』はおそらくシリーズものとして企画されたのだろうが、その年の六月闘争で軍部の勢いが大きくそがれ中断したようだ。『対共三〇年史』は保安司令部要員の活躍をこのように記述している。

無事安逸にひたる利己主義を捨て、ひたすら全力を尽くし共産党打倒の執念に燃え、なんの恩恵も

性器拷問の生々しい証言

保安司令部に連行されてスパイにでっち上げられ、脅迫に勝てずに保安司令部要員にさせられた金丙鎮《キムビョンジン》が日本に戻って来て暴露した手記『保安司（ポアンサ）』には、訳もわからず連行されてきたある在日同胞に対する性拷問の状況が生々しく描写されている。金丙鎮が直接目撃したことを書いたもので、李宗樹が受けた拷問がそれほど例外的な事例ではないということがわかる。保安司令部要員は一九八五年五月、団体旅行の一員として入国した在日同胞柳《ユ》某を連行して「エレベーター室」で拷問した。彼らは民団岡山県本部総務部長である彼を素っ裸にして椅子に座らせ、両手と両足をひもでくくりつけた。そして、彼の体に水を浴びせ、野戦用の手動式発電機からコイルをほぐして手の指に巻いた。発電機の取っ手を回すと彼はうめき声を出し、その体は跳ね上がった。期待どおりの自白をしないと、捜査官たちはコイルの一本を性器にしばりつけた。金丙鎮はとてもそれ以上見ることができず、外に飛び出したと書いている。

願わず、昼夜を分かたず骨身を削るような苦痛に満ちた活動を通して国家に一身を捧げたのである。保安司令部対共要員たちは愛国忠誠の結晶といっても過言ではないだろう。

二つの資料集には保安司令部要員の視角から見た数多くの対共事件の解説がぎっしりと掲載されている。事件の概要、捜査の経緯、犯罪の事実、公判などの順で整理されているが、記述内容の信頼性はもちろん厳密に再検討しなければならない。李宗樹の場合は『対共活動史1』に「学園浸透スパイ李宗樹事件」として収録されている。捜査の経緯については次のように書かれている。

司令部捜査課では八一年度重点事業として、在日僑胞留学生のうち留学を装って学園に浸透したスパイをあぶりだす目的で捜査根源発掘に着手したが、その結果全四三〇名の留学生中四〇名を重点対象者として選定し、李宗樹はその中のひとりであった。

「捜査根源発掘」とは、言い換えれば事件の発掘、北から直接派遣されるスパイが目に見えて減るなか、保安司令部が日本を経由した迂回浸透スパイを摘発するため準備した対策である。保安司令部は一九七一年頃工作科を復活して対日工作係を新設し、スパイとして抱き込まれた可能性がある容疑者名簿を作成、内偵に入った。保安司令部は対象者の疑わしい点を見い出すため、広範な協力網を運営した。保安司令部の協力者は「網員」と呼ばれた。町の不動産屋、郵便配達、下宿の大家もみな網員として活用できる範疇に入っていた。李宗樹の事件の記述を見ると、保安司令部要員が大学の指導教授に会い様子を探ったり、下宿の大家の「協力」により不法に容疑者の部屋に入り捜索を行なったことがわかる。

李宗樹は、自分を苦境に陥れた張本人として在外国民教育院で韓国語教育を一緒に受けた同胞留学生朴某を疑った。李宗樹が留学生活の退屈さを紛らわすため時折行った梨泰院の飲み屋があった。独特の雰囲気があって同胞留学生たちがよく集まった店だった。ある時、李宗樹が友人と二人で行くと、朴某が一人で酒を飲んでいた。親しい仲ではなかったので別々に座って酒を飲んでいたが、朴某が近づいてきて相席することになった。あれこれ雑談をしていると彼が突然、韓国はデモをする学生のせいで頭が痛いがおまえはどう思うかと尋ねた。友人は何の返事もせずに無視したが、李宗樹は平素の考えを述べた。学生たちが「金日成《キムイルソン》万歳」と叫んでいるわけでもないのに、警察がやたらと催涙弾を撃つのはあんまりではないかと言った。保安司令部に連行されたのはそれから一、二ヵ月経った後だった。

李宗樹が朴某を密告者だと確信したのは保安司令部で取調べを受けたときに捜査官が「おまえ、こんなこと言っただろう」と迫ったからである。はじめは思い出せず、そんなことを言った覚えはないと言ったが、あとでよくよく考えてみると朴某に言った言葉であった。李宗樹は彼を保安司令部の協力者だと考えたが、それほど恨みはしなかった。彼も誰かに変なことを言って保安司令部に連行され、大目に見てやるから協力しろと脅迫されて解放されたのだろう。だから、「怪しいこと」をいう留学生がいれば通報して若干の金品を受け取る保安司令部の「網員」となったのだ。考えてみれば、留学生全員が保安司令部の監視網にいつ引っかかってもおかしくなかったのである。

ほとんどの在日同胞留学生が韓国に入国するといったん所属する在外国民教育院も、事実上情報機関の手先の役割をしていた。在外国民教育研究院は留学生に韓国の実情を知らせるために、安全保障関連施設や軍部隊の見学などをさせて、参加学生に感想文を出させた。情報機関の要請があればそうした資料を丸ごと提供した。留学生が何の警戒心もなく書いた文章が個々人の「思想」を判定する資料として活用されたのだ。李宗樹は研究院が準備した第三トンネル〔北朝鮮が韓国に潜入するため掘ったとされるトンネル〕見学に参加した。感想を書いて出せと言うので、第三トンネルに直接言及せずに、わが民族が白頭山を拠点として生きてきた背景などを書いて提出した。保安司令部で取り調べを受けた時、捜査官はその文章を見せて意図を尋ねた。北が南進を狙う野望をうんぬんする模範答案から外れていたためだろう。

拷問の事実を話すと部屋から出て行ってしまった検事

保安司令部が李宗樹をソウル地検に送致したのはその年の年末一二月二二日だった。捜査官は送致する前に、検事にこれまでとちがうことを言うなと口止めをした。彼らは「おまえがちがうことをいえば、ここにもう一回来なければいけない。そうすれば俺たちも大変で、おまえも苦労するんだから、これまで言ったとおりに話せよ」と脅迫した。

担当検事は崔炳国《チェビョングク》だった。検事の取り調べを受けるために検事室に入っていくと、その部屋に保安司令部の捜査官二名が座っていた。保安司令部での「自白」を認めるほかなかった。崔炳国検事は調書の内容に中身がないと考えたのか、「おまえ、ほんとに赤化統一のために命を捧げようと考えたのか」と尋ねた。李宗樹がそれを認めると、「おまえ、悪いやつだなあ」と言った。検事の取り調べが順調だと考えたのか、三回目の取り調べの時には保安司令部の捜査官は現われなかった。李宗樹はチャンスが来たと考え、「今まで言ったことは全部嘘です、ひどい拷問を受けてどうしようもなくてそう言いました」と事実を明らかにした。すると、検事は横でタイプを打っている人に「こいつの話を聞いてやれ」と言うと部屋を出て行ってしまった。タイプ係は何も聞かず、検事はそれ以来李宗樹を呼ぶこともなかった。崔炳国検事は映画「弁護人」に登場した釜林事件（一九八一年）、咸柱明《ハムジュミョン》スパイ事件（一九八三年）を担当し、のちにハンナラ党の国会議員を務めた人物でもある。

検察に送致される前の脅しと検事の調書作成時の保安司令部要員の「立ち会い」は、ほかの在日同胞スパイ事件でも繰り返された同じパターンである。検事の被疑者尋問調書は、一般的に法廷で証拠能力を持つ。それゆえ、スパイとして追い詰められた在日同胞被告が残酷な拷問に耐えられず嘘の自白をしたと法廷で訴えても、一九七〇年代から八〇年代の大部分の裁判部は、その言い分を聞こうとはしなかった。一審の公判において李宗樹が容疑を否認すると、崔検事は「こんなことを検事に陳述したのは事実ですね」と押し通した。以下のようにである。

——四月中旬日時未詳一七時頃、自炊部屋で曺伸夫から、北傀の首魁金日成をほめ称えて宣伝する書籍、日本語版『金日成伝』を読んでみなさいという誘いを受け、金日成伝の冊子一冊を受け取り読み耽ったことはありますか

「そんな本を見たことはありません」

——金日成伝という本を読んだことがありますか

「ありません」

——検事の前ではこのような本を読み耽ったといいましたね

「はい」

保安司令部は李宗樹を送致した後も、日本にいる家族に拘束の事実を通知しなかった。ほかの事件でも捜査の保安を維持するという名分で被拘束者の家族に知らせることはほとんどなかった。だから、家族が知ることになるのは捜査機関が大々的に発表し日本のメディアに報道されてからだった。

保安司令部は李宗樹事件を公式発表しなかった。単独犯であり内容も注目を引くようなことがなく、宣伝価値がないと判断したからかもしれない。李宗樹はほかの在日同胞留学生と同じく、長期の休みになれば日本に帰り家族とすごしていた。二学期が終われば だいたい一二月二三、二四日頃には帰っていた。彼は一人息子なので新年には祭祀《チェサ》を取り行なわなければならなかった。家族は一二月がすぎてもまだ何も疑わなかったが、正月にも何の連絡もなく姿も見せないと不安になった。そしてソウルに住む末の伯母の友人に、下宿の部屋に行って様子を知らせてほしいと頼んだ。下宿の大家は、旅行に行くと出て行ったが帰ってこないと言葉を濁した。伯母の友人は大家の態度に不審なものを感じ、さらに問い詰めた。練炭ガスで死んでいるかもしれないから、きちんと話さなければ警察に通報すると迫ると、やっと「背広を着た男二人が来て連れて行った」と話した。

祖母が慌てて韓国に入国すると保安司令部要員が現われて孫の「スパイ行為」を知らせた。驚いた祖母が検事を訪ねていくと、崔炳国検事は「そんなに気を落とすな。大丈夫だ」と「慰労」した。韓国の法曹界に何のつてもなかった祖母は、誰かの紹介で金某弁護士に弁護を依頼した。だが、その弁護士は保安司令部と検察公安部の「作品」に正面から争う考えはなかった。むしろ李宗樹に、公訴事実をそのまま認めれば裁判所も大目に見てくれるだろうと言った。

李宗樹はこんな弁護士では不安だと考えたがどうしようもなかった。彼ははじめから公訴事実を否認した。検事は、非常に狡猾にスパイ行為を否認したとして無期を求刑した。一九八三年五月一八日の一審宣告公判で、裁判部は懲役一〇年を宣告した。金弁護士は高等法院に行けば七年にしてくれるだろうといって、法廷で「反抗」するなと忠告した。祖母はその言葉に腹が立ち、別の弁護士を探した。

大法院の破棄差し戻しと保安司令部の反撃

11・22事件で拘束された留学生許景朝《ホギョンジョ》を担当して異例の無罪判決を引き出した文仁亀《ムンイング》弁護士が新しく選任された。在日同胞事件の経験が多い文弁護士は、李宗樹の背後の工作員とされた曺昌淳と曺仲夫が総連ではなく民団所属という点をはっきりさせるため、京都地域の民団系有力者を証人に立てた。崔《チェ》永五《ヨンオ》京都韓国学園理事長と河炳旭《ハビョンウク》京都民団本部団長は大阪総領事館で確認を受けた陳述書を提出して一九八三年九月二七日控訴審第二回公判に出席した。

高山物産株式会社を経営している崔理事長は、弁護人尋問で、曺仲夫を職員として採用するとき総連系ではないということを確認し、曺昌淳の「思想」についても民団で働く人と同じだ、と証言した。河炳旭団長は、曺昌淳が在日韓国人の法的地位向上の要求と永住権申請運動のためにさかんに活動した、韓国を支持する教育者の一人だと確信すると答えた。河団長はウトロ問題の解決のため尽力し、「京都保護育成会」理事長として監獄から出てきた出所者や保護観察処分対象者の社会復帰に寄与した功労を認められて二〇〇一年に日本政府の勲章を受けた人物である。文仁亀弁護士の努力にもかかわらず、控訴審裁判部の金碩洙《キムソクス》判事は控訴を棄却した。

ところが大法院で逆転が起こった。大法院は一九八四年二月七日、李宗樹の検察における自白内容と弁護人が提出した資料にくいちがう内容があるのに、十分に事実審理をしていないと下級審への破棄差戻しを決定したのである。在日同胞スパイ事件では異例の事態だった。非常事態となったのは保安司令部だった。『対共活動史1』には李宗樹事件について、教訓としてこのように記述している。

この事件は最終段階で大法院が破棄差戻判決を出し、われわれに大きな衝撃と失望を抱かせた。これまでの苦労はすべて水泡に帰し、今後の見通しも立たなくなった。さらに李宗樹の活動の舞台が国内ではなく日本であるため、新たな証拠と資料を収集するのもまた難しいことであった。しかし担当捜査官は挫折したりあきらめたりすることなく、必ず勝たねばならないという強い信念と粘り強い根性ですべての苦難を克服して十分な資料を収集、提起することで大法院の判決を覆し部隊の名誉を回復した。

保安司令部は「必ず勝たねばならないという」信念で何をしたのか。保安司令部は対策会議を開き、河炳旭と崔永五の証言の信頼をおとしめるため、彼らの「身辺調査」を行ない、民団内で反韓活動を主導する「不純分子」としてやり玉に挙げる戦術を使った。保安司令部の在日協力網の一人である韓太雄《ハンテウン》が、再控訴審の公判に検察側証人として出席した。朝鮮大学校を出て総連で活動したあと、民団に転向した韓太雄は、崔永五が韓民統（韓国民主回復統一促進国民会議日本本部）の中心分子として資金を支援しており、河炳旭は崔の支援を受けて京都民団団長に当選した「ベトコン派」の核心メンバーだと主張した。韓民統は金大中《キムデジュン》が海外亡命中である一九七三年に結成し、維新独裁反対と金大中救命運動で先頭に立った団体である。「ベトコン派」は情報機関が民団内で軍事独裁反対運動を起こした人びとを罵倒するため好んで使用した呼称である〔第8章参照〕。保安司令部はもう一つの韓学同事件で拘束された在日韓国人徐聖寿《ソソンス》や、保安司令部協力者として働くよう強要された金丙鎮らを、検察側証人として無理矢理法廷に立たせて、李宗樹の身内はアカだという趣旨の陳述をさせた。徐聖寿は神戸大学で、金丙鎮は関西学院大学で韓学同活動をしたことがあった。金丙鎮は李宗樹の末の伯母の夫権燦秀《クォンチャンス》と大学の先輩後輩の仲であった。

保安司令部はさらに崔永五らに対して港湾・空港手配措置を下した。再控訴審公判を前にして保安司令部は崔永五が入国するとすぐに連行し、法廷に李宗樹側証人として立つことになった経緯や、事業で総連系の朝鮮信用組合の融資を受けたことがあるかまで調査した。そして、曺昌淳の依頼を受けて証言することになったという陳述書を作成させて、法廷に提出した。証言をさせないようにする明白な脅迫行為だった。保安司令部の執拗なでっち上げ工作の結果、再控訴審裁判部は一九八四年五月に控訴を棄却した。大法院もその年九月、上告棄却を言い渡し、李宗樹の刑は懲役一〇年で確定した。

検察側証人の在日同胞政治犯とのぎこちない面会

大法院で破棄差し戻しされたとき、李宗樹は一抹の期待を抱いたが、再び水の泡と消えた。彼がこれ以上できることは何もなかった。破棄差戻、再棄却を経て彼はほかの留学生政治犯より確定判決が遅れ、ソウル拘置所と地方矯導所を行き来した。一九八三年一〇月初め、控訴審が棄却されると光州矯導所に移監され、大法院の破棄差戻判決がでるとソウル拘置所に戻った。再控訴審で再び棄却されると今度は大田矯導所に移されて、確定判決を受けた。

大田矯導所でおかしなことに徐聖寿と会った。二人とも在日留学生事件の被害者であったが、経緯はどうあれ、一人はもう一人の有罪判決を引き出すのに利用された間柄である。もともと知りあいの関係でもなく、法廷で初めて対面したのでぎこちない出会いであった。徐聖寿は「あなたの家族が俺をとても憎んでいるそうで申し訳ない」と謝罪の意を伝えた。李宗樹はまだ大法院で事件が係留中であり、話すこともなかった。彼は「大丈夫だ」「わかっている」とはどうしても言うことができず、「元気で早く出ることだけ考えよう。ここから一日も早く解放されることが大事だから」と答えた。

国家保安法・反共法違反で刑が確定した「左翼囚」は大田、大邱、光州、全州矯導所の四ヵ所に分散収容された。四ヵ所には左翼囚を隔離収容する特別収容棟（特舎）が設置されていた。監獄の中の監獄である。李宗樹はさらに全州矯導所に移送された。刑が確定した左翼囚は「転向工作」の対象となった。自分が共産主義思想を持ち反国家的行為をしたことを反省し、その思想を捨てたことを公開で宣言しなければ、有期刑を受けた人はたとえ刑期が終了したとしても釈放されなかった。李宗樹は転向という言葉自体が自分には成り立たないと言って転向工作に応じなかったが、結局受け入れた。その時期には転向の手続を経なければ監獄の門を出ることができなかった。

李宗樹は一九八八年六月三〇日、法務部の仮釈放措置で釈放された。保安司令部に連行されてから五年八ヵ月ぶりだった。彼とともに釈放された在日同胞は呂錫祚《ヨソクチョ》、尹正憲《ユンジョンホン》、李珠光《イジュグァン》、趙一之《チョイルジ》、許哲中《ホチョルジュン》五名であった。国内の政治犯では、拷問専門家である李根安《イグナン》に殺人的拷問を受けた民青連事件の金槿泰《キムグンテ》、統革党事件の無期囚であった呉炳哲《オビョンチョル》らがこの時釈放された。

李宗樹は釈放の日の朝まで、釈放されるということを全く知らなかった。日本の家族には事前通知が行ったのか祖母と末の伯母が矯導所の外で待っていた。家族と会うため日本に帰ろうとすれば複雑な手続が必要だった。当時そのような苦しみを経験した在日同胞留学生の大部分が経なければならない過程であった。まず民団のソウル事務所を通して旅券を申請して、発給を待たなければならなかった。刑執行停止状態なので、相当な日数がかかり、出たとしても旅行証明書のような片道旅券であった。

彼はもともと在日韓国人の法的地位協定による協定永住権者であった。しかし、長いあいだ監獄に閉じ込められており、一年に一度は日本に入国し再入国許可を更新しなければならないという規定を守ることができなかったために、協定永住資格（一九九一年からは特別永住資格に変更された）が剝奪された。そして日本居住の家族が招請状を送ってくれて、有効期間三ヵ月のビザが発給された。彼が日本の地を再び踏んだのは一九八八年一二月であった。空港に降り立ち入国審査を受ける時は、通常旅券ではなく不法入国者を臨時に収容する部屋に案内されて（通常の旅券を持っていないため）、いったん別室に行かされ書類を作成しなければならなかった。初めの頃には三ヵ月の在留期間がたつたびに、入国管理事務所に行って延長許可を受けなければならなかったが、次第に在留期間が伸び、今は三年ごとに更新する一般永住権者待遇を受けている。しかし、日本政府は特別永住資格の回復を認めることには難色を示している。

李宗樹は生計を立てるため食堂の仕事をしたが、勉強に対する心残りがあった。日本でも、韓国でも結局大学を卒業することができなかったからである。彼を長い間見守ってくれた祖母が一九八九年四月にこの世を去ったことは大きな衝撃であった。祖父が始めた古物商を引き継いで運営し留学費用を準備した。三〇代後半の歳で精華短期大学英文科在学時の恩師である台湾人の鳴宏明教授の推薦でアイオワ州にあるコーネル大学に留学した。鳴教授は市民運動に関心が高く、在日同胞の境遇についても理解が深い人であった。李宗樹は四年ほど民俗学を勉強したのち帰ってきた。韓国のタルチュムや人形劇などに関心があり、日本人と一緒に沈雨晟《シムウソン》『民俗文化と民衆意識』を共同翻訳して本を出したこともあった。たまたま共訳者の一人が京都外国語大学付属外国語専門学校で韓国語専任講師をしており、彼の依頼で時間講師として朝鮮語を教えてもいる。

再審のために補聴器を買う

金大中、盧武鉉《ノムヒョン》政権になって進行した各種の過去事真相究明委員会の活動に対して在日同胞スパイ事件被害者たちは特に期待をしていなかった。母国に行き残酷な仕打ちにあったという被害意識がとても強く、自分たちのやりきれない思いに真摯に関心を寄せてくれるとは考えなかったのである。国情院過去事委（国家情報院過去事件真実究明を通じた発展委員会）は、日本関連のスパイ事件をほとんど避けていき、国防部過去事真相究明委は保安司令部が捜査した事件のなかで李憲治《イホンチ》、金亮洎《キムヤンギ》、金泰洪《キムテホン》、金整司《キムジョンサ》

李宗樹が京都の自宅に開いた韓国語教室の看板

の四つの事件だけを標本調査するのにとどまった。

真実和解委（真実和解のための過去事整理委員会）が個別事件を調査する任務を引き継いで二〇〇五年一二月一日に発足した時も、在日同胞スパイ事件被害者たちの関心は低かった。真実和解委は発足時より一年間、委員会と二四六の地方自治団体、海外公館を通じて真実究明申請を受けたが、締切が近づいても在日同胞事件に関連する人は出なかった。

大阪には、母国に留学に行きスパイ事件で苦痛をなめた政治犯の親睦団体である在日韓国良心囚同友会がある。大阪、京都、神戸地域に居住する同胞たちで構成されたこの集まりで、真実和解委に個別に真実究明を申請するかをめぐって討論が繰り広げられた。大多数は否定的であった。韓国の政府機関が調査して何が変わるのか、という雰囲気が強かった。一部には被害者が各々申請するのではなく、韓国政府が特別法を制定して全面的に再調査を始めた後、一括で被害救済を求めるべきだという主張もあった。

しかし李宗樹の判断は少し違っていた。別に期待はしなくとも申請することは何も考えずに待つことよりはましだと考えた。李宗樹が大阪総領事館を訪ねて在日韓国人政治犯として初めて真実究明申請を行ない、これが再審により無罪を宣告された留学生第一号となる転機となった。

真実和解委に申請してから六ヵ月ほど経ち、ソウルから電話がかかってきた。真実和解委の安銀廷《アンウンジョン》調査官だった。携帯電話で事件の話を長くすることはできなかった。李宗樹は外国語学院の長期休暇の時に時間を作りソウルに行くので、その時に会って十分に話そうと提案した。安調査官は李宗樹が驚くほど根掘り葉掘り尋ねた。裁判記録など関連する資料も全部読んだ。午前九時から夜の八時にいたる調査が一週間ほど続いた。李宗樹はその後も何度もソウルに行き追加調査を受けた。真実和解委の調査官の熱意に感動した彼は、同友会の仲間たちにも、もう二度と機会がないかもしれないから早く申請して調査を受けろと催促した。真実和解委は二〇〇八年九月、李宗樹事件が拷問による捏造事件だと真実究明決定を行なった。

李宗樹は真実和解委の決定をもとにソウル高等法院に再審を申請した。控訴審の時に情熱的に弁論を行った文仁亀弁護士が再び事件を担当した。二〇一〇年、再審開始決定が出ると彼は悩んだ末に補聴器を買った。拷問の後遺症かどうかはわからないが、彼は両耳の聴力がひどく低下していた。急用の時は他の人の補聴器を借りて使うこともあったが、再審公判中の判事や検事の言葉を聞き取れなければたいへんだと思って、高価な補聴器を購入した。

李宗樹に対する再審無罪宣告は二〇一〇年七月一五日に出された。在日同胞留学生スパイ事件の再審で初めて無罪判決が出たということで、マスコミで大きく報道された。ソウル高等法院刑事一〇部の裁判部（裁判長李康源《イガンウォン》部長判事）は国家が犯した過誤に対して心から許しを乞うと述べた。再審判決文の結論は無罪を宣告しこのように結ばれている。

この事件は在日同胞留学生をスパイと捏造するため、民間人に対する捜査権がない保安司令部が安企部の名義で被告人を不法連行し、三九日間強制拘禁した状態で拷問により自白を引き出し、それにより被告人が五年八ヵ月間大切な青春を矯導所で送ることになった事件である。

在外国民を保護し内国人と差別待遇を行なってはならない責務を負っている国家が、反政府勢力を抑え込むための政権維持のために、日本で生まれ育った被告人が韓国語が上手くできず十分な防御権を行使できないことを悪用し、在日同胞という特殊性を無視し、むしろ工作政治の犠牲としたのがこの事件の本質である。

これに対してわれわれ裁判部は権威主義統治時代に違法・不当な公権力行使により甚大な被害を被った被告人に国家が犯した過誤に対して心から許しを乞い、刑事訴訟法第四四〇条、刑法第五八条第二項によって、この判決の要旨を公示することとする。

李宗樹は国家の代わりに裁判長の謝罪発言を聞いたとき、それだけでは喜べなかったという。韓国社会は自分が裁判を受けた一九八〇年代とはちがって進んでいるんだなと感じると同時に、韓国の地を再び踏むことさえ恐ろしく再審さえしない被害者たちを思うと胸が痛い、と話した。いま彼は五〇代半ばとなった。依然として未婚である。結婚しなかったのではなく、できなかったという。三〇歳で日本に帰ってきて見合いもそれなりにしたが縁がなかった。「スパイ」だったということがずっと尾を引いているようだと述べた。

第5章　でっち上げを支えた日韓右翼の暗躍

日本の元公安調査官が韓国法廷で証言

一九八三年一二月一六日、ソウル・西小門の法廷に一人の日本人が証人として出廷し証言した。彼の名は佐野一郎、日本の公安調査庁で調査官をしていたことがある人物だ。彼はスパイ容疑で拘束された在日韓国人政治犯朴博《パクパク》の第四回公判で証人席に座ったのだ。

この公判の二ヵ月前の一〇月一九日、保安司令部から四つのスパイ網を摘発して一六名を拘束・送致したという発表があった。朴博事件はそのうちの一つであった。韓国に留学経験がある朴博は、ソウルに海外留学相談室を開き、北朝鮮の「在日対南工作員」と目された呉永石《オヨンソク》が日本で経営する専門学校に韓国人学生を送って洗脳教育をさせたとの容疑で拘束された。日本で『保安司（ポアンサ）』（一九八八年）という本を出し在日同胞に対するスパイ捜査の過程を暴露した金丙鎮《キムビョンジン》も同日、別のスパイ網の一員として拘束されたことが発表された。

スパイ容疑で拘束されたときの朴博の肩書は「日本ビジネス専門学校総務主任」だった。一九五六年一月に山口県下関市で誕生した彼は、福岡の小・中・高校に通い、七八年三月に東海大学動力機械科を卒業している。同年四月に韓国に入国して在外国民教育院で韓国語教育課程を修了したのち、七九年三月に漢陽大学大学院機械科に入学した。やがて彼は勉強を続けることに興味を失い、八一年四月に呉永石が経営する呉学園傘下の日本ビジネス専門学校に就職する。呉永石の父と朴博の父はたいへん親しい間柄だったという。

呉永石は日本の教育産業における代表的な成功者として知られている。一九三六年に東京で生まれた彼は、法政大学短期大学部商経科を出て、三〇歳になる前の一九六五年一〇月に日本デザイナー学院を設立した。それから六ヵ月後に日本写真専門学校（現在の日本写真芸術専門学校）を開校し、さらに三年後には日本ビジネススクールを立ち上げる。彼は早くからデザインと写真の分野での専門教育の重要性を見越しており、これらの専門学校は数多くのデザイナー、イラストレーター、写真家を輩出した。腎臓が弱く、聴覚を失って苦労したが、一九七七年には学校法人呉学園を設立して理事長に就任した。こうして事業で成功を収めてからは、民族教育と民族芸術団に大きな関心を寄せ支援を行なった。学園で必要な物品を購入する際も、できる限り同胞が運営する企業に発注したという。八六年にはアメリカのセントラル・メソジスト大学から名誉博士号を授与され、一九九六年には学校教育功労者として東京都知事から表彰されている。二〇〇一年三月、六五歳で彼は世を去った。

保安司令部発行の『対共活動史1』には、かつての部隊員が朴博の担当教授から奇妙な話を聞いたことが逮捕のきっかけになったと記述されている。担当教授が、勉強には熱意を示さなかった朴博が訪ねてきて日本デザイナー学院への留学生を募集する事務室を開かないかと提案してきたが、これを断ったと話しており、この出来事がどうも怪しいというのが保安司令部側の主張だった。保安司令部は日本国内の協力網を使って呉永石の背後関係の調査に乗り出した。日本から返ってきた回答は、呉永石が総連系の大物であり、学園職員もほとんどが総連系だというものだった。

この「諜報」にもとづいて捜査の方向性がまとめられた。一九八二年一一月にソウルの鍾路三街に「海外留学生相談室」を設けた朴博が留学生を集めて日本に送り、呉永石が運営する専門学校に関係する北朝鮮秘密工作員や総連系対南工作員が包摂工作を行なったというシナリオだ。朴博は一九八三年八月一〇日に保安司令部に連行され、三六日にわたって不法拘禁され取調べを受けた。そして、呉学園傘下の専門学校に一五名の留学生を送り、それとなく共産主義思想を注入して、一部の留学生を対南工作員として養成し国内浸透を企てたとの疑いで裁判にかけられた。

朴博は一九八四年一月にソウル刑事地方法院で有罪とされ、懲役一〇年と資格停止一〇年を宣告された。二審では一部の容疑が斥けられたが量刑は一審と同じだった。同年のうちに大法院で上告が棄却された。その後、八八年の光復節特赦で彼は大邱矯導所を出所した。懲役一〇年の判決で、五年間を収監されてすごしたのであった。

公安調査庁のルーツは日帝の特高

朴博の有罪判決には公安調査庁元職員である佐野一郎の証言が決定的な影響を与えた。また、佐野は保安司令部の在日協力網においても中心的な役割を果たした。佐野らが提供した情報はどれだけ信憑性があり、どれだけ客観的事実にもとづいていただろうか。

佐野一郎が韓国の法廷で証言したことは韓国メディアで報道されず、その後も長く問題とならなかった。もっとも、朴博事件自体も当時、保安司令部が事件について発表した時の報道を除いて、その公判過程が報道されることはまったくなかった。だが、元公安調査官が韓国の裁判所に出廷し証言したという異例の事態は、日本では国会にまで波紋を広げた。社会党参議院議員の和田静夫は一九八四年四月九日、参議院予算委員会でこの問題を追及した。政府委員として答弁に立ったのは当時の外務省アジア局長であった橋本恕《ひろし》と、公安調査庁次長で後に検事総長も務める岡村泰孝だった。

和田：最近、判決を下されました在日政治犯の一人に朴博さんという青年がいます。川崎に在住をした二七歳の人で、東海大学を出て日本ビジネススクールに在職をしている。それから奥さんは日本人女性。その朴さんの公判に佐野一郎さんという人物が出廷をした。そして重要な証言を述べているわけですが、これは外務省、知っている事実を報告してください。

橋本：私ども直接、つまり外交チャネルを通じまして韓国政府から御指摘のような問題につきまして通報あるいは報告を受けたことはございません。しかし、間接に別のソースから御指摘のような事実があったということを聞いておりまして、私どもが承知しているところを全部申し上げますと、昨年の一二月一六日、ソウル地裁の公判に出廷して証言したという話を聞いております。

和田：法務省、この佐野一郎氏ですが、元公安調査庁調査官、この方について何か報告できることがありますか。

岡村：佐野一郎という人物が公安調査庁の関東公安調査局に勤務しておったことがございます。
和田：現職はわかりますか。
岡村：昭和三八年の四月から四三年の一二月まで勤めておりまして、主として過激派関係の業務を担当いたしておりました。
和田：現職は亜細亜民族同盟会長というんだそうですが、法務大臣、この佐野一郎氏が韓国法廷で証言した事実内容というのは確認をされていましょうか。
岡村：具体的には承知いたしておりません。
和田：法務大臣、私はこの証言内容というのは守秘義務違反ではないかと考えているのですが、御調査をされますか。
岡村：佐野一郎という人物は公安調査庁に五年余勤務しただけでございます。また、退職後既に十五年余経過いたしております。また、韓国での証言でございますが、これは韓国の国内問題でもございますので、私どもの方といたしましてはこの件につきまして調査するまでの必要はない、かように考えておる次第でございます。
和田：退職して一五年たっておると在職中に知り得たその人だけしか知らないようなものをしゃべってもよろしい、こういうふうになるわけですか。
岡村：日本国内におきまして在職中に知り得た公務員としての業務上の秘密、これを漏らすことは公務員法違反になる、かように考えております。

日本の国会での質疑によれば、佐野一郎は公安調査庁に五年八ヵ月ほど勤務し、韓国法廷で証言したときの職責は亜細亜民族同盟会長というものだった。問題になったのは佐野が公安調査官時代に得た職務上の秘密を話すことが守秘義務を規定した公務員法に抵触するかどうかであった。

佐野一郎個人の経歴について知られていることは少ない。朴博公判の証人尋問調書や、証人としての出廷に先立つこと約三ヵ月前にソウル・南山のハイアットホテルで作成された陳述書、供述調書などから彼の素性を多少うかがうことができる。保安司令部要員の立ち会いのもとで書かれた陳述書と供述調書の作成時点は一九八三年九月一四日となっており、保安司令部の朴博事件発表より一ヵ月以上も早い。

佐野の「陳述」によれば、彼は一九三八年二月に東京・渋谷で生まれ、一九五六年三月に都立青山高校を卒業している。高校卒業から三年後の一九五九年四月、日帝下で植民地政策学を教えていた頃の気風が残る拓殖大学政経学部政治学科に入学、一九六三年三月に卒業したのち同年四月に公安調査庁に入庁した。彼は一九六八年四月に退職するまで関東公安調査局第一部第二課に勤務し、日本共産党の青年組織である民主青年同盟（民青）などに関する内部情報収集を主に担当した。彼が会長を務めた亜細亜民族同盟は一九七八年五月に結成された右翼反共団体である。佐野が会長に就任した時期は、彼自身の陳述に食い違いが見られるのだが、一九七九年一〇月頃と推定される。彼は弁護人の証人尋問で亜細亜民族同盟の実体や核心についてははぐらかした。

弁護士（金基晛《キムギヒョン》）：亜細亜民族同盟の結成はいつのことで、組織運営と運営資金の出所はどうなっていますか？

佐野：組織されたのは一九七八年で、組織は総本部が東京にあって地方に七つの支部があります。総本部で管理している組織員は千名ほどで、その他の支部に所属する会員数はよくわかりません。
弁護士：運営資金はどこから調達していますか？
佐野：それは、はっきりとは申し上げにくいです。
弁護士：会員の構成はどうなっていますか？
佐野：日本人と在日韓国人で構成されており、日本人六〇％、在日韓国人四〇％といった具合の比率です。
弁護士：会長としての報酬はいくらほどになりますか？
佐野：報酬はありません。使命感から無報酬で務めております。
弁護士：日本で情報を収集して保安司令部に提供したのはどのような経緯からですか？
佐野：保安司令部と特別な関係があるからです。
弁護士：いつからそうした関係を維持してきましたか？
佐野：古い関係になりますが、具体的なことは明かせません。
弁護士：証人は頻繁に韓国を訪れますか？
佐野：頻繁にやって来るわけではなく、用事がある都度、不定期的に来ています。

日本の「赤化防止」のために活動しているというこの右翼団体は、ある在日同胞を抜きにしては語ることができない。波乱万丈の人生を歩んできたその人物の名は梁元錫《ヤンウォンソク》という。

ヤクザの親分に保国勲章光復章を授与

一九八四年一一月一日午前、世宗路にある政府総合庁舎では国務会議が開かれていた。陳懿鍾《チンウイジョン》国務総理欠席のため申秉鉉《シンビョンヒョン》副総理兼経済企画院長官が主宰したこの日の会議では、不動産登記法改正法律案など、一般案件を含む七つの議案が通過した。一般案件には、第一〇九保安部隊の禹鍾一《ウジョンイル》中佐ほか一二名に対する栄誉授与案も含まれていた。彼らには保国勲章三等級から五等級の天授章、三・一章、光復章が授与された。授与者は一名を除いて保安司令部所属の将校、下士官、軍属といった軍人であった。保安司令部の軍人たちに列して、唯一民間人として保国勲章光復章授与が決定された人物は梁元錫、肩書は亜細亜民族同盟名誉会長だった。

梁元錫は在日同胞である。彼はいかなる実績によって、国家安保に際立った功績がある人物に授与される保国勲章を受けるにいたったのだろうか？　保安司令部所属の軍人たちとともに勲章授与が上申されたのをみると、ひとまず保安司令部の活動と密接な関わりがある人物だと推測できるだろう。梁元錫の名は、全斗煥《チョンドゥファン》大統領就任の祝賀集会を報じた『中央日報』の記事にも登場する。「韓日親善の夜開催」という見出しで一九八〇年一〇月二七日付の紙面に写真とともに掲載された記事には次のように記されている。

> 全斗煥大統領就任祝賀韓日親善の夜が、二五日午後ソウル市内のホテル新羅で、丁一権《チョンイルグォン》韓日議員連盟議長、李亨根《イヒョングン》反共連盟理事長など国内人士一〇〇余名、日本の亜細亜民放《ママ》同盟（名誉会長梁元錫・五八歳・在日同胞）会員三三〇名等、総勢四三〇余名が参席するなかで開かれた。丁韓日議員連盟議長

は歓迎の辞で「安定した韓国をその目でじかに見て、見たままのことを日本に戻って伝えてほしい」と述べた。亜細亜民放《ママ》同盟は日本全国に五〇〇余名の会員を有する反共団体で、会員たちは去る二四日に訪韓、二六日に国立墓地にある故朴正熙大統領の墓所を参拝したほか、民俗村と前線地域の視察を行なった。

亜細亜民放同盟は亜細亜民族同盟の誤記だと思われる。梁元錫がホテル新羅で派手な宴を開いたその日の午前、新軍部は光州抗争に関連して拘束された人びとに軒並み重刑を宣告した。全南北戒厳軍法会議は、抗争に参加した一七五名に対して、鄭東年《チョンドンニョン》、金宗培《キムジョンベ》ら五名を死刑、洪南淳《ホンナムスン》弁護士ら七名を無期懲役とし、残る一六三名には懲役五年から二〇年までの刑を宣告した。光州抗争の参加者に残酷な報復が宣告された日、ソウルでは韓国と日本の右派が集まり宴に興じていたのだった。

愛知県民団団長殺害事件

全斗煥が崔圭夏《チェギュハ》を大統領の座から追いやり、その職を「禅譲」されてから二ヵ月にしかならない時点で、日本から数百名の会員を連れてきて大規模な行事を開き前線視察まで行なったところをみると、梁元錫は韓国にかなりの人脈を築いていたにちがいない。彼の名が韓国内に知られるようになった契機は、それより一二年前に日本の名古屋で起きたショッキングな事件だった。一九六八年一一月一三日午後、第九回地方委員会を執り行なっていた民団愛知県本部団長の金龍煥《キムヨンファン》が、崔載寿《チェジェス》によって日本刀、短刀で左胸や脇腹などを刺され、その場で絶命するという惨《むご》たらしい事件が発生した。崔載寿は団長を殺害すると会議室に机と椅子でバリケードを築き、警察と四時間にわたって対峙したのちに逮捕された。彼の犯行は日本のヤクザの典型的な手口だった。

この事件は民団愛知県本部史上もっとも衝撃的な事件として記録されている。事件の翌日に外務部は名古屋総領事館に訓令を発し、民団団長殺害事件の真相を詳細に報告するよう指示した。当時の民団中央本部団長であった李裕天《イユチョン》はすぐに名古屋入りして事態を把握したのち、「故人の死を無駄にしないためにも組織内外の暴力を徹底的に排除すべきだ」との声明を発表した。民団愛知県本部は翌五月に開かれた第一〇回地方委員会で次のように事件の総括報告を行なった。

団内の良識に対する信頼感と団規律を尊重しようとする自治意識に対する脅威という意味において、創団以後今日まで24年間に培ってきた伝統に大きな汚点を残した恥辱的な事件であるばかりでなく、組織運営についてこれまでの認識に猛烈なる反省を求めた事件であった。

また局部的には狂的な一凶徒の残忍な犯行であり、愛知県地方だけの事件と規定することもできよう。しかし、暴力徒輩が根拠のない口実で団組織に挑戦しようとした背景には、本団が不純な暴力に対し確固とした姿勢を堅持できなかったという根本的な矛盾が残存していることを否定できない。本団と公館との表裏一体となった有機的関係が充分に確立されるに至っていないという現実を反映したということもできる。（大韓民国民団愛知県本部『民団あいち60年史』より）

この総括報告は、民団の組織運営に暴力団と公館のどちらからも息がかかっていたことを抽象的な表現で示している。団長殺害犯の崔載寿は関西地方を舞台として活動するヤクザ組織柳川組《やながわ》の地方幹部だった。彼は一九六八年七月、暴力団員の追放を決めた方針によって愛知県民団から除名されると、部下を動員して「新民団」という勝手な団体を作り、執行部に公然と挑戦した。

その柳川組を作り上げた人物こそ梁元錫である。彼の日本名が柳川次郎なので柳川組と呼ばれたわけだ。当時、彼の組織は日本全国に七八団体、一八〇〇余名の構成員を誇っていた。ほかのヤクザ組織と勢力争いを繰り広げる際もきわめて残忍な手段をいとわなかったことから、「殺しの軍団」と呼ばれるなど悪名をとどろかせた。

ヤクザの親分梁元錫はどのような経緯から全斗煥の祝賀パーティーを開き、大韓民国の勲章まで授与されたのだろうか？　一九二三年に釜山で生まれた彼は一九三〇年に家族と一緒に日本へ渡り、大阪で育った。生涯を義兄弟同然にすごし柳川組をともに立ち上げた康東華《カンドンファ》とはここで出会っている。一九四一年末に日本の真珠湾攻撃により太平洋戦争が勃発すると、家族と一緒に大分の軍需工場近辺に移住して強制労働に従事する。日本の敗戦後に家族は祖国に帰るが、彼は暴行事件に連座して逮捕されたため、一人日本に残った。

大阪に戻った彼は戦後の混乱期を生きぬくための方便として暴力団に身を置いた。小集団を率いていた彼が一躍ヤクザ界の名士に躍り出ることになったきっかけは、一九五八年に大阪・西成で起きた勢力争いだった。自分の部下が当時西成で最大の暴力組織だった鬼頭組の事務所に連れ去られたという報に接した彼は、部下七名を連れて駆けつけた。相手側は一〇〇名で待ち構えていたが、梁元錫が日本刀でそのうちの一人の手首を一振りで斬り落とすと、鬼頭組は恐れをなして四散してしまった。八対一〇〇の争いで勝った彼は、九ヵ月間の収監から保釈された一九五八年一一月に正式に柳川組を立ち上げた。以後、柳川組は日本最大のヤクザ組織である山口組の傘下に入り、山口組全国制覇のための先鋒隊として働いた。また柳川組そのものも、近畿地方から名古屋、さらに北海道にいたるまで独自に組織を拡大していった。柳川組は一九六二年三月に神戸の山口組、本田会などと並んで警視庁が指定する五大広域暴力団の一つとなる。東京オリンピックを控えて、日本の警察は激化するヤクザの抗争に対し、一九六四年二月から五年にわたって「第一次頂上作戦」と呼ばれた大々的な撲滅作戦を展開した。この作戦で警察による集中攻撃のターゲットとなった梁元錫と康東華は、一九六九年四月九日に獄中で柳川組解散を決定した。山口組は梁元錫が独断で組織を解散したという理由で、同年八月に彼に「絶縁処分」を宣告する。梁元錫の部下たちは大部分が山口組に吸収された。

プロレス興行と反共右翼の二つの顔

ヤクザの世界から身を引いた梁元錫は、柳川総業という会社を起こし韓国で韓日対決のプロレス試合の興行を行なうとともに、反共活動に邁進するようになっていった。彼は一九七五年三月に日本プロレス界の第一人者であるアントニオ猪木を韓国に呼び、頭突きで名を馳せた金一《キムイル》〔大木金太郎〕と対決させた。この韓日プロレス大会の主催を引き受けたのは中央日報と東洋放送だった。在日大韓勝共統一評議会の名誉会長を兼ねていた彼は、当時の洪璡基《ホンジンギ》中央日報社長と「歓談」し、金鍾泌《キムジョンピル》首相を訪問してプロレス大会の収益金一〇〇〇万ウォンを国防費として寄付した。また、ほかの在日同胞事業家たちと一緒に朴璟遠《パクキョンウォン》内務部長官と面会し、セマウル事業に使ってほしいとテレビ一〇〇台を寄贈した。かつての組織暴力団トップが韓国で最高権力者たちと交友を温めたのである。一九七六年一二月、当時の相撲界看板スターだった貴ノ花〔一九九〇年代に横綱に昇進した貴乃花の父〕が、ソウルでの相撲大会開催を打診するために韓国を訪れたことがあったが、この訪韓の背後にも梁元錫の口利きがあった。

一九八〇年代に入っても、韓国のスポーツ興行の世界における梁元錫の活動はめざましかった。一九八一年一月、大韓プロレスリング協会執行部が新たなスタートを切ったときに彼は名誉会長として迎えられている。世界プロボクシング界の両雄というべき世界ボクシング協会（WBA）と世界ボクシング評議会（WBC）の双方から外れた人びとを中心に、一九八三年にアメリカのニュージャージー州で国際ボクシング連盟（IBF）が創立された際、梁元錫はIBF日本支部の創設に関与し初代アジアコミッショナーとして活躍した。韓国でIBFタイトル戦が開催されれば、会場には必ず彼の姿があったが、日本ではIBF日本支部の活動が認められなかった。日本のプロボクシングを統括する日本ボクシングコミッション（JBC）が長いあいだIBFの存在を認めてこなかったからである。

梁元錫は一九九一年一二月一二日に大阪で世を去った。享年六八歳だった。晩年の彼はプロスポーツのイベントに没頭して生涯を閉じたのか？　ちがう。プロレスリングやプロボクシングの試合を周旋したからといって保国勲章の授与はありえない。彼が一九八〇年にソウルで全斗煥大統領就任の祝宴を開いたとき、また一九八四年に勲章を授与されたとき、彼の職責は亜細亜民族同盟名誉会長だった。亜細亜民族同盟は彼が主導して一九七八年五月に日本で立ち上げた団体である。彼はこの団体の性格について、一九八〇年一〇月二六日付の『韓国日報』のインタビューで、次のように説明している。

「何よりも反共を目的とした団体ですよ。日本で朝鮮総連や韓民統とは目に見えない闘いを続けています」。梁氏は「同盟では反共を前提にアジアの自由国家が、特に韓日両国民が結束することに目的がある」と説明した。政府レベルではなく民間レベルで両国民が互いを理解し友誼を厚くすれば、マスコミの歪曲された報道だとか、朝鮮総連や韓民統、また日本共産党や社会党といった赤色団体の策動にも両国関係が揺らぐことはないだろうから、韓日の、また自由アジア諸国の大衆と大衆を結束させる役割を果たしていくということである。

金大中誹謗怪文書を日本メディアに撒く

一九八〇年五月一七日に全斗煥を指導者とする新軍部が戒厳令の全土への拡大措置をとり、野党指導者の金大中を逮捕し、内乱陰謀の容疑で軍法会議にかけたとき、日本メディアに『金大中の不透明な部分』という怪文書が出回ったことがある。三五ページの小冊子には「金大中の左翼及び容共活動経歴」「海外容共及び反国家活動」「韓民統と金大中の関係」などについて書かれていた。内容は戒厳司令部が逮捕直後の五月二二日に急遽発表した「中間取調報告」「公訴状」と似かよっており、韓国の情報機関が意図的に流したものと推測された。

『週刊ポスト』は一九八〇年九月五日号に韓日癒着問題の特ダネとして、怪文書事件の黒幕である柳川魏志《たかし》の直撃インタビュー記事を掲載した。柳川魏志は梁元錫のもう一つの日本名である。暴力団解散後に対外公開活動を行なうなかで、「ヤクザの頭目」「人殺し」のイメージが付きまとうこれまでの柳川次郎に代えて、新しく作った名前だった。梁は自分が韓国から怪文書を持ち込んで共同通信などの日本マスコミに流したことを認め、出所については「韓国政府の事情通に近い人や。詳しくはいえんが、安という名の有力な実業家を通じてや」と言い繕った。彼は「ワシは誰が大統領になってもエエと思うとるんですね。ただ、金大中だけは絶対にダメや」と金大中への憎悪を隠さなかった。また、金大中が共産主義者だとまでは言えないが、共産主義の信奉者だったことは間違いない事実であると主張した。

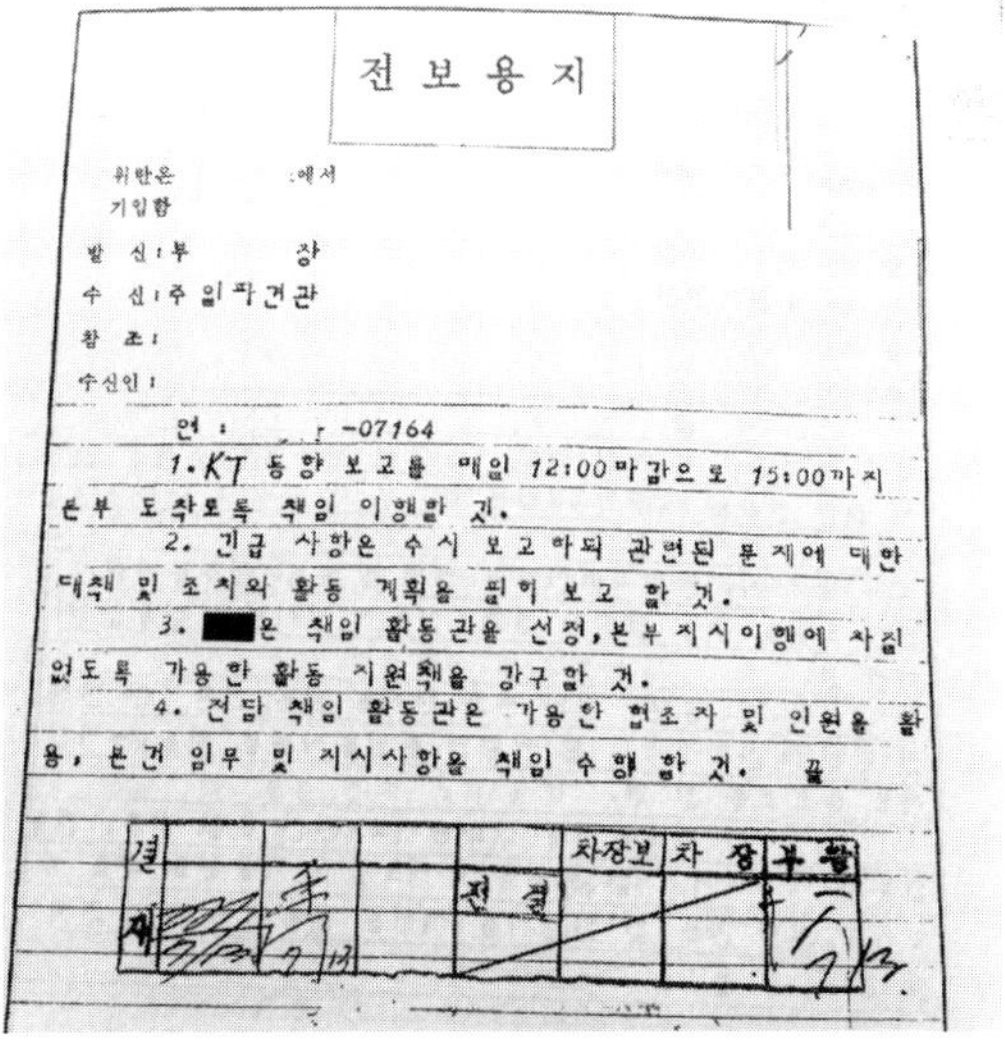
전 보 용 지

위반은 :에서
기입함

발 신 : 부 장
수 신 : 주 일 파 견 관
참 조 :
수신인 :

연 : -07164

1. KT 동향 보고를 매일 12:00 마감으로 15:00까지 본부 도착토록 책임 이행할 것.

2. 긴급 사항은 수시 보고하되 관련된 문제에 대한 대책 및 조치와 활동 계획을 밝히 보고 할 것.

3. [redacted]은 책임 활동관을 선정, 본부 지시 이행에 차질 없도록 가용한 활동 지원책을 강구할 것.

4. 전담 책임 활동관은 가용한 협조자 및 인원을 활용, 본건 임무 및 지시사항을 책임 수행 할 것. 끝

결재 　전결 　차장보 　차장 　부장

韓国中央情報部本部から東京駐在要員たちに金大中の動向について毎日報告するよう指示する電文。KT は金大中の略語。

この記事のなかで梁元錫は、一九七三年八月に東京で中央情報部要員らが金大中を連れ去り韓国へと拉致した事件に関しても、ぞっとするような言葉をためらうことなく語っている。当時、暴力団の関与がささやかれたことについて、彼は自分が一番疑われたと語ったあとで、「ワシが頼まれたんやったら、国外に逃がすようなことはせず、その場でイワシて（殺して）しまったやろうな」と発言している。そして、「勝負は、三日や。あんな中途半端はしとらん」と付け加えた。

梁元錫が言うように、彼が拉致に関与していたら金大中の運命はちがっていたかもしれない。事の発端は、李厚洛《イフラク》中央情報部部長が東京の大使館に外交官身分で派遣されていた中央情報部要員らに下した拉致計画立案命令だった。これを受けて、大使館内の中央情報部責任者だった金基完《キムギワン》公使（当時は金在権《キムジェゴン》という名を使用。ソン・キム前駐韓米国大使の父）が金東雲《キムドンウン》一等書記官に工作計画書を作成させた。金東雲は「KT工作計画書」を作成して帰国し、李哲熙《イチョリ》中央情報部次長補らにブリーフィングを行なった。KTは中央情報部内部で金大中を指す略語である。「KT工作計画書」は廃棄されたせいか現存していないため内容を知ることはできないが、当初の案ではヤクザ十余名を動員して金大中を拉致し、外交パウチ（外交郵袋）便で韓国に移送するか、現地で始末（暗殺）するものとされていたという。しかし、ヤクザを利用する場合は機密保持が難しく、殺害すれば後始末が難しいという理由で、計画が全面修正されたと伝えられる。

梁元錫は『週刊ポスト』とのインタビューで激しく金大中を攻撃したのとは対照的に、新軍部の猛者《もさ》として登場した全斗煥については「正義のかたまりや」としながら「全斗煥将軍に会えば、必ず惚れる。日本のマスコミは悪口ばかり書いとるけど」と持ち上げた。彼は、全斗煥との面談説については「ワシは、ウラで仕事をしとればエエと思っているから、会う必要もない」と主張し、将軍に「会うたのは佐野君です」と語った。彼が「佐野君」と呼んだのは朴博事件公判に検事側証人として出席した佐野一郎にほかならない。佐野は当時、梁に続いて亜細亜民族同盟の第二代会長を務めていた。佐野が全斗煥の印象を「実に沈着冷静な愛国者」と語ったことが同じ記事で言及されている。全斗煥に「会《お》うていない」という梁元錫の主張は種々の状況に照らして信頼しがたい。亜細亜民族同盟の関係者は梁元錫と佐野が全斗煥と会見したと話している。

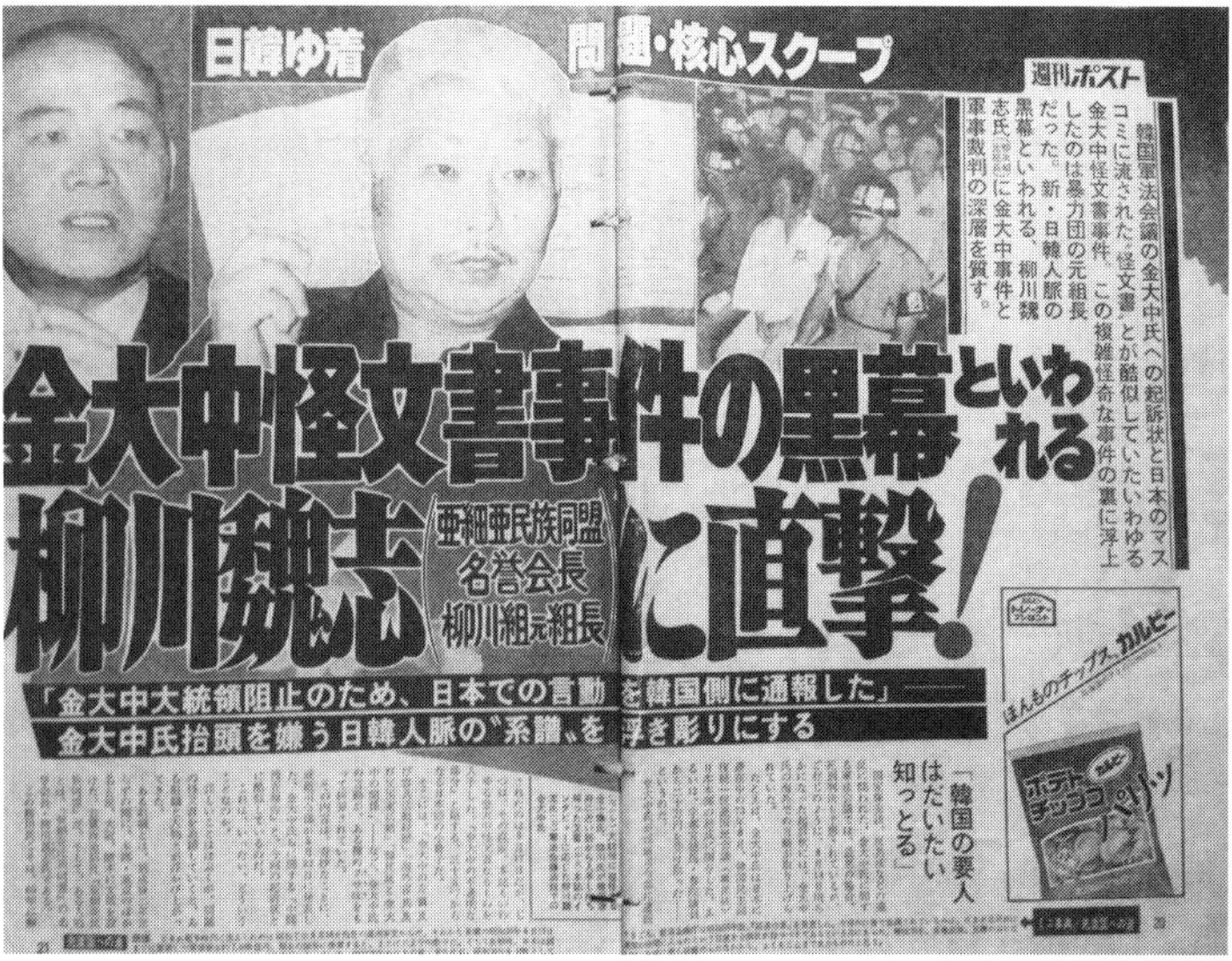

1980年に韓国の情報機関と接触して日本メディアに「金大中怪文書」を流した梁元錫。当時の彼を取り上げた『週刊ポスト』の誌面。

『週刊ポスト』は梁元錫インタビューを掲載してから二週間後、全斗煥体制がスタートした現在、梁元錫は新たな韓日人脈の中核を占める人物として注目されているとし、彼と田英夫社民連代表の対談を後続企画として掲載した。ジャーナリスト出身の田参議院議員は当時、金大中救命運動の先頭に立っていた政治家であったため、正反対の立場にある二人に激論を闘わせようとしたものだった。梁元錫はこの席でも金大中が日本共産党某議員の秘書と行動を共にしていると主張し、彼が内乱を引き起こした以上、極刑も致し方ないと語った。また、金大中は政治家ではなく煽動家であり、日本マスコミが書いているような英雄では絶対にないとも強調した。

梁元錫のインタビューで目を引く内容は、彼が「こっちから（情報を）流しとるから、向こうからも流れてきたわけや」と語った個所である。彼の関係者が金大中の言動を調査して韓国側に伝えたということだ。彼は「元公安調査庁の佐野君や自衛隊OBの松本さんのルートで、徹底的に調べ上げたんや」と補足している。

松本とは自衛隊情報機関である調査隊創設時の中心人物だった松本重夫である。一九二〇年に植民地朝鮮の大邱で出生した彼は、大邱中学に四年生まで通い、陸軍士官学校を卒業した。敗戦後はアメリカ陸軍情報部（CIC）の活動に協力し、やがて自衛隊調査隊に関与する。一九六四年に二佐で退役してからは軍事情報紙を発行するなど、独自の情報活動を行なっていたという。梁元錫が韓国から持ってきた「怪文書」を日本語に翻訳したのも彼だった。彼は二〇〇八年に出した自著『自衛隊「影の部隊」情報戦秘録』で、柳川次郎が韓国語文書を入手して相談しに来たので翻訳をしてやったと認めている。彼は柳川に文書の根拠が貧弱で日本の世論を動かすほどの資料にはならないとコメントしたものの、マスコミに出すのがよいと考え、翻訳して共同通信記者に渡したという。また彼は、一九八〇年に金大中への死刑宣告が韓日外交の懸案事項に浮上したとき、「騒がしくすれば減刑が難しいので、日本政府が静観してくれることを望む」という全斗煥のメッセージを鈴木善幸総理と宮沢喜一外相に伝達したとも主張している。当時の駐日大使であった崔慶禄《チェギョンノク》は松本が朝鮮で勤務していた師団の見習士官で、旧知の仲だったというのである。

亜細亜民族同盟は保安司令部の情報屋？

梁元錫は亜細亜民族同盟が日本で韓民統、総連と目に見えない闘いを繰り広げていると言ったが、この右翼組織が結成以降もっとも積極的に行なった活動は「金大中つぶし」だった。怪文書をばらまいたのがその端的な例だ。『週刊ポスト』はこれについて、「金大中氏抬頭を嫌う日韓人脈の〝系譜〟を浮き彫りにする」とそうした人脈の系譜が明確に存在することを指摘した。梁元錫は亜細亜民族同盟の第二代会長を務めた佐野一郎について、公安調査庁で七年間働いた根っからの反共主義者で、韓日親善に大きく貢献していると評したことがある。また、「佐野氏は韓国人が日本でできない仕事に韓国人の立場で全身全霊を捧げて取り組んでくれているため、朝鮮総連から数知れない恐喝、脅迫を受けているけれど、あくまで闘うことをいといません」とも語っている。では、梁元錫がいう韓日親善とは何だったのか。佐野が韓国人の立場であくことなく闘っているという言葉は何を意味したのか？

真実和解委員会が一九八〇年代の在日留学生「スパイ事件」究明に取り組むなかで保安司令部捜査官たちを調査した記録を見ると、梁元錫の亜細亜民族同盟での活動は保安司令部内部の誰もがよく知る事実だったと思われる。亜細亜民族同盟は韓国で定期的に総会を開催し、そのたびに保安司令部に出入りして処長や課長と面会し「情報」を提供したという。保安司令部捜査官たちのあいだで梁元錫は「梁会長」と呼ばれていた。対共処捜査二係長だった金某は、一九八二年の真実和解委員会の調査で、梁元錫についてこう述べている。

日本の関西地方におけるヤクザ組織の第一人者だと認識している。保安司令部に来て司令官に挨拶したこともある。梁元錫は対日関連の情報収集などで活用の価値が大きかった。たとえば、北朝鮮に行った万景峰号のある年の搭乗者名簿を日本の警視庁に要請すると二年がすぎても回答が来ないが、梁元錫に頼めば三ヵ月もすれば入手できた。亜細亜民族同盟には警視庁出身の警察官が多数いた。梁元錫は日本の前職や現職の警察官と緊密な関係をもっていたので、情報収集能力は大変なものだった。

佐野一郎は亜細亜民族同盟の活動を「他の外国に比べて日本が遅れているのが情報活動であるため、われわれの同盟は民間次元で情報を収集している」「アジアのあいだでも韓国にこだわる理由は三八度線を挟んで共産主義と闘っているからだ」と合理化している。しかし、金丙鎮の『保安司』に記述された内容を見ると、佐野が掲げた名分は詭弁のように響く。その活動費は相当部分が保安司令部の予算から出たものと思われる。単刀直入に言えば、保安司令部の金をもらって都合のいい情報を提供する「情報屋」だったのだ。佐野は当時分室があった西氷庫に近いクラウンホテルを訪韓時の定宿にしていたが、彼の滞在中の領収書はみな西氷庫分室に回ってきたという。佐野は「朴博スパイ事件」の解決に寄与した功労によって、当時の保安司令部令官だった朴俊炳《パクチュンビョン》の名前が記された感謝盾をもらっている。

梁元錫と佐野の亜細亜民族同盟は金大中を「除去」してからは、在日韓国人「スパイ」を量産するうえで華々しい功績を立てた。梁元錫とその手下は保安司令部の依頼を受けて「容疑者」となった留学生の家族関係、留学前の日本での大学生活や社会活動、総連系同胞との接触の有無などに関する情報を収集し報告した。時には独自に収集した対共関連容疑の情報を渡すこともあった。こうして提供された情報や資料は、スパイ容疑で裁判にかけられた留学生の有罪を立証する重要な証拠として利用された。

李宗樹《イジョンス》事件においても保安司令部は、事件が大法院で破棄差し戻しを命じられると、亜細亜民族同盟の許明信《ホミョンシン》、福本吉男の二人に証人として出廷し援護射撃してくれるよう要請した。福本とは京都府警外事課に所属した福本刑事だと考えられる。だが彼らは韓国法廷で身元をさらせば今後の活動が不可能になるため、出廷できなかっただけでなく、署名した書類を提出することさえできなかったという。保安司令部は仕方なく彼らの代わりに韓太雄《ハンテウン》を非公開という条件で検事側証人として出廷させた。

亜細亜民族同盟が収集・提供したという情報の信頼性をいかに判断すべきか?『週刊ポスト』の梁元錫関連記事に、それを測る手掛かりがある。梁元錫は、金大中、宇都宮徳馬衆議院議員、田英夫参議院議員と朝鮮総連幹部が、とあるホテルで四度の秘密会合をもったと確言している。宇都宮議員は、衆議院一〇回、参議院二回の当選を果たした政治家で、自民党内のリベラル議員の集まりだった「アジア・アフリカ問題研究会」の座長を務め、七二年の一〇月維新後に金大中が亡命者として日本に滞在した際に積極的に後援した人物だった。この秘密会合について、梁元錫は国粋主義活動家と思われる宮嶋泰傀の『皇青新聞』にそう書かれていたとし、宮嶋が田英夫の秘書から確かに聞いた話だと主張した。宮嶋の話を信じる根拠として梁元錫があげたのは、もし事実と異なるなら自ら腹を切ると言ったという宮嶋の言葉だった。

しかし、『皇青新聞』は常識的な意味での新聞と呼べるものではない。腹を切ると高言するのも皇室崇拝を掲げる日本右翼のスタイルである。宮嶋は右翼団体一水会の顧問だった四宮正貴と共同で一九八〇年に『民族自決』という本を皇青新聞社から出している。四宮は『天皇国日本論』『天皇・祭祀・維新』『平成維新試論』などを著した右翼理論家の一人である。だが、『民族自決』は日本の国立国会図書館の蔵書検索にかからないことからみて、一般的な書籍ではないようである。

もちろん田英夫は、梁元錫や宮嶋の主張が事実無根だと反駁した。田は一九七三年八月に金大中が拉致されるまでに金大中と四回会っており、三回は単独での会合、残る一回は河野謙三自民党参議院議員など四名が同席したと述べている。また、自身の秘書たちに調査を行なった結果、宮嶋にそのような話をした者は誰もいなかったことを確認したと発言している。

田は東京帝国大学在学中の一九四三年に学徒出陣で入隊して海軍特攻隊に配属されたが、日本の降伏により生き残った。神風特攻隊として出撃しむなしく犠牲となった学生たちの死が生涯の心の重荷になったという。戦後は復学し経済学部を出て共同通信に入社、社会部長、文化部長の任につき、一九六二年からはTBSに移って同局のニュース番組「ニュースコープ」のキャスターを六年間務めた。一九六八年三月に突如キャスター職を退くと、ベトナム戦争にたいする彼の批判的な報道姿勢に不満をもった日本政府と自民党がTBSに圧力を加えて降板させたという説が広まった。

彼は一九七一年の参議院選挙で社会党全国区候補として出馬し、一位当選を果たして政界に進出する。のちに社会党の路線に反発し、一九七八年には社会民主連合（社民連）を結成して代表として活動した。三六年間の議員生活では平和憲法の擁護に熱意を注ぎ、『特攻隊と憲法九条』などの本を残している。その生き方から考えるとき、金大中「アカ」狩りの先頭に立った梁元錫と護憲運動の先頭に立った田英夫の、どちらが信ずるに足るだろうか。

他方、一九九九年一〇月に世を去った佐野一郎の死についてはいくつかの噂が飛び交った。ホテルの屋上から身を投げたという説、東京の自宅で謎の死を遂げたという説もある。住友銀行に関する暴露本の出版をめぐって大金を巻き上げたという醜聞も広まった。

佐野が韓国法廷に出廷して有罪判決に影響を与えた朴博事件について、真実和解委員会は二〇一〇年六月三〇日に「一部真実究明」の決定を下し、不法拘禁と拷問について国家は謝罪、再審などの和解措置をとることが必要だと表明した。朴博は二〇一二年五月二四日、大法院で再審無罪が確定した。

秘密に包まれた公安調査庁

佐野一郎が一時勤務した公安調査庁は、一九五二年七月に破壊活動防止法が国会を通過したことにともない、法務省傘下の機関として設立された。「暴力主義的破壊活動」を行なう恐れがある団体を規制するために平素から情報収集活動を展開し、要件を満たせば処分請求ができる権限を有している。最盛期は職員が二〇〇〇名を超えたが、現在は一五〇〇名の線を維持している。

内閣官房の内閣情報調査室（内調）、警察庁警備局傘下の公安警察、防衛省の情報本部などと並ぶ日本の代表的な情報機関の一つである。人脈をさかのぼると、戦前の軍国主義体制下で言論思想の自由を蹂躙し各種の社会運動を徹底して弾圧した特別高等警察（特高）、また軍の特務機関や憲兵隊などに行き着く。敗戦後の日本に進駐した占領軍司令部は人権指令などによって暴圧統治の象徴だった内務省と特別高等警察を解体したが、その人脈は相当部分が公安警察や情報機関に吸収され復活した。

公安調査庁の前身は敗戦直後の一九四五年九月に内務省に設置された調査部である。調査部は調査局へ格上げされて総理庁傘下となったのち、一九四八年二月に法務省特別審査局として改編

公安調査庁職員が市民団体に潜入か

編集部

市民団体が撮影した「工藤良子」氏の写真。

「嫌がらせの電話か！」

偽名で身分を隠す

『週刊金曜日』に暴露された公安調査庁の市民団体査察活動

された。この組織が破壊活動防止法の施行とともに、そのまま公安調査庁となったわけである。調査局や特別審査局のころの主要任務は、戦前に勢力をふるった軍国主義者や超国家主義者の監視と公職追放だった。しかし、冷戦の本格化で占領政策の「逆コース」が始まるにつれ正反対の方向に旋回し、特高時代と同様に共産党や労働組合といった左翼勢力に監視を集中させ、活動家を職場や労組から追い出すレッド・パージを担うようになった。公安調査庁は公安警察のように令状を受けて証拠物押収と家宅捜索を行なう強制権限はないが、探問、査察、スパイ（情報協力者）活用などにより情報を集める。強制捜査権がないため、スパイに高額の「謝礼金」を支給することをエサにして情報収集を行なっているとされる。

日本の公安組織の秘密活動はベールに包まれている。公安調査庁も同様である。かつては公安の活動を専門的に追跡するジャーナリストたちがいたが、最近の主流メディアの記者たちはそうしたことに関心がなく、したがってメディアに公安の実像が表われることも稀である。そうしたなか、進歩的な週刊誌『週刊金曜日』の二〇一四年二月一四日号に、公安調査庁の女性調査官が在日同胞の人権問題に取り組む市民団体に二〇一一年秋頃から身分を隠して出入りし情報を集めていたことが発覚したという記事が載った。公安調査官の正体がばれた異例の暴露記事だった。目元に黒い線を入れた写真も掲載された。この女性は関東公安調査局所属だったという。

第6章　韓民統を「反国家団体」にする策謀

疑わしい検察側証人

一九八〇年五月、光州抗争を武力で鎮圧した新軍部により、金大中《キムデジュン》排除作戦は一気に進められた。拘束された金大中の運命に国内外の関心が集まるなか、新軍部は七月三一日に金大中、文益煥《ムンイッカン》牧師、李《イ》文永《ムニョン》教授ら二四人に対し、内乱陰謀罪、戒厳法違反を適用して起訴した。いわゆる「金大中内乱陰謀事件」である。ほかの関係者とはちがい、金大中にのみ国家保安法、反共法などが適用された。

一審の陸軍戒厳普通軍法会議は真夏の八月一四日に初公判が開かれ、九月一一日にすべての審理を終え結審した。一審の宣告は六日後の九月一七日に下された。公判を始めてわずか三四日だ。金大中には極刑が宣告され、残りの二三人には二年から二〇年の懲役刑が宣告された。内乱陰謀事件の公判について韓国マスコミの報道は厳しく検閲統制されたが、外信記者の取材は部分的に許容された。駐韓アメリカ大使館と日本大使館の職員も陸軍本部の法廷に現われ公判の進行過程を見守った。控訴審の陸軍戒厳高等軍法会議の裁判はさらに迅速に終わった。一〇月二四日に公判に入り一一月三日に宣告がなされた。ちょうど一〇日間だ。七人には量刑を一部減らしたり執行猶予を宣告するなど減刑があったが、一審で死刑判決が下された金大中をはじめとする一七人の控訴は棄却された。

控訴審の結審を控えた一〇月二九日にある人物の証人尋問があった。呂興珍《ヨフンジン》という自首した在日同胞「スパイ」を名乗り、韓民統は総連と密接な関係にあると証言した。彼は、民団有志懇談会も表面上は総連と関係がないように見えるが、中に入って見ると緊密に連絡をとっていることがわかると主張した。民団有志懇談会とは、一九六一年の5・16クーデターの際に民団執行部がクーデター支持声明を出すと、それに反発した人びとが民団が政府寄りになることに反対し、自主性守護を掲げ一九六一年一〇月に結成した「民団正常化有志懇談会」のことである。

金大中内乱陰謀事件の控訴審の公判に突然証人として現われた呂興珍の正体について韓国国内のマスコミは長いあいだ沈黙していたが、日本の新聞はソウルの外交消息筋を引用して呂興珍の本名は尹孝同《ユンヒョドン》であると暴露した。この問題は日本の衆議院外務委員会でも扱われた。日本社会党の土井たか子議員は控訴審の宣告が出た二日後の一一月五日に開かれた外務委員会で、金大中が日本亡命中に行なった「言動」について不問に伏すことにした日韓両国の政治的妥協を、全斗煥《チョンドゥファン》政権が継承しているのか、と問いただした。日韓両国は一九七三年八月の金大中拉致事件の後処理と関連し、日本が韓国の情報機関の主権侵害行為を追及しない代わりに、韓国は金大中の日本在留中の活動を問題としないという線で蓋をすることで政治的合意をしたのだ。

のちに日本社会党初の女性委員長、初の女性衆議院議長などを歴任する土井たか子は、金大中の裁判への日本政府の「静観」姿勢を批判し、一〇月二九日の公判に証人として現われた元在日韓国人が尹孝同だという新聞報道を確認したかと尋ねた。答弁に立った木内昭胤《あきたね》外務省アジア局長は、確認はしておらず証人の名前が仮名であると聞いていると答えた。するとすぐに土井議員はソウルの外交消息筋を引用し、尹孝同であるとした新聞記事は誤報なのか問いただし、法務省出入国管理局の幹部を相手に尹孝同の日本の出入国の日時を細かく尋ねた。土井議員が尹孝同の正体を追及したのは彼の証言が韓国の軍事法廷の控訴審で金大中の死刑判決を維持する主たる根拠とされたと判断したためだ。

尹孝同の疑わしい出入国記録

尹孝同という名前が韓国マスコミに初めて登場したのは一九七七年五月二八日だ。中央情報部はこの日午前、ソウル新聞会館で記者会見を開き、民団系在日韓国人に偽装し北朝鮮のスパイとして活動してきた尹孝同が自首したと発表した。中央情報部の発表は「在日北傀大物スパイ自首」「在日北傀スパイ責任者自首」などの見出しで韓国マスコミに大々的に報道された。情報部の発表によれば、慶南・金海で普通学校を出た尹孝同は徴用で日本に渡り一九五九年三月から総連に加入しながら、民団内に秘密組織を組織するために偽装転向し、民団の茨城県組織部長、議長などとして活動した。彼は一九六八年七月から自首するまで、四回北朝鮮へ行き来して労働党に入党し、海外で民主化運動を名目に「反韓団体」を組織育成する任務を遂行してきたという。情報部は「大物級工作網責任者」尹孝同の自首によって、日本で「反韓活動」をしているいわゆる「韓国民主回復統一促進国民会議」「統一革命党在日韓国人連帯委員会」「金大中先生救出対策委員会」などがスパイ集団であり、同委員会事務局長郭東儀《クァクドンイ》らもスパイである事実が新たに明らかになったと主張した。情報部は尹孝同が自首したのは一九七七年五月一日であると付け加えた。

情報部の発表と尹孝同の行動は疑わしい点が多い。日本に行った経緯が情報部の発表では徴用になっているが、本人の金大中公判における証言では解放後一九四七年に密航したとなっている。自首の日時も食い違う。真実和解委員会の調査によれば尹孝同が中央情報部で作成した自筆陳述書は一九七六年四月一九日付になっており、情報部が発表した一九七七年五月一日と一年以上ちがう。土井たか子議員が一九八〇年一一月五日に衆議院外務委員会で質疑した当時の答弁では、尹孝同の日本の出入国記録は「一九七三年五月一九日羽田出発、五月二四日入国／一九七六年一月二九日羽田出発、二月二日入国、一九七七年四月二五日羽田出発、五月二八日入国」となっている。答弁した末永節三法務省出国管理局登録課長は、尹孝同の行先はまったくわからないと述べた。

この出入国記録から中央情報部の発表と直接関連するのは「一九七七年四月二五日羽田出発、五月二八日入国」だ。情報部の発表をそのまま信じるとすれば、尹孝同が四月二五日に韓国に入国し五月一日に自首、発表のあった当日の二八日に韓国を去ったという話になる。尹孝同が北朝鮮へ四回も行き来した日本国内のスパイ網を指揮した「大物スパイ」なら、二十数日間で調査し発表するというのは合点がいかない。彼の自白を検証、分析、照合、確認するだけで相当な日数が必要になるからだ。まして「自首」の信憑性が確認されていないにもかかわらず彼の出国を許可したのであれば、これは情報機関として危険な賭けであり、職務怠慢である。

土井議員は、大法院で金大中の死刑が確定した直後、無期に減刑されても、尹孝同についての追及を止めなかった。彼女は一九八一年四月一〇日の衆議院外務委員会で、日本政府が正式に入手できなかった金大中事件の判決文を市民団体が入手した点を取り上げ、日本政府の生ぬるい対応を批判し、尹孝同の控訴審出席と証言に関連した出入国管理記録を明かすよう要求した。亀井靖嘉（法務省入国管理局登録課長）は「一九八〇年七月一六日成田出国、七月二六日入国／一九八〇年一〇月二六日成田出国、一〇月三〇日入国／一九八〇年一二月八日成田出国、一二月二三日入国」の記録があると答弁した。裁判部の控訴審の証人採択決定は一〇月二八日だったので、尹孝同は自分が証人に採択されるであろうとあらかじめ知っていて二日前に日本を発ち、証言を終えるとすぐに日本に帰ったという話になる。土井は、在韓日本大使館員が終始裁判を傍聴していたのだから、日本政府は尹孝同の証人採択を事前に知っていたのではないかとただした。

驚くべきことは、尹孝同は日本の公安警察の調査を数回受けていたという点だ。鳴海国博（警察庁警備局外事課長）は、尹孝同を調査したことがあるかという土井議員の質問に、あると答えた。土井議員が時期と内容を訊くと、鳴海外事課長は、尹孝同が一九七七年五月二九日に警視庁に出頭し、自身が過去四回ほど日本の海岸から北朝鮮に密出入国したことがあると述べたので、出入国管理令違反容疑により警視庁で十数回尹孝同を取り調べたというのだ。最後の取調べの日時に関する質問には、一九七七年七月四日であると明かした。尹孝同が警視庁に出頭したという日は、彼がソウルで中央情報部が準備した記者会見に臨んで日本に帰った翌日である。これは両国の公安機関のあいだに緊密な事前合意がなければ不可能な、想像を絶する動きだ。尹孝同が日本から北朝鮮への密入国を繰り返した容疑で刑事処罰を受けたのかどうかも明らかでなく、北朝鮮の大物スパイだったと称する人物が好きなように海外に出かけることができたというのも、簡単に納得できる話ではない。

詩人金芝河に憧れ母国留学を決心する

謎の「自首した大物スパイ」尹孝同は、一九八〇年の金大中内乱陰謀事件より先に在日韓国人留学生スパイ団事件に登場していた。尹孝同は一九七七年一〇月二二日にソウル刑事地方裁判所の二一五法廷に証人として出廷したのだ。尹孝同が証言したことは当時報道されなかった。そして彼が出廷してから七日後に判決が下され、関連した被告人全員に有罪が宣告された。いわゆる「金整司事件《キムジョンサ》」である。しかしこれは金整司の単独事件ではない。柳英数《ユヨンス》、柳成三《ユソンサム》兄弟がむしろ量刑が重く、金整司は主犯格でもなく量刑が最も重かったわけでもない。だが、そう呼ばれるには理由がある。この事件で韓民統が法的に反国家団体になり、金整司が「パイプ役」に仕立て上げられたからだ。

金整司事件の判決は、その後に大きな影響を残し、またそれが長く続いた。新軍部が一九八〇年に「ソウルの春」を踏みにじり金大中を戒厳軍法会議にかけ死刑を宣告したのは、まさにこの延長線上でのことである。この判決で韓民統は立場を失ったからだ。

金整司はなぜ二〇代初めの若さで、金大中を死の淵まで追いやり韓民統の関係者の生活まで苦しめる政治的陰謀に巻き込まれる身の上になったのか? 金整司は金芝河《キムジハ》の最近の振る舞いに大いに不満だ。金芝河に惚れ込んで韓国へ行き残酷な拷問を受けて人生を壊されたと考えているからだ。彼が母国留学生になったことは金芝河抜きで語れない。彼は大学入試の浪人時代に自身のアイデンティティに悩み、多くの本を読んだ。東京・池袋駅近くの芳林堂という書店によく立ち寄ったが、当時書店には、「在日」をテーマにした本のコーナーがあるほど在日問題への日本社会の関心は比較的高かった。

ある日、中央公論社から出版された金芝河の日本語訳詩集を見て衝撃を受けた。韓国に金芝河という詩人がいることを初めて知り、同時にこのような詩人を監獄に閉じ込めている独裁政権を許せないと思った。彼が保安司令部分室に連行されたとき、捜査官が金芝河をどう思うかと尋ねた。彼は「素晴らしい民族主義者だと思う」と答えて、さんざん殴られた。金芝河が民青学連事件で拘束され釈放されたのち、人民革命党再建委事件は捏造だという文章を新聞に寄稿し再拘束された頃の話だ。当時金芝河は、当局がソウル拘置所でほかの拘

各地で「金芝河氏ら救え」
東京では1000人が集会
韓国大使館に抗議
ハンストの作家も参加

1974年7月民青学生連事件、非常普通軍法会議で金芝河らに死刑が宣告されると駐日韓国大使館前で繰り広げられた抗議デモを報道した『朝日新聞』記事

束者が近づかないように一つの舎房に一人で収容するほど厳しい弾圧を受けていた。民主化運動の活動家たちは、金芝河がひそかに抹殺されるのではないかと恐れるほどの時期であった。四〇年前に金芝河を救援するために留学を決心した彼にとって、二一世紀の金芝河はもはやまったく理解できない存在になってしまったのだが。

金整司は一九五五年八月一八日に埼玉県秩父郡で在日同胞二世として生まれた。五人きょうだいの三番目で長男であった。土建業で成り上がった彼の父、金東植《キムドンシク》の故郷は慶尚南道統営であった。一九二一年に貧しい小作農の末っ子として生まれた父は、小学校にすら入学できなかった。学校に入れてくれと駄々をこねる彼に、東京で家内工業を営む親戚が救世主となった。そんなに勉強がしたければ、日本に来て昼は働き夜間学校に通えばいいと言ってくれたのだ。工場の住所を受け取り九歳の子どもが一人で釜山から船に乗り下関に渡り、また汽車に乗り東京の上野近くの新小岩の工場までようやくたどり着いた。一人で旅する子どもを不憫に思ったお婆さんたちが助けてくれたそうだ。昼はプラスティック工場で働き、夜は勉強ができた。

成人すると戦争への徴用令状が来たので逃げ回ったが、結局フィリピンのミンダナオに軍属として行かざるをえなかった。飢えに苦しみ死の淵をさまよったあげく、ようやく日本に戻った。解放後、暮しが落ち着くと結婚話が舞い込んだ。慶尚南道の三千浦で漁業をしている裕福な家の娘だという。結婚はすることにしたが、妻を迎えに母国に帰るどころではなかった。すると妻が密航船に乗り彼のもとにやってきた。彼は妻の不法入国問題を解決するため、埼玉県秩父の有力な自民党国会議員の荒舩清十郎に近づき親しくなった。荒舩は佐藤内閣の運輸大臣、三木・福田内閣の行政管理庁長官を務め、衆議院予算委員長を何度か歴任した。彼は一九六五年日韓基本条約締結のとき、外相椎名悦三郎の側近で、政界でかなりの影響力をもっていた。のちに金整司が母国でスパイ罪により収監されたとき、彼の父は荒舩議員をとおして韓国政府に助命を訴えた。

秩父郡横瀬町で育った金整司の記憶によれば、家はとても裕福だった。父が地域で建てた金丸建設は働き手が一五〇人余りいて、ほとんどが在日同胞だった。一九五〇年代から六〇年代は、建設機器があまり普及していないので人手で施工する工事が多かった。在日同胞の労働者は徴用などで日本に来た者も多く、炭鉱などで働かされたため力仕事は慣れたものだった。働き口を探し各地を渡り歩く朝鮮人労働者は、金丸建設の社長が在日同胞という噂を聞いては事務所によく訪ねてきた。金整司の父は、誰が突然事務所に押しかけて来るかわからないため、常に日本刀と銃を備えていたという。当時は朝鮮人労働者が会社の近くで酒を飲んで喧嘩をするのが日常茶飯事であった。それで日本の警察のパトカーがよく出動した。血を見る喧嘩も稀ではなかった。

こうした環境で育った金整司は、自分が朝鮮人であることをいつ自覚したか、はっきりとした記憶がない。彼が小学校六年のとき、日本人の友人に「俺は日本人じゃない」と言うと、「うん、知っているよ」と言われた。地域社会で金丸建設はかなり名のある会社であったし、社長が朝鮮人というのも周知の事実だった。彼自身は朝鮮人であることでいじめられた経験はないが、妹は学校で女子生徒から「あんた朝鮮人でしょう。いつ朝鮮に帰るの」と言われ泣きながら家に戻ることもあった。

母国を初めて訪れたときの衝撃

金整司は横瀬小学校、横瀬中学を経て熊谷高校に通った。この高校には日教組所属の教師が多く、部落差別の不当性を指摘し人権の大切さを強調する「同和教育」がよく行なわれた。部落とは、韓国における被差別者である白丁《ペクチョン》のような存在だ。家畜屠殺、皮革加工などの仕事をし、前近代から人間以下であるかのような差別を受けてきた。動物のように足が四本あるという意味で「よつ」と呼ばれたり、あるいは人でないとさげすまれて「非人」という蔑称で呼ばれたりした。

同和教育をとおして、自分の中に抑えられていた自我意識を取り戻しはじめた彼は、高校二年の一九七二年に初めて母国の土を踏んだ。主として民団幹部の子どもたちを対象にした夏季キャンプに参加するためだ。彼がみずから望んだのではなく、厳格な父の命令で参加することになった。彼の父親は民団の秩父団長、埼玉県本部団長まで務めた有力者だった。南北朝鮮のあいだで赤十字予備会談が行なわれていた頃だ。母親と同行した彼は、ソウルでいとこに初めて会ったが、言葉が通じずとてももどかしい思いをした。両親の故郷である統営と三千浦を訪問したが、立ち遅れた生活水準に衝撃を受けた。家の外にあるトイレは、入るのもはばかられるようなお粗末なものに感じられた。彼は母親に早くソウルに帰ろうとせがんだ。

母国の姿に誇るべきものはなかった。しかし帰路の飛行機から母国の山河を眺め、金整司の心の中で何かが激しく揺れた。彼は帰国後すぐに岩波新書の『朝鮮』を手にした。作家金達寿《キムダルス》が書いたこの本は、朝鮮史の入門書としてよく売れた。知らずにいた植民地統治の実情を知り、周りの日本人を皆殺しにしたくなるほど怒りがこみ上げた。部落問題の教育を受けて感じたことと、自分が日本名を使って生きている現実が重なり、苦しかった。同和教育の授業のときに、自分が日本人ではなく朝鮮人だと言いたい衝動に何度も駆られたが、結局勇気が足りず言えなかった。

浪人しているあいだも、アイデンティティの悩みはなくならなかった。試験勉強より当時世界の抵抗運動を代表する本に関心が湧いた。アメリカの黒人運動家マルコム・Xの『マルコムX自伝』、エルドリッジ・クリーヴァーの『氷の上の魂』、アルジェリア解放運動の思想的指導者であるフランツ・ファノンの『黒い皮膚・白い仮面』などをその頃読んだ。アメリカの急進黒人運動団体ブラックパンサー党をつくったヒューイ・ニュートン（Huey Newton）の生き様にも関心をもった。マルクス・レーニン関係の本も見たが、自分の悩みとは合わないと思った。

心の中の葛藤が解消されなかった時代に、独裁政権に正面から立ち向かう金芝河の姿は彼にとっては英雄に映った。金芝河の詩集を読みながら生きる勇気を得た。彼はアイデンティティの危機に陥った在日同胞の生き方を自分なりに整理した。民族虚無主義に陥った人は、積極的にもしくは徐々に日本社会に同化していく。生活基盤がしっかりしていない人はヤクザやチンピラに転落する。彼は、精神的な苦しみが続くのは自分に民族性がないからだと結論を下した。そして、民族性を取り戻すためにソウルに留学し、韓国語と韓国の風習を学ぶべきだと判断した。さらに金芝河を監獄から救い出したいとも考えた。二浪した末、彼は早稲田大学土木科に合格した。東大は一次試験は通ったが、結局二次試験で落ちた。彼は勇気を出して、日本の大学には通いたくないのでソウルに行くと父に打ち明けた。長男が家業を継ぐことを望んでいた父親は、初めは反対したが、最後には留学に同意した。

一九七六年春、ソウルに向かう飛行機に乗ったとき金整司は、少し不安もあった。その前年の一一月、中央情報部が何件かの在日韓国人留学生スパイ事件を大々的に発表し在日社会に波紋が起きていた。もう一方で漠然だが、韓国の民主化運動に何かしら力になりたいという考えが心の隅にあった。彼は一九七六年四月、在外国民教育研究所に入った。韓国語の実力を判定し韓国人留学生を四つのクラスに分けるのだが、彼は一番下のクラスに入った。研究所では毎月ハングルの試験を実施し成績順にクラスを再編成するが、彼は月ごとに一段階ずつ上がっていった。のちに事件が作られてからは、彼のこの急速な韓国語の実力向上が問題になった。保安司令部の捜査官は、彼が日本で「反韓人士」と付き合って韓国語を学び、かなりの実力をもっていたが、疑われないよう韓国語が拙いふりをしていたのだろうと追及した。在日韓国人留学生が韓国語が上手だと、当時の情報機関はまずスパイではないかと疑うのだった。

思いつめた無謀な選択

在外国民教育研究所での韓国語の課程を終えた彼は、一九七七年三月、ソウル大学社会系列に入学した。母国の民主化運動に少しでも役に立ちたいという彼の夢は、予想もできなかった事件に巻き込まれ、スタートもせず潰えた。それも金芝河と関連がある。

金整司は、在外国民教育研究所の同期の柳成三《ユソンサム》と親しくなった。柳成三は漢陽大学医学科に在学し、兄の柳英数《ユヨンス》は当時釜山大学大学院化学科一年に在学中であった。立命館大学理工学部化学科三年を修了、一九七三年に入国し在外国民教育研究所の課程を履修した柳英数は、慶北大学文理学部医学科に通い、再び日本に帰り立命館大学を卒業した。一九七七年春にまた母国留学の道を選び釜山大学大学院に入学した彼は、助教を希望したが断わられた。韓国育ちの韓国人でないという理由からだった。自分の将来だけでなく、軍事的緊張が高まっている朝鮮半島の現実はとても不安だった。このままでは再び戦争が起こり自分たち民族の将来は破滅しかないと思うと、じっとしてはいられなかった。柳英数は、自分たち民族が生き残るには南北の軍当局が会い真剣に軍事的緊張をなくす方法について話し合うしかないと考えた。そして悩んだ末に、自身の「衷情」を軍幹部に直接伝えることにした。ちょうどある留学生の友人の叔父が光州砲兵学校の校長であることを知った。柳英数は一九七七年四月一五日、留学生の友人とともに校長である朴勝玉《パクスンオク》少将の官舎を訪ね、南北朝鮮の軍当局が板門店で会い、話し合うべきだという趣旨の手紙を差し出した。朴少将は内容を読んで驚き、柳英数が手紙を自分で書いたことを確かめると、すぐに保安司令部に電話で通報した。

柳英数は数十年がすぎてから、自分の行動について「当時としては、そうするしかないと思った。思いつめた心情での選択だ」と回顧した。しかし、柳英数を逮捕し背後を調べはじめた捜査官には、それはとんでもない「不穏書信」だった。母国の世情に疎い一人の在日韓国人青年の真剣な苦悩など、彼らは考慮しなかった。柳英数の当時の状況認識は、一審公判の検事尋問にもそのまま表われた。「祖国はどこか」という検事の問いに「わが祖国は朝鮮半島であり、三八度線以南には大韓民国が、三八度線以北には朝鮮民主主義人民共和国があると理解している」と答えた。検事が再び北朝鮮を国家として見なすのかと尋ねると、彼は「国連には大韓民国と朝鮮民主主義人民共和国がオブザーバーという同一の資格で出席していると理解している」と述べた。

保安司令部は柳英数の弟柳成三も母国留学中という事実を知ると、四月一七日に明洞のロイヤルホテルに呼び、彼を逮捕し下宿先を捜索した。柳成三の本棚から「金芝河法廷闘争記」「十章の歴史研究」

などが見つかった。「十章の歴史研究」はカトリック修道士で西江大学に在学中の金明植《キムミョンシク》が書いた長詩である。彼は維新独裁下の社会現実を辛らつに批判したこの詩を全国の教会と大学に配布し、一九七六年三月に緊急措置九号違反容疑で拘束された。文献の出所を追及された柳成三は、金整司の名前を出した。保安司令部の捜査官は四月二一日、新林洞の下宿で登校の準備をしていた金整司を逮捕した。彼の母国での大学生活は二ヵ月もたたずに終わってしまった。

金芝河の法廷闘争記と金明植の長詩は、金整司が一九七六年末、韓国語研修課程を終えて日本に帰った際に持ってきたものだ。父親が民団幹部である関係で、彼の家にはいくつかの民団系の団体の刊行物が郵送されてきた。彼は韓民統の機関紙『民族時報』に金芝河の法廷闘争記などが載っているのを見てコピーし、翌年一月末に韓国に戻った際に持参し、柳成三らに見せたのである。

西氷庫分室に連行された金整司は、まずこれまでの人生について詳しく書けという指示をされた。数時間後に彼の陳述書を読んだ捜査官は怒声をあげ本格的に脅しはじめた。彼らは「おまえは悪質だ。これでは罪にならない」といい、電話機のような物を持ってきて、これが何かわかるか訊いた。金整司がその用途を知るのに時間はかからなかった。電気拷問に使う軍用電話機だった。

本格的な殴打がはじまった。金芝河をどう思うかとの問いに、思った通りをそのまま言ったことが災いとなった。素晴らしい民族主義者だと答えると、嫌というほど殴られた。捜査官たちは手帳に書いてある数字を見ては執拗に追及した。乱数表ではないかと疑ったのだ。彼があきれながら説明しても、捜査官はそのまま受け入れなかった。彼らが描いているシナリオに抗弁すると電気拷問、水拷問が加えられた。

韓民統と結びつけられた青年との出会い

金整司がまったく関係のない韓民統と結びつけられたのは、ある在日同胞との出会いが始まりだった。金整司は「人生の道のり」を書くよう強要されたとき、本国の人の名前を出すと大きな被害を及ぼす気がして日本であったことを中心に作成した。そのなかの一つが東京・信濃町の真生会館で開かれた日韓連帯連絡会議主催の韓国情勢講演会であった。彼は一九七五年七月に、東京大学の和田春樹助教授、在日韓国青年同盟（韓青同）の金君夫《キムグンブ》中央本部委員長などが講師で参加することを新聞で知り講演会場に行った。しかし予告とは違い金君夫の代わりに林季成《イムゲソン》韓青東京本部副委員長が講師となっていた。在日同胞の青年としてどう生きていくべきか悩んでいた金整司は、講演後林季成に近づき話を交わして助言を求めた。林季成はその日、忙しくて長く話せないからまた会おうと言った。その後、何度か会って悩みを吐露し意見を求めたりもした。ソウルに留学する計画を話すと、金整司が発つ前に連絡があり、出発前にまた会った。金整司は「人生の道のり」に林季成との出会いを書きながら、それが問題となりわが身に火の粉が降りかかるとは考えもしなかった。

保安司令部の捜査官は、林季成に初めは注目していなかった。彼の身元を照会すると、本国政府を非難する「反政府傾向」ではあるが大したことはないとの回答だったからだ。しかし、ある時点から雰囲気ががらりと変わり捜査チームも変わった。情報機関上層部で、この事件に韓民統を結びつけ反国家団体にしろという決定があったのかどうか、金整司としては知るすべがない。新しい取調べチームでは、日帝時代に特高（特別高等警察）だったという捜査官の拷問がひときわ残酷だった。金整司は彼の姓を朴と記憶しているが本名かどうかはわからない。朴捜査官は日本の柔道の総本山である講道館公認の柔道五段だと自慢し、特高で拷問技術を学んだと得意げに話した。のちに共犯で捕えられた柳英数、柳成三兄弟の話を聞くと柳英数が受けた拷問はよりひどかった。ソウル拘置所に収監されるとき、歩けずに背負われてきたほどだったからだ。

保安司令部西氷庫分室での調書作成作業が終わる頃、金整司は父親と近くのホテルで面会をした。民団幹部の父親が息子を救うために、あちこちの有力者にコネを使って必死に頼み込んだ結果だ。捜査チームの呉係長は面会の前に、これはとても異例なことだと言って拷問されたことを言うなと口止めをした。金整司は五月一二日に拘束令状が発布された。四月二一日の連行時から数えると、二二日間不法拘禁されたわけだ。そして中央情報部捜査官名義で記録が作成され、五月三〇日に検察に送致された。

担当検事は公安事件では世に知られた鄭京植《チョンギョンシク》だった。縛り上げられた状態で検事室に入り取調べを受けた。検事の取調べに「ちがいます」と言うと怒鳴られた。検事は捜査機関よりは少しはましだろうという小さな期待すら打ち砕かれた。金整司は縮みあがって保安司令部で言われたとおりを素直に認めた。彼は当時、検察で保安司令部の捜査官が取調べの様子を見ていたかどうかの記憶がない。しかし、柳英数兄弟は捜査官たちが検事室にいたと証言している。

独房に収監された金整司は裁判の前に渡された公訴状を見て涙が出た。ただ自分が失った民族性を取り戻したいという思いで祖国に来たのに、スパイと言われるとは情けない。法廷で金整司らは検事の尋問に対して、拷問による虚偽捏造であると公訴事実を強く否認した。在日同胞留学生事件で捜査機関に従わず初めから拷問による捏造を暴露した数少ない事例のひとつだ。二回ほどの公判が開かれたのち、特高出身の保安司令部の捜査官が訪ねてきた。面会と言われ家族か弁護士の接見と思ったが二度と会いたくない捜査官であった。彼は「おまえは否認しているが、そんなことをしてもいいことはなにもない」と言い「検事が怒って厳しい求刑をするぞ」と脅した。

鄭京植検事は九月三〇日の第六回公判で『東亜日報』一九七七年九月二九日付を証拠として提出した。韓民統で活動したのち脱退した羅鍾卿《ナジョンギョン》ら九人が九月二八日午後、金浦空港から入国して記者会見を開き「韓民統は北塊から莫大な活動資金を受けており北塊の手先」と主張した記事が載った。羅鍾卿のバックグラウンドについては元韓民統中央委員で東京韓国人商工協同組合理事長と紹介された。

金整司は検事が死刑を求刑するのではないかと覚悟していたが無期を求刑され、死ぬことはないなと思った。一九七七年一〇月二八日の一審宣告は求刑と同じ無期だった。柳英数も無期、柳成三は懲役一〇年、孫貞子《ソンジョンジャ》は懲役三年執行猶予五年だった。孫貞子は柳成三と共に漢陽大医学科一年生だった同胞の女子学生だった。一審の判決文は、公安検事の公訴状と変わらなかった。金明植の風刺詩「十章の歴史研究」は言うまでもなく、留学に来て片手間に見た、合法的に出版されていた雑誌『思想界』や『シアレソリ』までがすべて有罪判決の根拠となった。

金整司ら被告たちの、拷問されたという主張は、判事にはなんら影響を及ぼさなかった。金整司は拷問を暴露し判事の顔をまじまじと見つめたが、判事の表情はまったく変わらなかったと記憶している。当時の陪席判事の一人が、後に李明博《イミョンバク》政府で国務総理になった。金整司はその金滉植《キムファンシク》という名前を忘れられない。

魔法の杖「領事証明書」

一審の判決で、金整司をスパイと認定するための有力な証拠となったのは領事証明書である。ほかの在日韓国人政治犯事件でも公安機関がほぼ例外なく伝家の宝刀のように振りかざした絶対的な武器である。一九七〇年代から九〇年代初めまで、検察が被告人のスパイ容疑を立証するために領事証明書を法廷に提出すると、その内容が嘘だらけでも証拠能力を否定する判事はいなかった。

「国家情報院過去事件真実究明を通じた発展委員会（国情院過去事委）」は、二〇〇七年一〇月二四日に三年間の活動を終え、六巻の最終調査報告書を公開した。『過去との対話、未来への省察』と命名されたこの報告書は、△金大中元大統領拉致事件△釜日奨学会献納・京郷新聞売却事件△人民革命党・民青学連事件△東ベルリン事件△金炯旭《キムヒョンウク》元中央情報部長失踪事件△大韓航空機爆破事件（金賢姫《キムヒョニ》事件）△南韓朝鮮労働党事件の七大事件のほかに、政治・司法・マスコミ・学園・スパイ分野で起こった情報機関の疑惑を明らかにした。『学園スパイ編Ⅵ』の総論のうち、海外と関連したスパイ事件（迂回スパイ）を扱った部分は、下記のように述べている。

スパイにされた在日同胞や韓国人が日本で会った正体不明・身元未詳者が北朝鮮の工作員かどうか明白にされたことはほとんどない。しかし在日大使館に出向している中央情報部や安全企画部の職員が発行した「領事証明書」または身元確認書は、法廷でこうした問題を解決する万能薬となる。本来は問題の人物を北朝鮮の工作員と断定する上で、その工作員の正確な所属や北朝鮮当局との指示命令関係を明らかにしなければならない。しかし「領事証明書」は、このような点を明確にしなくても領事個人の断定的な見解を記述したり「日本の公安当局の通報によれば」というふうに非常に曖昧な記述でもことを済ませられる。問題は、日本の公安当局の通報とは正反対の内容が記載され事実を著しく歪曲する場合もあったという点だ。このように問題が多い領事証明書は、当時の裁判所によりそのまま証拠として採択され、有罪の決定的な証拠として機能した。領事証明書という魔法の杖がなかったらたくさんの日本迂回スパイ事件はありえなかったといっても過言ではない。

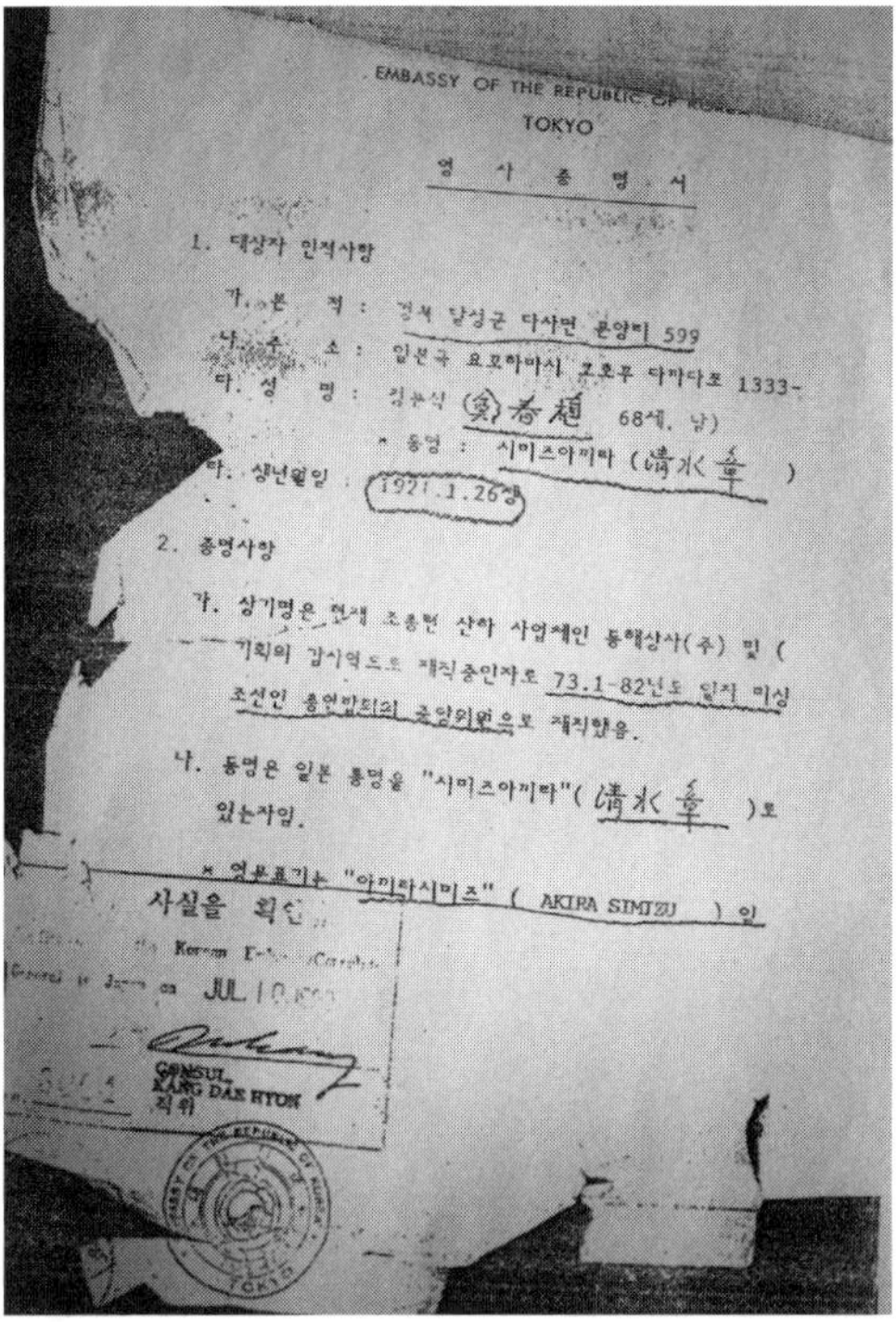

EMBASSY OF THE REPUBLIC OF KOREA
TOKYO

영 사 증 명 서

1. 대상자 인적사항

가. 본 적 : 경북 달성군 다사면 문양리 599

나. 주 소 : 일본국 요코하마시 고호쿠 다마다초 1333-

다. 성 명 : 김춘식 (金春植 68세, 남)

* 통명 : 시미즈아키라 (清水 章)

라. 생년월일 : 1921.1.26생

2. 증명사항

가. 상기명은 현재 조총련 산하 사업체인 동해상사(주) 및 (기획의 감사역으로 재직중인자로 73.1-82년도 일치 미상 조선인 총연합회의 조양위원으로 재직했음.

나. 동명은 일본 통명을 "시미즈아키라"(清水 章)로 있는자임.

* 영문표기는 "아키라시미즈" (AKIRA SIMIZU) 임

사실을 확인

JUL 10

CONSUL
KANG DAE HYON

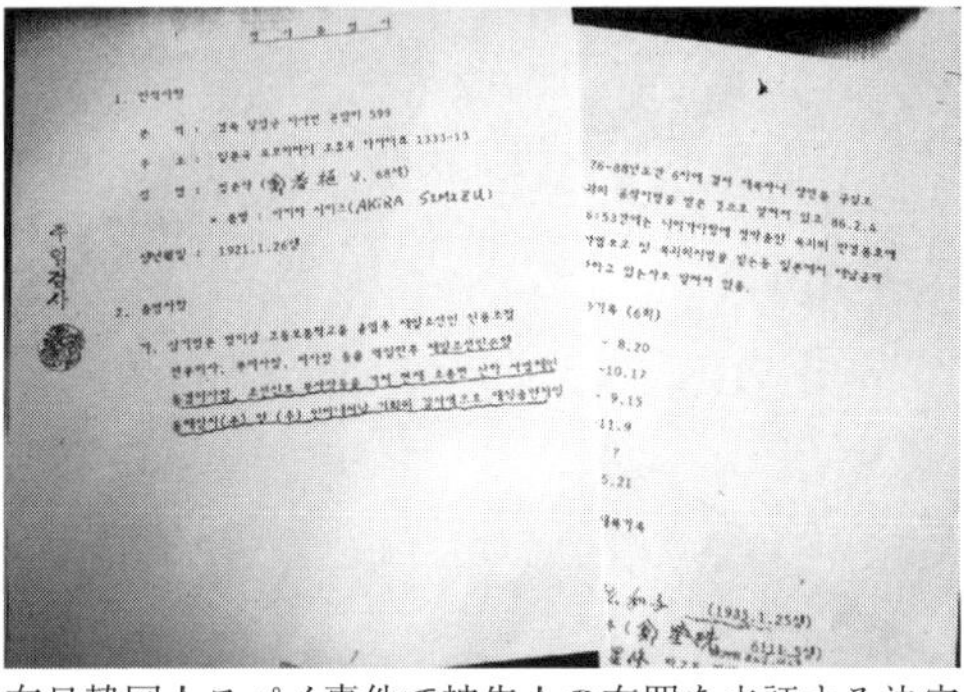

在日韓国人スパイ事件で被告人の有罪を立証する決定的根拠に乱用された領事証明書。作成者は、駐日中央情報部要員だった。

領事証明書がいったいなぜスパイをつくりだす伝家の宝力となり得たのだろうか？　領事証明書は、海外居住の同胞が公館に婚姻や不動産取引関連の書類、銀行残高証明書などの公証を要請すると、領事がそれを確認して発行する文書だ。しかしここでいう領事証明書はそうした一般的な意味の公証書類ではなく、情報機関がスパイ容疑者をでっち上げるために海外公館に関係者の身元を調査してくれと協力要請して受け取った文書だ。この文書を作成した領事は、一般の公務員ではなく中央情報部や安全企画部のような情報機関の出向職員だ。海外に派遣された者に本部から指示がくると、彼らだけの指揮系統や手続きに従って作成されたものなので、正式な外交文書ではなく、公的証書としての法的要件ももち合わせていない。しかし権威主義の時代の法廷では、検察が領事証明書を証拠として提出すると、記載内容の事実関係を確認したり領事証明書の作成者に尋問する手続きなしに、証拠として採択される場合がほとんどであった。

金整司事件も同様だった。金整司の在日工作員として目をつけられた林季成の領事証明書を作成したのは、当時中央情報部所属で東京の韓国大使館に勤務していた鄭という人物だ。一九六一年から一九八三年まで情報機関に勤務した彼は、保安司令部が中央情報部に要請した事案について、「対日事実調査結果通報」に林季成の身元を「韓青同（在日韓国青年同盟）幹部職を歴任している者で、個人的に総連との連携およびそのほか不純団体加入の事実は認められない」と書いた。この調査結果が中央情報部から保安司令部に伝達されたのは一九七七年六月一六日だ。だが、同日「在日大韓民国大使館一等書記官兼領事」という肩書の人物により一九七七年八月二四日付で作成した領事証明書には、前の調査結果とは全く異なる内容が書かれている。

林季成は、一九七〇年四月から不純系列のベトコンの行動団体である旧韓青中央本部宣伝部長に就任以来、同団体の組織部長と東京本部副委員長の要職を兼任しながら韓民統の組織員であると同時に幹部として活動中……反国家団体である朝鮮総連と秘密裏に連携し活動しており、特に北塊に直接往来しながらスパイ活動中の郭東儀《クァクトンイ》らの操縦下で反国家活動を主導し、反国家団体の指導的な位置にある。

この領事証明書は金整司のスパイ容疑が有罪とされる決定的証拠として扱われた。作成者の鄭は、三年ほどのちに軍事クーデターを企てた新軍部が金大中を政治的に排除するために作った「金大中内乱陰謀事件」でも八〇〇ページ余りの韓民統関連の領事証明書を提出した。ところが、真実和解委員会の金整司事件の調査に対する彼の「釈明」は、あまりにお粗末で無責任極まりないものだった。彼は韓民統関連の内容について、みずから直接確認したことはないというのだ。彼は「韓民統が反韓活動をしたことを記憶しているが、韓民統が朝鮮総連の指令によって組織され朝鮮総連から資金をもらって活動しているという事実の具体的証拠は持ち合わせていなかった」と述べた。彼はまた「民団所属の人が反韓運動をするので朝鮮総連より悪いと思い、判決が出る以前から反国家団体と判断していた」と述べ、当時の情報機関が韓民統に対して悪意の先入観をもっていたことが露わになった。

司法府が領事証明書の証拠能力を厳正な物差しで見るようになったのは、二〇〇七年一二月のいわゆる「一心会」事件に対する大法院の宣告からだ。大法院は昔の民主労働党の内部情報などを北朝鮮に渡したという「一心会」事件の判決で、検察が提出した在中国大使館の李領事の領事証明書について、「目的が公的な証明ではなく上司などに対する報告にあるため、厳格な証拠書類を基にして作成されたとはいえず、当然証拠能力がある書類とはいえない」とした。ただし大法院は、「領事が公判に出て証言すれば陳述書の証拠としては認定可能」という趣旨の判断を付け加えた。スパイ事件裁判で伝家の宝力として使われた領事証明書の乱用にブレーキがかかったのだ。二〇一四年の劉宇城《ユウソン》事件の証拠捏造に関連して、国家情報院の幹部と協力者が異例の拘束に至ったのは、領事証明書が以前のように法廷で自動承認されないため、無理をして中国公安機関の文書まで偽造してしまったからだ。だから、裁判所が領事証明書を厳格に審査する以前は、情報機関がいくらでもスパイを作り出せたわけである。

韓民統、「反国家団体」になる

地域で建設会社を経営し財力のあった金整司の父親は一審判決に失望を隠せなかった。母国で司法試験を通り裁判官、検察官になることを密かに期待していた長男が、監獄暮らしになったのだ。父親は野党寄りの弁護士だったから効果がなかったと考え、二審では与党寄りの弁護士に依頼した。一審の担当弁護士は一九五〇年代の進歩党事件の一審で陪席判事を務めた李炳勇《イビョンヨン》だった。李炳勇弁護士は弁論準備のため金整司に接見したとき、「あなたの事件は大したものではないが、出るのは難しいだろう」と言った。二審の弁護を引き受けた金玉峰《キムオクボン》弁護士は、アプローチの姿勢からちがっていた。金玉峰は接見で、「法廷で一言悪かったと言えば、無期刑から懲役一〇年になるだろう」、反省の姿勢を見せろと言った。両親が外で心配しているのに無期刑を受けていいのかと諭した。奇妙なことに二審宣告は金弁護士が言うように懲役一〇年、資格停止一〇年に減刑された。金整司には一〇年の減刑もそれほど嬉しくはなかった。独裁政権はいずれにせよ長続きしないから、無期も懲役一〇年も変わらないと考えていたからだ。しかし彼の判断は甘かった。在日韓国人留学生政治犯事件の関係者のなかで死刑や無期が確定した人は、釈放まで一三年から一九年の長期服役となった。

大法院の宣告は一九七八年六月一三日に出た。すべて棄却だった。一審の宣告は小さくマスコミに取り上げられた金整司事件だったが、最終判決はかなり大きく報道された。夕刊は六月一九日付、朝刊は六月二〇日付社会面で大きく扱った。上告審の判決が出てから数日おいて一斉に報道されたことからして、判決の意味を際立たせようとする公安当局の意図が働いたものと推定される。この上告審の報道でも、柳英数、柳成三兄弟の名前は登場せず、ひたすら金整司事件として扱われた。

韓民統を反国家団体とする最終審の判決を得た情報機関は、日本で維新独裁体制を非難し韓国国内の民主化運動を支持し、金大中、金芝河ら投獄された人士の救出運動に積極的に参加した在日同胞を、すべて潜在的スパイ容疑者として処罰できるようになった。当時、韓国の民主化を支持する連帯運動は韓民統を中心にいくつかの市民団体が連携して展開されたので、情報機関が荒探しさえすればでっち上げから逃れることは難しくなったのである。

早期釈放は父親の巨額の上納のおかげ?

金整司は光州矯導所に移監され一九七九年八月、光復節の特赦で釈放された。光州矯導所では、ジャーナリストだった漢陽大教授の李泳禧《リヨンヒ》をはじめ民青学連事件の柳寅泰《ユインテ》、李康哲《イカンチョル》、金秉坤《キムビョンゴン》ら数多くの政治犯に会い慰められた。一九七七年四月に逮捕されたから、二年四ヵ月ぶりに監獄から出たわけだ。

政府は一九七九年の光復節特赦で成来運《ソンネウン》元延世大学教授ら緊急措置九号違反の収監者五三人が刑執行停止や特別仮釈放で釈放されたと発表したが、なぜか在日韓国人政治犯の釈放や減刑は公開しなかった。在日韓国人の政治犯が一度に多く釈放されたのはこの時が初めてだ。草創期の浦項製鉄所の基本設計をした金鉄佑《キムチョル》・金喆佑《キムチョル》兄弟をはじめ、林清造《イムチョンジョ》、崔昌一《チェチャンイル》、そして11・22事件の崔然淑《チェヨンスク》、梁南国《ヤンナムグク》、柳成三、金整司らが釈放された。

金整司は光州矯導所で金鉄佑博士とともに釈放された。民団ソウル事務所長が車を準備し矯導所の前まで迎えに出た。八・一五特赦で釈放された在日韓国人八人は九月二四日、一次旅券の発給を受け在韓日本大使館にビザを申請した。日本政府の特別在留許可のビザを受けた彼らは、その年の一二月一〇日に日本に戻った。

金整司は在日韓国人留学生政治犯事件の関係者のなかではとても早い時期に特赦に含まれた。確定刑が懲役一〇年で二年四ヵ月で釈放されたのだから、それだけでも運がよい。その背景には父親が日本の政治家に頭を下げて回ったことが大きな力になったようだ。金整司の父親は地域の有力な自民党議員、荒船清十郎に長男の苦境を訴え釈放への助力を懇願した。荒船はさらに自民党派閥のボス、椎名悦三郎に頼み、椎名が朴正熙《パクチョンヒ》に善処を要請したという。朴正熙は「スパイごときに」と相当に厳しい反応だったというのは、金整司が日本に帰ってから家族に聞いた話だ。

中央情報部は在日韓国人の政治犯を釈放するとき、日本の政治家の保証を要求した。総じて自民党議員のなかでも保守的な親韓派が多かった。情報部にとっては「人質」を返して親韓派議員に恩を着せる

「お得な商売」だった。金整司の場合は当時、自民党参議院議員の土屋義彦があいだに立った。一九六五年から埼玉県で参議院議員五期、一九九二年から埼玉県知事を三期歴任した。土屋は一九七九年四月一四日に中央情報部に出向き、保証人の書類に署名したそうだ。土屋は、県知事であった一九九八年二月に金大中大統領就任式に招請されたとき金整司を連れて行ったほど、彼を大事にしたという。

のちに金整司は、父親の建設会社で会計の仕事をしていた姉から衝撃的な話を聞く。父親が長男の釈放のために散財し、会社の金庫が空になったというのだ。資金繰りにはいつも余裕のあった父親が、友人に借金までしたという。客観的に確認できる内容ではないが、父親が当時、中央情報部長に六〇〇〇万円という大金を渡したという話も聞いた。当事者がすべてこの世を去り、もはや確認するすべがない。

金整司は、父親の会社を手伝うために建築デザイン土木分野の専門学校、中央工学院大学二年課程で専門知識を学んだ。一九九〇年三月に父親がこの世を去ると、社長職を引き継ぎ経営する一方で、在日同胞政治犯の名誉回復と賠償推進のため不自由な体

2011年9月ソウル高裁の再審で無罪判決を受けた金整司（右）と柳成三。金整司は亡父の遺影を手にしている。

を引きずって活動している。彼の再審申請を受け入れたソウル高等法院は、二〇一二年九月二三日、拷問による虚偽の自白以外に証拠がないとし無罪を宣告、大法院で二〇一三年五月二二日に無罪判決が確定した。彼は二〇一〇年八月に発足した特定非営利活動法人「在日韓国人良心囚の再審無罪と原状回復を勝ちとる会」の理事長を務めている。

第7章　中央情報部の民団介入

金載圭の義弟、崔世鉉の朝日新聞インタビュー

一九七三年八月に東京のど真ん中で金大中《キムデジュン》拉致事件が発生したとき、日本の公安警察は当初から韓国中央情報部の要員による犯行であるとの心証を抱いていた。公安警察が有力容疑者としてあたりをつけた人物は、当時韓国大使館に一等書記官として勤務していた金東雲《キムドンウン》であった。もちろん、中央情報部所属で日本の公館に出向していた要員である。彼は拉致の実行以前から、常々情報を交換していた公安警察のメンバーに「金大中が日本で騒ぎ立てているので、連れて帰らないといけない」とほのめかしていたという。彼が拉致に加担した犯人の一人だと見なされたのは犯行現場で採取された多くの指紋のなかから彼の指紋が発見されたからである。元来、日本に赴任する外交官は、一般の在留者とはちがって日本の役所で外国人登録をすることはないし、指紋押捺もしないので指紋が残っているはずはない。しかし、金東雲はある新聞社の特派員になりすまして日本に入国したことがあったため、外国人登録の際の

指紋が記録されていた。これが決定的な証拠となったのである。

当時、捜査を指揮した日本の警察上層部では、金東雲の逮捕をめぐって激論になったという。とりあえず身柄を拘束しなくてはメンツが立たないという強硬論から、韓国側をあまり刺激すると大きな外交問題になるから、もう少し状況を見ようという慎重論まで、意見が対立し結論を出せなかった。そのあいだに、金東雲は台湾を経由して韓国に逃げ帰ってしまった。

金東雲が新聞記者になりすまして日本に来たのは、一九六五年の日韓国交正常化以前のことだとみられる。正式な海外公館がまだ開設されないなか、情報収集のため身分を隠し名前を偽ったのである。彼の名前の漢字表記は「金東雲」だ。あえて詮索すれば「東の雲」ということだが、日本の記者たちは、なぜわざわざ孫悟空が乗り回した「觔斗雲《きんとうん》」のようなおかしな名前をつけたのかといぶかしく思ったそうだ。金東雲は本名ではない。本名は金炳賛《キムビョンチャン》である。海外に派遣される中央情報部員は実名を使わないのが普通である。拉致事件当時、駐日韓国大使館の情報関係担当公使は金在権《キムジェグォン》で、日本にいる情報部要員を指揮する責任者だった。彼の本名は金基完《キムギワン》だった。一九五八年二月に釜山発ソウル行き大韓国民航空（KNA）旅客機が北側にハイジャックされたときに乗り合わせ、大領〔大尉〕クラスの空軍政訓監として抑留されたことがあった。広報部企画調整官などをへて駐日公使に任命された。朴政権末期の七九年三月には韓国保険公社社長に起用された。ソン・キム駐韓米国大使の父親である。

日韓のあいだに正式な外交関係が成立し各地に大使館や総領事館が開設されると、情報要員たちは大挙して現地公館に派遣された。情報要員の活動については崔世鉉《チェセヒョン》元駐日公使が明らかにしている。『朝日新聞』は一九八〇年八月一七日に崔世鉉元公使のインタビューを一、三、四面にわたって詳しく報道した。崔世鉉の妻は金載圭《キムジェギュ》の妻と姉妹にあたる〔本書九六頁〕。崔世鉉はもともと情報部員ではなく学者だった。一九五〇年代末に米国に留学して心理学博士を取得し、ニューヨーク市立大学、オハイオ大学、サウスカロライナ大学などで教鞭をとったが、金載圭から心理戦担当の相談役を依頼され七七年九月に帰国したのだった。彼が外交安保院研究委員から駐日公使に転出したのは、七九年二月のことであった。

朴大統領暗殺事件後、東京で不安な日々をすごしていた彼は、七九年一二月初めに東京からドイツのフランクフルトに赴き、現地の米国総領事館でビザ発給を受けると、すぐに米国へ身を隠した。『朝日新聞』が崔世鉉の証言を大々的に扱ったのは、新軍部の軍事法廷に立たされた金大中の命が危ういという判断からだと思われる。「金大中一党内乱陰謀事件」に連座した二四人を七月三一日付で起訴したと、陸軍戒厳普通軍法会議が発表したのが八月一日。初公判は八月一四日に開かれた。崔世鉉インタビューは在米韓国人ジャーナリスト文明子《ムンミョンジャ》の斡旋により朝日新聞と共同インタビューの形式で進められた。もともとは八月一五日付で報道することが合意されていたが、記事が出れば福岡総領事館教育官として働いていた崔世鉉の弟が窮地に追いやられるため、その一家が米国に脱出するまで二日間遅らせた。

崔世鉉はこのインタビューにおいて、韓民統〔韓国民主回復統一促進国民会議日本本部〕議長だった金大中が反国家団体を指導したという容疑について、「金大中や韓国民主回復統一促進国民会議〔韓民統〕と、「北」あるいは朝鮮総連とのつながりという噂を裏づける証拠は何もなかった。自分の先任者たちが長い間かかって調べてもつかめなかった」と述べた。彼はまた、韓民統の幹部である裵東湖《ペドンホ》、金《キム》鍾忠《ジョンチュン》らが北朝鮮に行ったという容疑についても「韓国政府としては往来したか否かは日本政府の情報提供以外に知るすべはない」として、少なくとも自分が知る限り、彼らが北に行ってきたという情報を

官界にも広い情報網

KCIAの在日活動

崔前公使、米で語る

金大中氏は無実

証拠をつかめず

北朝鮮とのつながり

1980年8月、日本国内における中央情報部の活動を暴露した崔世鉉元駐日公使の『朝日新聞』のインタビュー記事

日本政府から提供されたことはないと断言した。

崔世鉉は、そうしたスパイ容疑で収監されている在日韓国人政治犯についても理解を示し、「〔彼らは〕共産党も合法化され朝鮮総連もある、日本という特殊な社会で暮らしている。その点で韓国にいる内国民と同じ扱いをしてはいけない」と語り、総連関係者と政治的ではなく人間的な交際があったとしても、特別なことではないと語っている。彼は毎年の光復節〔独立記念日〕特赦に備えて七九年八月に在日韓国人政治犯数十名の名簿を作り、減刑を上申したという。そして八月一〇日、ソウルに行って待機していたが、一一日の夜に金載圭から電話があり、「朴大統領に名簿を持っていき、直接決裁をもらった。グッドニュースだ」と伝えられた。それは一五名が釈放され、一人が死刑から無期懲役に減刑されるなど、例年より大幅な特赦だった。崔世鉉はその日の夜、東京に戻って政治犯家族に連絡した。崔世鉉がいう釈放者の数は救援運動団体が把握する数字とは異なるが、無期懲役に減刑された死刑囚とは、ほかならぬ李哲《イチョル》だ。崔世鉉は第二弾として、その年のクリスマスや翌年の正月に在日韓国人政治犯が釈放されるよう計画していたが、大統領狙撃事件でうまくいかなかったと明らかにしている。

中央情報部要員、在日韓国人から金銭を巻き上げ

崔世鉉は、日本における中央情報部のカウンターパートは内閣調査室で、官庁、企業、団体などに広範な情報網をもっていると述べている。彼は、日本の政界に対するロビー活動や情報収集と関連して、不健全な部分があることを認めている。崔世鉉の発言のなかで、在日韓国人社会に及ぼす影響に関連する注目すべき部分がある。

「KCIAは東京のほか、大阪、名古屋、福岡、札幌などの各総領事館に要員を配置している。」「具体的活動としては、朝鮮総連の情報収集、民団のコントロールなど、在日朝鮮人・韓国人の動向をつかむことと、（中略）東京におけるさまざまな国際情報の入手等にある。」「KCIA要員が在日韓国人からカネを巻き上げているなど腐敗の実態を知って、金〔載圭〕部長に報告した。」「予算は決して潤沢ではなかった。業務上カネをまく必要があるとして、どこから出すか。どこかをしぼらないと出てこない。」「日本の官庁、報道機関を含む民間企業・団体などや朝鮮総連、韓民統など、ありとあらゆるところに情報提供者がいる。しかし、そうした情報は断片的なことが多く、不正確だった。やはり公開情報が一番正確だった。情報提供者も人間だからカネなどの弱みがあることもある。KCIAは

あまりにも悪名高くなってしまった。だが、その活動ぶりは実際より誇張されていると思う。」

崔世鉉はもちろん、ただのいわゆる情報屋ではない。学者出身であるうえ、朴正煕を殺害した金載圭と人的つながりがあり、米国に亡命したくらいだから、中央情報部要員のあり方に否定的な偏見をもっていたとしても不思議ではない。だが、情報要員として名をはせた人物の回想からも崔世鉉の証言を裏付けることができる。趙一済《チョイルチェ》という人物だ。

一九七〇年代半ば、大阪総領事として在職中に総連系同胞の母国訪問事業を強引に推し進めた趙一済は、防諜隊の文官を務めたあと5・16クーデター後に中央情報部に移り、三局長（政治担当）、保安次長補を歴任した。組織力で総連より劣勢だった民団が主導権を奪い返すにあたっては、母国訪問事業が決定的な契機となった。趙一済は当時の中央情報部指導部の事前決裁を受けずに、大阪総領事就任に際して自分の抱負を明らかにした。そのため、上部と相談せずに勝手なことをしたとして、一時は彼を逮捕しろという指示が出たこともあったという。駐日情報担当公使としての勤務を終え維新政友会所属の国会議員などを歴任した彼は、二〇一二年に回顧録『歴史の前で』を出した。

この本には彼が七四年一一月末、東京の名目上の領事担当公使として派遣され、数ヵ月すごしたのち大阪総領事へ転出したときの逸話が出てくる。彼が新幹線に乗って大阪駅に到着すると、総領事館の情報担当領事金権萬《キムグォンマン》が迎えに来ていた。趙一済は金権萬に「きみ、このところ変わったことはなかったかね」と嬉しそうに挨拶したが、このことが在日韓国人社会で話題になったというのだ。趙一済の記述によれば、当時大阪の在日社会において、金領事は飛ぶ鳥を落とす勢いだったが、新たに赴任した総領事がその彼にぞんざいな口調で挨拶をするのを見た同胞たちが驚いたという。そのため、新しい総領事は恐ろしい人物だという噂があっという間に在日社会に広まった。当時の慣行であったのか、同胞の後援会が趙一済の住居の家賃を負担し、自家用車も買ってやったという。金権萬は、七三年の金大中拉致事件に関与した中央情報部員の名簿に金基寿《キムギド》という名前で出てくる。彼はのちに福岡総領事、札幌総領事を歴任した。

趙一済は自分が一九二八年八月に大阪で生まれ解放後に帰国したので、在日韓国人問題に深い関心をもっていたと述べている。中央情報部保安次長補として勤務したときは、情報機関員が在日同胞のスパイ検挙数を競い合って弊害が生じ、各機関に自重を求めたと言及している。以下のとおりである。

彼ら（中央情報部・国軍保安司令部・警察）はそれぞれ実績をあげるためスパイなどの保安事犯検挙に必死になっていた。しかし、北から送られてきたスパイを見つけだすのは思いのほか簡単ではなく、そのうちに実績をあげるために手っ取り早い相手として朝鮮総連系の在日同胞に目をつけるようになった。こうして、金浦空港のあたりは常々機関員がたむろする場所になった。そのため、時として善良な在日同胞が被害をこうむることもあったので、私は各機関に自重を促すこともあった。（中略）

当時は笑えない事件が多かった。治安本部でスパイを捕まえたというニュースが報じられると保安司令部が大騒ぎになり、保安司令部がスパイを捕まえたと言えば中央情報部が大騒ぎするというように、機関同士の競争が熾烈に展開されていた頃だった。

日韓の外交関係正常化以降、日本各地の公館に配属された情報部要員は在日同胞の動向の把握に乗り出した。これは在日社会に三八度線を引くものだった。日韓条約締結以前、在日同胞の外国人登録証の国籍欄には「朝鮮」と記載されていた。それは南北のいずれかをさす言葉ではなく、単に朝鮮半島出身者を意味した。韓国政府は、日本における永住権を取得するには国籍を「韓国」にするよう誘導し、南の政府に忠誠を誓うよう強要していった。こうした過程で情報部要員は、おのずと同胞社会の実力者として君臨した。民団幹部や事業をする商工人は情報部要員の顔色をうかがい、接待に神経を使わざるをえなかった。彼らに目をつけられるようなことをすれば、どのような報復が待っているかわからなかったからだ。民団はそれぞれのレベルで選挙により執行部を選出するが、反対派候補が出ないように情報部要員を利用することも少なくなかった。ひどい場合には、相手候補が総連側の人と秘密接触をしたとか、家族のなかに北朝鮮に行った人がいるという具合に密告してスパイ容疑を着せることさえあった。

権逸はいいが金載華はダメ

中央情報部の韓民統弾圧は、一九八〇年の金大中死刑判決で頂点に達し、個別的工作へとエスカレートした。しかし、中央情報部の民団介入のもとをたどれば韓民統の結成以前にさかのぼる。一九六七年六月八日の韓国総選挙の直前に、民団の金載華《キムジェファ》前団長が電撃的に拘束された事件も、こうした文脈で理解できるだろう。総選挙をわずか一週間後に控え、中央情報部要員が第一野党である新民党本部を強制捜査するという暴挙を行なった。

ソウル地検公安部は六月一日、新民党全国区（比例代表）候補に立候補しながら前日に辞退した金載華を突然、国家保安法・反共法・外為管理法および国会議員選挙法違反容疑で拘束した。中央情報部の要員は、捜査令状を受け取ったその日に新民党首執務室などを捜索し、経理帳簿を押収した。二日にはさらに奇怪なことが起こった。新民党のメインバンクである商業銀行斉洞支店が、理由も明らかにせずに新民党の預金引出を拒否したのである。選挙を目前にして、野党の選挙経費支出が不可能になったわけだ。激怒した新民党の兪鎮午《ユジノ》党首は同日、不法不当な選挙介入を止めなければ重大措置をとるつもりであり、徹底した闘争も辞さないという内容の声明を発表した。

金載華氏を全国区候補として受け入れたのは六〇万人の在日同胞の権益保護のための措置であり金氏が党に献納した資金の一部が不純な資金だというのは、氏のこれまでの経歴に照らしてみるとき、納得がいかない。

今回の事態は、共和党が在日同胞代表として権逸《クォンイル》氏を全国区候補に内定しておきながら最終的に候補に立てなかったのに対し、新民党が金氏を候補に決定したことが在日同胞の共和党への反発や新民党に対する支持につながることを恐れてとられた、稚拙な対応にほかならない。

中央情報部はこの事件に名を借りて、選挙終盤にさしかかったこの重要な時期に、党の経理帳簿すべての調査を行なったうえ、党の重鎮に対して夜間に召喚、尋問まで行なうなど、権力を乱用した選挙妨害だと断定せざるをえない。

金炯旭《キムヒョンウク》中央情報部長は、野党党首の声明などお構いなしに、二日には選挙運動のため温陽にいた朴正熙大統領に捜査状況の報告をしに行った。朴正熙は「反共法に抵触するのだから選挙への政治的影響は気にせず法に従って処理せよ」と指示した。朴正熙に激励された金炯旭部長は、翌日中央情報部のブリーフィング室で記者会見を行ない、「朝鮮総連の資金が不法に流入したことによる国会浸透事件である」と断定した。中央情報部は五日にようやく預金凍結措置を解除すると発表した。

5・16クーデター反対声明を主導した金載華

在日韓国人である金載華と権逸はどのような人物であり、なぜ本国の政治問題に巻き込まれたのか。民団草創期の代表的指導者である金載華から見ていこう。金載華は一九〇四年に慶尚南道密陽で生まれ、植民地時代に大邱のカトリック神学校を中退し、日本に渡った。彼は一九五〇年代に七回連続で民団の団長に選出された。自由党政権の時代には本国の国会にオブザーバーとして出席し、演説をしたこともあった。彼は民団団長であった五三年一〇月、東京韓国学園設立委員会を設け、翌年四月に東京韓国学園が開設されたときには初代理事長を務めた。

金載華は六七年の総選挙を前に、韓国の政界に進出するため野党である新民党に接触した。新民党は候補者登録最終日の五月一五日の締め切り直前に、全国区候補者三一人の名簿を選挙管理委員会に登録した。野党の元老である朴順天《パクスンチョン》、金度演《キムドヨン》、鄭海永《チョンヘヨン》、高興門《コフンムン》、李載瀅《イジェヒョン》らが上位を占め、金在華も当選安全圏の一〇位に登録された。全国区公認は選挙資金調達に苦労する野党が選挙運動用の「実弾」を確保する窓口として使われるのが通例であった。

中央情報部は民団指導部が野党に公然とつながるのを許してはおかなかった。金載華は権力に従順な人ではなかった。自由党政権末期、李承晩政権と自由党に反対する民団声明の発表を主導したこともある。民団団長だった一九五九年一〇月一六日に声明を発表して、この一〇年間、本国政府に資金援助を要請したが何の成果もなく、「もはや自由党と現政権を信任、支持することはできない」と訴えた。声明はまた、民団は在日韓国人の「北送反対」闘争を継続し、在日韓国人の生活保障のためのより多くの予算支出を日本政府に要求するとした。この声明は本国政府に大きな波紋を投げかけ、公報室は言論機関に対して民団声明を記事にしないように圧力をかけた。

民団団長退任後、顧問となった金載華は、六一年の5・16クーデターに対して民団執行部が支持声明を出すと、一〇月に「民団正常化有志懇談会」結成に加わり、クーデター反対の立場を明らかにした。中央情報部は、金載華が裵東湖《ペドンホ》ら懇談会系の人びとを通じて得た選挙資金を総連系から出た工作資金だと決めつけた。拘束起訴された金載華に対し、検察公安部は懲役七年、資格停止七年を求刑し、一審の李漢東《イハンドン》判事は六七年一一月二〇日、公訴内容をそのまま認めて懲役一年六ヵ月、資格停止一年六ヵ月を宣告した。金載華は翌年一月、病気により保釈となり、控訴審判決は六九年一二月に下された。二審の裁判部は国家保安法と反共法違反の容疑について無罪とし、外為管理法違反については宣告猶予のみ宣告、追徴金を科した。大法院は七〇年八月、検察の上告を棄却し、原審が確定した。

　金被告人が国会議員立候補のため、在日居留民団有志懇談会会員二〇余名から日本円三一〇〇万円余りの募金を受けた事実が認定されるが、この資金の提供者が総連系の指令を受けたり内通したりすることで偽装支出を行ない、金被告人がそのことを知っていたという証拠はない。共産主義活動が合法化されている日本という特殊環境において、「新春対談」に際して北傀〔北朝鮮〕の平和統一攻勢に対抗し、素朴な民主主義に立脚した平和統一論を展開したことは認定されるが、そうした発言をしたことのみをもって反国家団体の利益になるということを知りつつ賛同したとか、反国家団体の活動を讃揚、同調したと見ることはできないので、国家保安法、反共法違反部分に対して無罪と判断した原審判決に誤りはない。

一九六七年の6・8総選挙を前に、中央情報部が第一野党の立候補者に国家保安法・反共法を適用して拘束し、野党本部を捜索、銀行預金の引出まで凍結する暴挙をほしいままにした金載華事件は、三年余りの裁判の末、竜頭蛇尾に終わった。しかし、無理な容共でっち上げ事件により野党を弾圧し公正な選挙を踏みにじった行為に対して、中央情報部が責任をとったり謝罪したりすることはまったくなかった。

満州国裁判官出身の権逸、5・16クーデターを支持

民主共和党（以下、共和党）が在日韓国人代表として全国区候補に内定していたとされる権逸《クオンイル》とはいかなる人物だろうか。彼は一九一一年に慶尚北道醴泉《イエチョン》で生まれ、日本の明治大学法学部を卒業した。本名は権赫周《クオンヒョクチュ》だが、解放後、自分の親日の経歴を隠すために改名した可能性が高い。彼は三七年の大学在学中に日本の高等文官試験司法科に合格、傀儡満州国の裁判官として赴任した。満州国の高級官吏養成機関である大同学院を卒業し、延吉や錦州などで判事として勤務していたが、四三年末日本へ戻り、一心会など親日団体で活動するようになった。

権逸は解放後、帰国せず日本に残って民団幹部を歴任した。彼が初めて民団団長に選出されたのは、奇しくも六一年五月一六日であった。権逸新執行部は、即日「軍事革命」支持声明を出した。金載華が民団有力者と共にクーデター反対の立場を明らかにしたのと比べれば、そのちがいは明確だ。権逸は同年六月二一日、クーデター勢力の招きで華麗な帰国を果した。彼は二日後に外務部で記者会見を行ない、「民団同胞たちは民主救国運動である5・16軍事革命を全面的に支持する」とし、「革命政府の要人に会い、在日居留民政策を根本的に刷新するよう建議したい」と抱負を語った。

権逸は満州国で官僚や軍人であったクーデター勢力の実力者たちと旧知の関係であった。軍事政権のバックアップを受けた権逸は六七年半ばまで一年を除いて民団団長のポストを守った。六三年五月に民団大会では監察委員長出身の金今石《キムグムソク》が団長に選出されたが、権逸は六四年七月の大会で二年任期の団長に返り咲き、六六年六月の大会でも再選に成功した。

朴正熙政権は大統領選挙と総選挙がある六七年を迎え、在日同胞社会の支持を得るため全国区の国会議員一名を民団に配分することを決めた。誰よりもいち早く動いたのが権逸だった。第六代大統領選挙を五月三日に行なうという告示が出た三月二四日、与党共和党は大統領選挙中央対策委員会を設置した。翌日、共和党総裁である朴正熙は大統領選挙中央対策委員会特別顧問七名と顧問二七名に任命状を付与した。白斗鎮《ペクトゥジン》、尹致暎《ユンチヨン》、李甲成《イカプソン》、任栄信《イムヨンシン》、崔斗善《チェドゥソン》らが特別顧問になった。

権逸は顧問になり、金鍾泌、李丁錫《イジョンソク》、李道先《イドソン》、姜文奉《カンムンボン》らと共に特別遊説班に入った。大統領選挙が終わると彼はさらに奔走し、民団の現職団長でありながら共和党本部にしげしげと出入りし、全国区の議席配分の動向を探って回った。中央選管の候補者登録を前に、権逸は全国候補に決まったとか有力だなどとしばしば報道されたが、発表された共和党全国区候補者の名簿になぜか彼の名前はなかった。それでも彼は総選挙で同じ遊説班に配置された李孝祥《イヒョサン》、安浩相《アンホサン》ら重鎮とともに選挙運動にまい進した。

権逸が韓国に長く滞在して本国の政治にあまりに深く介入したことから、在日韓国人社会では非難の声があがった。民団の臨時大会が開かれ権逸を団長から解任すべきだという主張が提起され、六七年六月一三日の大会で李裕天《イユチョン》監察委員長が後任の団長に選出された。民団団長が政治に関与しすぎるのは不適切であり、こうしたことは絶対になくすべきだという意見が続出すると、李裕天は権逸の共和党入党は個人の資格で行なったことだと弁明、混乱を収拾した。

金載華と権逸の本国政治への関与は、一九七一年の第八代総選挙においても対照的であった。民団内非主流派指導者の金載華は、五月二五日の総選挙を前に野党である新民党で活動を再開した。同年二月に発表された新民党の指導委員四一人のなかに金載華が入っており、総選挙に向け全国区一五位の候補者として登録された。四月の大統領選挙で大統領候補として善戦した金大中が全国区二位にリストアップされた。党首の柳珍山《ユジンサン》は自分を筆頭にあげようとしたが、党内の強い反発を招いた。権逸は共和党の全国区候補一八位で公認を得て初めて国会議員のバッジをつけた。ようやく本国の国会に進出した金載華の在任期間は短いものとなった。朴政権が七二年一〇月に維新クーデターを強行したときに国会を解散させてしまったのである。金載華はすぐに日本に戻ったが、権逸は維新政友会所属議員として七九年まで国会議員の地位を守ることになる。

一方、共和党議員でありながらスパイ容疑で逮捕され死刑を執行された金圭南《キムギュナム》が国会に進出したのは六七年の第七代総選挙だった。東京大学で博士号をとった金圭南は共和党全国区の二〇位にランクされた。ところが、彼は六九年五月、ヨーロッパと日本を拠点とする北朝鮮スパイ団事件で逮捕され、死刑確定後、七二年七月一三日に執行された。南北朝鮮が自主、平和、大同団結の三大原則への合意を表明した7・4共同声明の直後のことだった。

朴正煕の信頼を失い米国に逃避した金炯旭前中央情報部長は、七七年七月四日付の『朝日新聞』トップを飾ったインタビューで、金圭南の検挙は日本の警察からの情報によるものだと明らかにした。金炯旭は、六五年の日韓条約締結当時、中央情報部の駐日責任者李相翊《イサンイク》（のちに中央情報部次長、国会議員）が警察庁と交渉し、中央情報部と警察庁のあいだで情報交換などの秘密協定を結んだことを暴露した。金炯旭の暴露を日本の警察は強く否定した。

金圭南は処刑されて四一年たってソウル高等法院の再審公判で無罪を宣告された。裁判部は二〇一三年一〇月八日、令状もなく逮捕し、拷問と脅迫によって引き出した任意性のない陳述を有罪の証拠とすることはできないと主張、遺族に謝罪と慰藉の意を伝えた。

「不純分子」か、「民団の良心」か

民団中央本部のホームページには民団の歴史を簡略に伝える「民団の主な年譜」というコーナーがある。一九七〇年代初めの頃には、以下のような行事や事件が記されている。

一九七一年一月一六日　永住権申請締切（日本当局、申請者三五万九二二人と推定）

一九七一年三月二五日　民団定期中央大会、不純分子の乱暴で混乱。以降、朝総連フラクションによる民団破壊策動強まる。

一九七一年九月二〇日　札幌冬季五輪在日韓国人後援会が発足

一九七二年四月二八日　反民団不純分子、民団中央本部に乱入、三機関長を監禁・暴行

民団定期大会において乱暴を働き団長ら執行部に暴行を加えたという「不純分子」とは誰のことなのか。彼らの行為は本当に乱暴狼藉であり、総連につながる民団破壊活動であったのか。「不純分子」と烙印を押されたのは金載華、裵東湖、鄭在俊《チョンジェジュン》らであった。民団草創期から民団に関わり長く幹部を務めた彼らの主張を聞くと、話はまったくちがってくる。「不純分子」が当初結集したのは「民団正常化有志懇談会」である。権逸執行部が5・16クーデターを支持する声明を出し軍事政権と密着した動きを見せると、これを批判する人びとが有志懇談会に集まった。彼らは自分たちが在日韓国人社会の「民族良心派」と自負していた。

彼らは、権逸指導部を本国の軍事政権に盲従する「質の悪い人びと」の集団と見ていた。権逸に対する評価もとてもよくなかった。民団東京本部団長を務め韓民統結成にも主導的役割を果たした鄭在俊は、二〇〇六年に『金大中救出運動小史』という回顧録のような本を出版した。彼はこの本の中で権逸を「祖国の独立・解放を目指して活動する人々を捕まえ刑罰を加える日帝の走狗」「民族反逆罪に該当する人物」であり「解放後も日本官憲と親しく内通し、朴正熙政権の忠実な下僕であった」と書いている。

民団東京本部団長選挙における情報部の妨害工作

権逸の親日行為を厳しく糾弾した鄭在俊は総連のスパイなのだろうか。彼の回顧録に述べられた歩みを見れば、左派と呼ばれるような点はかけらさえない。一九一七年八月に慶尚北道慶山に生まれた彼にとって、幼い頃の記憶といえばひとえに貧しさであった。彼が五歳のときに父親は仕事のために日本へ行ってしまった。夫のいないあいだ、女手一つで生計を立てた母親は二五年九月に三人の子どもたちを連れて夫を探しに旅立った。慶山駅から山梨県の日野春駅までの切符を買った。日本語が全然わからない母の唯一の手がかりは一枚のメモだった。面事務所に勤務していた親戚が「この人たちは、下関駅から名古屋まで行き、名古屋駅で中央線に乗り換えて日野春駅で下車する者です。ご案内よろしくお願いします」と紙に書いてくれたのだった。汽車と船を乗り継ぎ田舎の駅に到着すると、待合室で父が待っていた。

鄭在俊の日本での生活は、発電所の工事現場で働く父の配下の労働者と共に暮らすことから始まった。彼は尋常小学校を卒業し、建設工事の下請けをする父を助けていたが、勉学への思いが断ち切れず家を出て東京で新聞配達を始めた。当時は新聞販売所が労働力確保のために青少年を住み込みで働かせ、若干の手当を与えていた。日本が対外侵略を本格化させるなか、新聞社の販売競争はますます熾烈さを増した。戦争勝利などを伝える号外が発行されると配達する少年たちには手当が増えた。鄭在俊は朝刊・夕刊を配達しながら、昼間は学校に通い勉強することができた。五年制の自由が丘中学校を卒業したあと、大学に行きたかったが六人もの弟妹を助けるため進学を放棄し、父の土木事業に本格的に携わることにした。戦争の機運が高まると日本国内の軍関係土木工事は急増した。鄭在俊と父は工事の下請、孫請で岐阜県、愛知県、宮崎県などを転々としながら飛行場の滑走路建設などに従事した。

日本の敗戦後、彼は東京に旭土木株式会社を起こし不動産業にも手を染めた。建設現場でやくざや暴力団と衝突することがあったが、そうした方面に顔が利く人とも縁を結び事業家としての基盤を築いた。彼は民団の活動にも参加し、東京の渋谷支部結成に中心的役割を果たした。渋谷支部は東京の支部のなかでも一番早い一九四八年九月に結成された。彼は日本の都市銀行の貸し渋りで資金難に苦しむ在日韓国人を助けるため、同胞の商工人を集め民団系信用組合の設立の先頭に立った。東京商銀信用組合はそうした経緯から誕生した。

在日韓国人社会で信望を集めた鄭在俊は、六八年五月に民団東京本部団長選挙に出馬した。想像すらしていなかったが、この出馬が彼の人生を大きく変えてしまう結果となった。民団正常化有志懇談会は権逸のような人びとが民団中央を握っている限り、民団の将来に希望はないと考え、地方本部から正常化を進める方針を固めた。出馬要請を受けた鄭在俊は、自分は大衆の前に出るような人間ではないと悩んだが、結局立候補し圧倒的支持を得て当選した。二年の任期がすぎ、次の東京本部団長選挙が七〇年四月一〇日に迫ってきた。鄭在俊が再選出馬を決意したのは、三月一五日に始まる大阪での万国博覧会の韓国館建設支援運動と本国家族招請運動がまだ継続中だったことと、当時の民団中央本部議長団や監察機関のなかに自分が尊敬できる人が一人もいなかったからだとしている。民団中央本部は彼を落選させようと対抗馬を出した。彼は当時の選挙を「中央本部を丸ごと敵陣営に回して戦う」ことだったとして、次のように回想している。

過去二年間の経過報告の後、選挙投票に移ったが、会場には異様な雰囲気が漂っていた。有権者は一人ずつ壇上に上がり、投票用紙をもらってテーブルの上の筆記用具で支持する候補の名前を記入し投票箱に入れるのだが、なんと、そのテーブルのそばに、韓国大使館から来賓として参席したはずの許亨淳《ホヒョンスン》、洪性采《ホンソンチェ》、白哲《ペクチョル》参事（いずれもＫＣＩＡ要員）らが座ったまま席を離れず、壇上から降りようとしないのだ。彼らは投票するため壇上に上がる有権者の一人ひとりの顔をにらみ、筆記する筆先の動きを見守っている。こんな投票の情景を前にして、座っている有権者の中から抗議の声を上げる者は一人もいなかった。それほど、あのころのＫＣＩＡは本国の国民にとっても在日韓国人にとっても、怖い存在であった。私は公正な投票は無理だと思い、結果に対する期待を一切持たないことにした。ところが結果は予想外であった。開票の結果、私は九九票対三六票という圧倒的に多数の支持を得て再選されたのだ。

裵東湖録音事件

一九七一年は、韓国で4・27大統領選挙と5・25総選挙が行なわれた年であった。民団でも選挙運動が盛んに行なわれた。この年の三月二五日、定期大会で中央本部団長以下役員を改選する予定だった。民団の主流派と反主流派は再び激突態勢に入った。主流派は引き続き李禧元《イヒウォン》団長の続投を狙い、有志懇談会側は京都本部団長を務めた兪錫濬《ユソクチュン》を擁立した。

民団定期大会を一〇日後に控え、三月一五日に開かれた中央委員会で奇妙なことが起こった。来賓として出席した金基完公使（当時は金在権という名前を使っていた）が祝辞のなかで爆弾発言をしたのである。その第一は、ある有力候補の重要な参謀にあたる人物が重大な反国家行為を犯したということ。第二は、その人物が総連の最高幹部と帝国ホテルで密会し韓国政府を転覆させる計画を立てたが、その内容を録音したテープを大使館が持っていること。第三に、今そのテープを公開してもいいが選挙干渉という非難を受けるので、選挙後ならいつどこで誰にでも公開するというものであった。

出席した中央委員たちは、中央情報部から来た公使が口にした「ある人物」が誰であるか、すぐに悟った。金基完公使は兪錫濬が団長選挙に立候補を表明した直後から非公式の席で裵東湖を問題にしていた。もともと中央委員会のような民団の主要行事には大使が出席するのが慣例になっていた。大統領府秘書室長を務めた李厚洛《イフラク》が七〇年二月に駐日大使として赴任したが、その年の年末に中央情報部長に抜擢され、後任大使は内務部・法務部長官を務めた李澔《イホ》だった。大使がいるというのに、情報担当公使が出席して意図的に混乱を生み出したのである。

裵東湖は、前出の共同通信の「朝鮮記者」村岡博人が一九五八年に曺奉岩《チョボンアム》救命運動の会合で会ったことのある人物だった〔本書七一頁〕。慶尚南道晋州出身で五一年から金載華団長のもとで民団民生局長、事務総長、副団長を歴任した。権逸体制になってからは民団正常化有志懇談会の創立を主導し、六三年五月の民団大会で金今石が団長に選出されたときに中央総本部議長となった。韓国の新聞によれば、同年一二月二一日に、金今石団長と裵東湖議長が民団幹部五人を韓国国会のオブザーバーとして承認するよう李孝祥韓国国会議長に要求している。民団は自由党、民主党政権時代には、在日韓国人の意思を代弁するという名目で六人のオブザーバーを韓国国会に派遣していたが、その制度の復活を求めるものであった。二人は訪韓して李議長を訪ねたはずだが、記事には入国の有無がはっきり書かれていない。

裵東湖は以前から韓国の公安機関がマークしていた人物であった。六七年の6・8総選挙を前に新民党全国区候補となった金載華を拘束した中央情報部が、日本で民団有志から選挙資金を集めた中心人物と目したのが裵東湖にほかならなかった。公安機関は、彼が日本へ密航する以前、南朝鮮労働党の活動をしていたという「容疑」を意図的に公表した。金基完公使が七一年三月に裵東湖を「反国家的言動」をした危険人物としたとき、彼は日本で韓国についての日刊紙『韓国通信』を発行していた。

金基完は三月二五日の民団大会でも、来賓祝辞を通じ北朝鮮の対南赤化工作への警戒心を強調して、似たような趣旨の発言をした。開票の結果、僅差で主流派の李禧元団長が当選した。選挙で優勢だと見ていた兪錫濬陣営は、この落選に落胆した。彼らは三月一五日の金基完公使の録音テープ発言が選挙に大きな影響を与えたとして、録音テープ公開を要求する声明を発表した。彼らは民団監察委員会の責任のもと、民団内の公式の席上でテープを公開するよう求めたのである。

金基完はこれに対し、「国家安全保障上、一部の人にだけ公開するように場を設定しなくてはいけない」と前言を翻し、大使館で民団幹部と兪錫濬側代表、「問題の人物」本人と留学生を立ち会わせて公開したいという計画を明らかにした。「問題の人物」とは裵東湖であり、留学生とは裵東湖の「問題発言」を録音したという李東一《イドンイル》なる正体不明の人物であった。

金基完は、五月一二日に大使館にある自分の執務室に李禧元団長、張聡明《チャンチョンミョン》中央議長、兪錫濬、鄭在俊東京本部団長ら八人を呼んで、テーブルの上に置かれたテープがまさしく問題のテープだと主張した。だが、裵東湖が出席せず、金基完は「国家機密」という理由で目の前にある録音テープを聞かせることはできないと言った。彼は別の部屋で待機中だった李東一という人物を部屋に入れ、裵東湖と交わした会話の内容を語るよう指示して、それを録音した。そうして、その場で録音したテープが裵東湖の反国家的言動を録音したテープと内容が同じなので、これを民団執行部に渡して広く活用してほしいと語った。李東一はその日、裵東湖の発言は、「南韓に階級のない社会を建設しなければならず、米軍は撤収しなければならない」「与野党ともに政党を信じることはできないので第二の4・19〔学生革命〕を起こさなければならない」などの扇動的な内容のものだったと主張した。

兪錫濬候補側は、問題のテープが最初からありもしないもので、情報部が言うことをきく候補を当選させるために仕組んだ工作だと断定した。李東一の正体についても双方の主張は対立した。金基完は、李東一が来た席で「4・19革命のときに学生として活躍し金大中氏とも近い人、現在は留学中だ」と紹介したという。一方裵東湖は、訪米する前に東京に立ち寄った金大中に、彼の選挙担当秘書を自称する李東一の仲介で七一年一月下旬に帝国ホテルで会って何度か選挙情勢などについて話したが、反国家的発言をしたことはないと否定した。裵東湖は、李東一が外交官旅券で日本に入国し、問題が大きくなると行方をくらましたことから、情報部員であることは間違いないと主張した。民団正常化有志懇談会側の人びとは、金基完公使が問題のテープを公表すると言いながら約束を守らなかったので、五月一五日に「民団自主守護委員会」を発足させた。民団執行部の本国との癒着や情報部員の過剰な干渉に不満を持った人びとが大挙参加した。

郵便で送付された中央情報部の出頭要求書

録音テープの存在をめぐって情報部出身公使と民団非主流派の攻防が続くなか、六月八日、裵東湖に大韓民国中央情報部を発信者とする国際郵便が配達された。その中には「中央情報部五局捜査団」名の出頭要求書が入っていた。「反共法違反被疑事件に関し貴殿の陳述を聴取するため、一九七一年六月一五日午前九時三〇分、本捜査団へ印鑑と出頭要求書を持って出頭することを望む」と書かれていた。問い合わせの電話番号など連絡先は記されていなかった。

危険を感じた裵東湖は指定された出頭期日の前日である六月一四日、駐日韓国大使館に対して中央情報部に出頭しない旨を内容証明郵便で送った。そして翌日、著名な弁護士であり民法学者である戒能通孝《かいのうみちたか》を伴って記者会見を行ない、日本政府に身辺保護を要請した。彼は録音テープ問題の経緯を詳細に説明し、出頭要求が不当であると非難した。

裵東湖が記者会見を通じて「反国家的言動」をしたことはないと全面的に否定すると、韓国のマスコミも録音事件を初めて大きく報道した。だが、韓国の報道は裵東湖が記者会見で発言した内容よりも、駐日韓国大使館の主張が中心だった。『東亜日報』六月一六日付社会面のタイトルは「本国出頭令拒否、反共法違反容疑の在日同胞裵氏、日本政府に身辺保護要請」となっており、『京郷新聞』は「本国召還令に応じず、脱線発言の在日同胞裵東湖」だった。韓国の新聞は、金基完公使と思われる「大使館高位消息通」などの話として、裵東湖が日本に密航する前の本名は崔在術《チェジェスル》で南朝鮮労働党中央委員として活動していたと報道した。

それに対し、日本の新聞は裵東湖の発言を主として紹介し、強制召喚される場合は法務省が保護措置をとると報じた。記事のタイトルも強調点がまったく違っていた。

「反共法で召喚状、在日韓国人保護訴え、出頭拒否の通信社社長、法務省も緊急措置」（読売新聞）
「野党支持韓国通信社社長に本国から召喚状、反共法に抵触すれば法務省は保護」（毎日新聞）
「金大中候補を支持した在日韓国人に「反国家」容疑で召喚状」（日本経済新聞）
「在日韓国人に召喚状、中央情報部「反国家的言動あった」、でっち上げと出頭拒否」（朝日新聞）

裵東湖の反論が一部の新聞に広く報じられると、民団中央本部執行部は六月一六日、即座に執行委員会を開き、前日の記者会見が「反国家的、反民団的利敵行為と断定する」と決議し、中央監察委員会に裵東湖の早期処分を促した。李禧元団長ら民団執行部は東京駐在の情報部員から裵東湖を即刻除名するよう圧力をかけられたが、大義名分がないのでためらっていた。

民団中央本部、東京本部接収へ

中央情報部の絶対的命令を受けた民団中央本部執行部と「自主派」との対立は拡大の一途をたどった。民団自主守護委員会は六月一八日、民団中央本部執行部の裵東湖除名の動きに対抗して「録音問題真相報告大会」を開催した。民団東京本部をはじめとした一部地方本部と韓青同、韓学同などが集まり、録音事件真相の迅速な公開と民団規約に基づく対応を求め、捏造がはっきりした場合には徹底した真相究明を行なうよう要求した。

民団執行部は自主派の中心である東京本部に攻撃を加えてきた。民団執行部は七月五日、東京本部を直轄管理すると通告した。真相報告大会に鄭在俊団長をはじめ東京本部のメンバーが大挙参加し、東京本部の機関紙『民団東京』が裵東湖の記者会見に関連して「情報恐怖政治、在日同胞にも」というタイトルの「歪曲記事」を載せたという理由だった。中央本部監察委員会は七月九日、裵東湖の除名処分を決定した。裵東湖が記者会見を通じて「召喚の事実を日本のマスコミに発表して国家および民団の威信を傷つけ、民団組織への破壊行為を行なった」という理由だった。

事態はますます悪化した。情報機関の民団介入に抗議する韓青同の青年が領事館職員に殴られる事件が神戸領事館で発生した。七月一四日には大阪の民団団員五一人が、「民団東京本部と総連が民団中央本部を乗っ取ろうとしている」という李禧元団長の知らせを聞きバス二台に分乗して上京した。有志懇談会側は、このなかの相当数が暴力団員で、領事館の情報部員から小遣いをもらって行動していると主張した。中央本部監察委員会は裵東湖除名に続いて七月一五日、東京本部の鄭在俊団長と閔泳相《ミンヨンサン》議長に三年の権利停止処分を決定した。

八月二日、民団中央本部が東京本部の建物を接収しようと実力行使を図ったために、警視庁所属の機動隊が出動する事態になった。李禧元団長が朝、本部職員三〇人を伴って東京本部に現われ事務室を接収したが、韓青同の青年たちがその日の夜に実力で奪還した。民団中央の東京本部直轄決定は、日本の司法の手を煩わせることになった。東京本部が東京地裁に提起した「占有妨害禁止仮処分」申請が認められた。裁判所は東京本部に軍配を上げたのである。

民団の混乱が収集される気配が見えないなか、自主派への弾圧は本格化した。改憲を通じて三選に成功した朴正熙の第七代大統領就任式が七月一日にあったが、それまで儀礼上招請されてきた民団東京本部団長ら地方本部団長は招かれなかった。鄭在俊は四ヵ月前に韓国政府から国民勲章牡丹賞を授与されていたが、すでに意味を失っていた。

情報部は自主派の中心である東京本部を弱体化するため、同年一二月に旅券発給手続などの業務権限を剝奪した。韓国政府は在日韓国人を民団につなぎとめるため、旅券申請の受付など領事業務を民団に委託してきたが、東京本部と傘下の支部は突然権限を奪われたのである。これにより、一般団員の団費や旅券申請手数料などの収入がなくなった東京本部は財政的基盤の多くを失うことになった。さらに民団の地方本部から中央本部に上納する割当金が減ってくると、韓国政府は民団中央に対する援助金額を大幅に増やした。こうして韓国政府からの統制がいっそう強化されたのであった。

本国の政府に歯向かう形になった東京本部の支持者は旅券申請や祖国訪問を放棄する覚悟をしなければならなかった。朴正煕政権に対する批判意識が明確な人でなければ、こうした不利益を受けてまで持ちこたえることはできなかった。この時から、自主派運動に参加する人は韓青同、韓学同の若者の比重が大きくなった。民団所属の青年たちが自主派の核心支持層になると、民団中央は情報部と緊密に協議して李栄根《イヨングン》が主導していた韓民自統（韓国民族自主統一同盟）や韓民自青（韓国民族自主統一青年同盟）への「敵性団体規定」を解除し、民団傘下の公式組織に引き入れる策をめぐらせた。

金大中の民団講演に大使と民団中央指導部は退席

一九七二年三月一日、民団東京本部主催の「三・一節五三周年記念式」が日比谷公会堂で開催された。ところが、民団中央本部も参加するこの記念式の特別講演の講演者に、前年大統領選挙で野党候補だった金大中新民党議員が決まったことが、情報部の神経を逆なでした。三・一節記念行事には駐日大使や来日中の政治家が招かれるのが通例であった。録音事件の対立が続いていたことに加え、金大中が講演するというので、会場は在日韓国人で埋め尽くされた。金大中が講演をしようと壇上に登ると、座っていた李澔大使は舞台裏に姿を隠した。尹達鏞《ユンダリョン》団長代理をはじめとした中央本部関係者もみな、大使のあとにつき従った。金大中は朴正熙大統領が前年一二月に宣布した国家非常事態宣言の不当性を指摘し、南北平和共存、統一実現案について持論を展開した。

韓国を訪問した尹達鏞団長代理は三月二〇日、国会記者室で声明を発表し、「最近、本国の政治家たちが日本に立ち寄って国内の政争を同胞社会に持ち込むなど、無責任な発言をして同胞社会を分裂させている」と主張し、そうした言動を慎むよう求めた。名前こそあげなかったが、明らかに金大中を狙った発言だった。

三・一節記念講演に先立ち、金大中はその年の二月二〇日に長野県の白樺湖畔で開かれた韓青同冬期講習会に招かれ、五〇〇人余りの同胞青年の前で講演した。金大中とのちに韓民統に結集する在日韓国人の関わりはこれを契機に始まったと見られる。

こうしたなか、民団のホームページで「反民団不純分子、民団中央本部に乱入、三機関長を監禁・暴行」と書かれている事件が四月一八日に発生した。鄭在俊ら東京本部幹部たちは事態収拾の糸口を探ろうと事前に通知したうえで、この日、民団中央本部を訪ねたが、中央本部幹部らは姿を隠していた。彼らは夜遅くなって姿を現わし、双方は激論の末、除名・権利停止措置を四月二一日に解除、これを実行できなければ尹達鏞団長代理ら三名が引責辞任するという覚書を作成、合意に至った。ところが、民団中央はこの覚書の無効を宣言し、東京本部の鄭在俊団長、閔泳相議長、裵東湖ら一一人を傷害監禁罪で告訴したのである。日本の警察は、東京本部と韓青同、鄭在俊・裵東湖らの自宅など一一ヵ所を家宅捜索し、韓青同メンバー一人を逮捕したが、告訴された全員が不起訴処分となった。

民団・総連東京本部の7・4共同声明支持大会

一九七二年七月四日、自主、平和、民族の大団結をうたった7・4共同声明が発表されたが、民団の亀裂はさらに広がった。七月七日、中央本部は東京で中央委員会を開き、日本の警察に機動隊出動を要請するなど、警戒を強化するとともに、△韓民自統、韓民自青の敵性団体規定解除、△韓青同、韓学同の民団傘下団体認定取消、△東京本部関係者八人に対する追加権利停止処分、を決定した。朴政権の独裁政治批判の先頭に立っていた韓青同、韓学同を民団組織から完全に放逐してしまったのである。同日、東京本部は韓青同、韓学同と共に「7・4南北共同声明支持、民団ファッショ阻止全国民衆大会」を開催して対抗した。

7・4共同声明への対応をめぐって民団自主派内部でも激論が闘わされた。南北の独裁政権が合意した裏には、何かの密約があるのではないかという批判も出たが、朴政権の政策が後退しないよう在外同胞が団結して支持する運動を繰り広げることで意見が一致した。東京がその先陣を切ることとなり、八月七日に韓青同と朝青（在日本朝鮮青年同盟）が「7・4南北共同声明支持大会」を共催した。

八月一五日には、民団東京本部と総連東京本部が千駄ヶ谷の東京体育館で「8・15解放二七周年を記念し7・4共同声明を支持する東京全同胞大会」を開いた。民団中央と中央情報部要員の警告にもかかわらず一万人余りの同胞が参加した。韓国と日本のマスコミも大きく扱った。東京本部は総連に引き回されているとの批判が出ないように、総連側と参加者数を同じ人数にし、費用も完全に折半とし、大会で使う用語にまで注意を払った。

これに先立ち民団は八月八日、臨時中央大会を開き、金正柱《キムジョンジュ》を団長とする新たな体制を発足させた。この大会は、総連と共に南北共同声明支持大会を行なった韓青同と韓学同の二傘下団体解体と同時に、青年指導局を新設するよう規約を改正した。金正柱団長は、民団と総連との共同行事の動きが広がると、八月一九日に声明を発表し、「最近立て続けに行なわれている民団・総連合同大会は、民団の名を借りて反体制分子が行なっているものであり、民団とは何の関係もない」と、はっきりとくぎを刺した。だが金団長の声明は、在日韓国人のあいだでの和解の動きを食い止めることはできなかった。翌日、各界の在日韓国人有志三〇〇人ほどが参加し、「民族統一協議会」を結成し、首席議長に裵東湖が選出された。

一〇月維新クーデターと韓民統の結成

朴正熙が一〇月維新のクーデターを強行すると、民団の分裂は修復不可能なところまで進行した。一〇月維新以前とのちがいがあるとすれば、対立構図の中で金大中の存在がライバルとして浮上したことである。維新戒厳令宣布当時、海外にいた金大中と民団自主派とが反維新闘争で手を結ぶことになった。金大中は、戒厳令宣布を前に一〇月一一日、約一週間の予定で日本の政界とコンタクトをとる個人日程のため出国した。これが、朴政権の野党議員に対する検挙旋風をまぬがれ、金大中が海外亡命へといたる分岐点となったわけだ。

一九七一年の大統領選挙で、金大中は、朴政権は台湾の総統制などを研究して永久執権を図っていると主張し、戒厳令宣布の翌日の一〇月一八日、「一〇月維新は永久執権を狙う反民主的、反統一的措置」だとする抗議声明を東京で発表した。だが、金大中が政治生命をかけて海外で展開した反維新独裁の闘争は、久しく国内では報道されなかった。彼の行動が再び伝えられるようになったのは、ほぼ一〇ヵ月後、七三年八月に彼が「失踪」してからのことであった。

金大中はこの間、日米を往来して両国の有力者と会い維新独裁の不当性を訴えた。また、同胞社会において民主化運動を繰り広げることができる基盤を作り上げるため力を注いだ。日本では七三年三月二一日、神奈川県の箱根湯本で民団東京本部主催により開かれた「民団民主化運動活動家研修会」が転機となった。東京を中心に活動家一〇〇人余りが参加したこの会合で、金大中は朴正熙独裁政権が続く限り、民団の正常化、韓国の民主化は実現できず、民族の自主的平和統一も実現不可能だと語った。金大中はすぐに米国に赴き、在米韓国人や留学生に向けた講演活動を行ない、七月六日に韓民統（韓国民主回復統一促進国民会議）米国本部を結成した。民主党政権で国連大使を務めた林昌栄《イムチャンヨン》や董元模《トンウォンモ》教授らが参加した。

金大中は七月一〇日に日本にとって返し、金載華、裵東湖、鄭在俊らと韓民統日本本部を結成することを決定した。拉致が実行された八月八日にも彼は、民団自主守護委員会や韓青同などの幹部たちと韓民統結成大会の準備のための最終的な打合せをしていたさなか、梁一東《ヤンイルドン》議員に会いに行くといって出かけて事件にあった。拉致翌日、民団東京本部では「金大中先生救出対策委員会」が発足、鄭在俊が委員長についた。

金大中の行方がわからない状況で、一三日に「韓民統日本本部発起大会」が上野の宝ホテルで開かれ、金大中を議長に選出した。中央情報部の要員により拉致された金大中は翌日の夜一〇時二〇分ごろ、ソウル東橋洞の自宅近くで路上に投げ出された。

八月一五日、東京の日比谷公会堂で「韓民統発起宣言大会」が開かれた。大会が終わったあと、参加者たちはその場で「金大中拉致糾弾在日韓国人民衆大会」を行ない、金大中の原状回復と朴正煕政権の退陣を決議してから街頭行進に移り、韓国大使館前を通る抗議デモを行なった。金大中救出運動には日本の各界の人びとやたくさんの団体が参加したが、行事を主導し人びとを動員した原動力は韓民統だった。金大中が一九七六年に三・一民主救国宣言で投獄されたり、八〇年に新軍部に拘束され死刑判決を受けたときも、同様だった。

ヤクザの親分まで動員した瓦解工作と鄭在俊の悔恨

鄭在俊が民団中央本部と大使館の情報要員の指示に抵抗し続けると、身の危険を感じるような脅迫が行なわれるようになった。東京の自宅に火炎瓶が投げ込まれたこともあり、彼の留守中に黒い服を着た中年男性が黒の乗用車で門前に乗り付けてエンジンをかけたまま居座り続けるという奇怪な出来事もあった。その男は鄭団長が家で待っていろと言われたと言って三〇分以上居座ったあげく、急発進で姿を消したという。

鄭在俊は「銀座のトラ」と呼ばれた町井久之に脅されたこともある。町井は本名を鄭建永《チョンゴニョン》といい、関東地方一帯を仕切る暴力団東声会の親分だった。彼はやがて事業家に転身し、六九年に関釜フェリー株式会社を設立、韓国政府から国民勲章冬栢章をもらっている。日本保守政界と右翼のフィクサーであった児玉誉士夫とも親しく、民団中央本部の顧問でもあった。

鄭在俊はあるとき、東声会の専務の連絡を受け鄭建永の自宅を訪れた。玄関で身体検査を受けたあと、応接室に通された。少し待つと、姿を現わした鄭建永はよく来てくれたと言いながら、単刀直入に「今あなたが進めている民団自主化運動や朴政権打倒運動をやめることはできないのか」と切り出した。鄭在俊は「ご心配はありがたいが、それはそう簡単な話ではない。私には私の行く道があり、あなたにはあなたの道があると思う」と答えた。鄭在俊は互いの立場の違いを確認して席を立った。鄭建永は一九二三年生まれで鄭在俊より六歳年下だった。

ロッテグループの辛格浩《シンギョコ》社長も電話をしてきて、同じような話をしたことがあった。辛格浩は「政治的な運動には関わらない方がいいですよ。事業家は事業に専念すべきだ」と忠告したという。そうした忠告の裏には情報部の手が回っていると察した鄭在俊は、電話を切ったという。

民団東京本部団長として金大中先生救出対策委員会の委員長にまでなった鄭在俊は、もともと土木建築や不動産業で成功した事業家であった。裵東湖録音事件など一連の事件が重なって民団自主派への献金が大幅に減少したとき、鄭在俊は不動産などの私財を投げうって韓民統などにかなりの金額をつぎ込んだという。彼は事業の基盤があやうくなったため、八〇年の「ソウルの春」のとき、金大中先生救出対策委員会の解散を機に組織運動から身を引くことを決意した。ところが、新軍部のクーデターにより金大中がふたたび投獄されると、金大中先生救出対策委員会を復活させ、委員長に戻った。

金大中は、死刑が確定した八一年一月二三日、すぐに無期懲役に減刑され、一年一ヵ月後には懲役二〇年まで減刑された。鄭在俊はこれ以上自分の財力で運動を維持することは困難だと判断し、韓民統副議長などすべての組織活動から身を引いて事業に専念することを決心した。東京商銀の許弼奭《ホビルソク》理事長の仲裁で韓国大使館の公使と会い、次期東京本部団長選挙に出馬しない、今後反政府運動を行なわない、ただしそれを公表する声明文は出さないことで折り合ったという。

鄭在俊が日本で出版した『金大中救出運動小史』で明らかにしたところによると、彼は八二年一一月一九日に許弼奭とともに訪韓し、二四日に東京に戻った。録音事件などで行動を共にした閔泳相がまずソウルに行き、鄭在俊はあとから合流した。彼が宿泊したホテルの両脇の部屋には国家安全企画部（中央情報部の後身）の要員がおり、外出には常に尾行がついた。彼は五日間の滞在中、食事に出る以外はどこにも行かなかった。自分でも何のためにわざわざソウルに来たのかわからなかったという。

拉致された金大中が1975年12月の選挙法違反容疑で禁固1年の実刑判決を宣告されたことに抗議する韓民統、韓青同などの団体が韓国大使館前でデモを行なっている。

しかし、安企部が何の代価もなく彼の祖国訪問を許し過去の活動を不問に付したというのは納得がいかない。『金大中救出運動小史』はこのあたりのことをあまり説明していない。だが、鄭在俊は一二月三日に東京で記者会見を行ない、韓民統脱退を宣言した。彼は前月の一八日に韓民統に脱退書を郵送したと明らかにした。彼の韓民統脱退は韓国メディアに「韓民統崩壊」というニュアンスで大きく報じられた。一面トップで扱った

『京郷新聞』一二月三日付の報道を見よう。

在日反韓団体韓民統、事実上崩壊、中心幹部ら続々脱退
金大中救出委員長鄭在俊氏、東京で脱退会見

さる七一年以来、日本で反韓活動の中心人物であった鄭在俊韓民統前副議長が三日午後一時、東京・新宿の京王プラザホテルにおいて記者会見を開き、韓民統を脱退したことを発表、その経緯と日本の反韓団体の正体を暴露した。鄭氏は七一年に民団東京本部団長になって以来、民団の内紛と関連、民団中央本部の指示をしばしば無視し、民団組織を混乱させる役割を果たしてきた。

その後、七二年に7・4共同声明が発表されてからは総連などと合同で集会を開催した。このため、民団側は彼とその同調勢力である裵東湖、郭東儀《クァクトンイ》、閔泳相らを除名した。これに対し鄭氏らは、その追従勢力である韓青同、韓学同などを動員、民団東京本部の建物を不法占拠するなど反民団活動を繰り返した。

彼は七三年八月、金大中救出委員会と韓民統の結成にあたって先頭に立ち、彼が経営する旭開発株式会社から莫大な資金を持ち出し、反韓活動資金として提供した。彼はまた、反韓活動を広げることを目的として七七年八月ごろ米国や欧州にある反韓活動団体と連携、韓民連（民主民族統一韓国人連合）を結成する上でも中心的役割を果たした。（中略）

彼は北傀〔北朝鮮〕を訪問するよう強要されながらこれを回避してきたが、昨年ソウルオリンピックの八八年開催確定などにより、韓国の国際的地位の向上を目にして一一月一八日に韓民統をはじめ

とする全ての反韓団体から脱退することを決心、脱退書を郵送して一一月一九日から二四日まで韓国を訪問した。

これに関連して韓民統は、彼とともに副議長を務めていた閔泳相が二月に脱退し、神奈川県民団本部代表であった金允鍾《キムユンジョン》も七月に脱退することで、ほぼ解体状態に立ち至っている。

鄭在俊が許弼奭東京商銀理事長の「仲裁案」にはなかった記者会見まで行なった背景は明らかではない。新聞報道の内容が彼が会見で実際に語った内容どおりなのか、あるいは安企部の報道資料をそのまま書き写したものなのかもわからない。『朝日新聞』一二月四日付三面に載った記事は『京郷新聞』の報道とは趣旨や雰囲気の伝え方においてかなりのちがいがある。

韓民統副議長など辞任

運動に展望ないため　鄭在俊氏、いきさつ説明

韓民統日本本部（正式には韓国民主回復統一促進国民会議日本本部、金載華議長）の副議長、金大中氏救出委委員長などを先月一九日に辞任し、訪韓していた在日韓国人反政府運動家の鄭在俊氏（六五）が三日、都内で記者会見し、今回の辞任のいきさつなどを説明した。

「敗軍の将、兵を語らず」と前置きし、「不動産業などの事業に専念するためと、運動に展望がないため韓民統関係の役職を辞任した。一九日から六日間にわたって訪韓したが、これは韓民統の運動から身をひく意思表示だ」と説明。さらに「一国の政権は強いものですよ。吹けば飛ぶようなわれわれ

が、よく一一年間も（反政府運動を）やってきた」と感慨を語った。

鄭在俊氏は在日韓国居留民団東京本部団長から韓民統の反政府運動に転身。大きな金大中氏の写真を掲げた韓民統の集会では壇上の主役の一人だったが、この日の表情はさびしげ。これまでと一転して韓国の在京テレビのライトや特派員団、民団中央本部の関係者に囲まれての記者会見だった。

一方、韓民統日本本部は「われわれの運動方針は発足当時と変わらない。同志が個人的事情で組織を去ったのは残念だ」と述べている。


だが、韓民統は彼を裏切り者扱いしなかった。鄭在俊が二〇一〇年一二月三一日に亡くなったとき、韓民統の後身である韓統連議長の孫亨根《ソンヒョングン》が追悼文を書いた。機関紙『民族時報』に載った追悼文は「経済的事情で韓民統を退任してからも政治的信条を守った」と評価している。この追悼文はまた、「一九七三年の韓民統結成は、彼が私財を投げうってでも取り組むという重大な決心をしたからこそ可能になった」とし「裵東湖から愛国を学んだとすれば、鄭在俊から正義を学んだ」と称えた。

金大中大統領就任式にあたっての冷遇

鄭在俊が世を去る四年前に刊行した『金大中救出運動小史』には、彼が大統領になった金大中から受けた冷遇についても述べられている。彼の記述によると、金大中の日本滞在当時は秘書役を務め韓民統の事務総長を歴任した趙活俊《チョファルチュン》が、九八年二月一七日に突然彼の会社に訪ねてきて、鄭在俊夫妻を就任式に招待すると言って必要な書類とファーストクラスの航空券を手渡した。二月二〇日には東京の帝国ホテルで金大中就任祝賀宴が開かれた。金大中救出に尽力した土井たか子前社会党委員長、河野洋平元自民党総裁、田英夫元参議院議員らが顔を見せるなか、鄭在俊が主催者側を代表して謝辞を述べた。韓国からは趙淳昇《チョスンスン》議員が出席、金大中当選者のメッセージを朗読した。

金大中大統領就任式は二月二五日、国会議事堂前広場で挙行された。鄭在俊は前日、ソウルに入り、指定されたプラザホテルに宿泊した。就任式当日の朝、バスに乗るための集合場所である景福宮脇では多くの知人に会った。ここまでは順調だった。ところが、ほかの人たちは次々にバスに乗って出発するのに、鄭在俊夫妻だけが取り残されたのである。ほかにも何人かが後から合流して最後のバスで出発したが、夫妻は就任式の会場近くには入れず、遠く離れた路上で立ったまま就任スピーチを聞かなければならなかった。夫人は寒さに泣きだしそうだった。ホテルに戻るときにもまた「監視」がついた。

鄭在俊は何か釈然としないものを感じつつも、ホテルでしばらく休んだあと、趙活浚夫妻とともにレセプションが開かれる世宗文化会館に到着して待機していた。午後四時半に会場に入った金大中大統領は、舞台に向かって歩きながら両側の人びとと順番に握手をして言葉を交わした。いちばん舞台寄りに立っていた鄭在俊は、金大中が来ると手を差し出してお祝いの言葉を述べた。しかし、金大中は何も言わずに顔をそむけ立ち去ってしまったのだ。ショックを受けた鄭在俊はほかの人たちと話をする気力もうせ、金大中のあいさつが終わるとホテルに戻ってきた。日本に帰る飛行機に乗ったときも、情報機関の要員らしき連中がつきまとい、片隅の座席を指定して姿をくらました。

この時の記憶は、鄭在俊の胸に深く刺さったとげのように残ったようだ。本の最後で胸の奥につかえていた悔恨の情を切々と吐露している。引用してみよう。

私たちは、韓国の民主化と民族の自主的平和統一を、金大中先生の政治指導にかけて闘ったのである。その間、望みは叶うことなく多くの同志が世を去った。私は何度か命が狙われていることを自覚しながら、個人の事業はほとんど他人任せにしたまま運動に身を投じ、闘争の資金に私財をつぎ込んだのである。こうして私の経営基盤と経済活動はだんだんと窮地に追いやられ、事業は傾いてしまった。

そのようなことを悔やんでいるのではない。私たちのあの運動が正当に評価されてほしい。否、他のどのような人々が評価せず無視しても、金大中先生本人がそれを黙殺しているとは、道理に反するのではないか。

私は八歳の時に日本に来て、この自叙伝を書き終えようとしているいま八八歳である。（中略）祖国の土地を踏む機会も、あの大統領就任式参加が最後になるだろう。栄光の帰国であったはずが、屈辱とおののきと悲しみの訪問であった。あの「冷遇と追い討ち」は誰の意思だったのか。あのときから身にしみて残る疑念と悲哀は、今も私の胸の奥に沈んでいるのである。

その後、金大中大統領の側近が金大中大統領のネーム入りの金の腕時計を届けてくれた。そして、青瓦台（大統領官邸）への招待計画を示したが、私はお断りした。

録音事件の主役であった裵東湖は鄭在俊よりもずっと早く世を去った。彼は一九八九年九月一一日、脳出血により東京の三井記念病院で息を引き取った。『朝日新聞』に載った訃報によると、肩書は民主民族統一韓国人連合（韓民連）中央執行委員長、年は七四歳となっている。鄭在俊よりは二歳年上と思われる。葬儀は九月一三日に韓民連と韓統連の合同葬として執り行なわれた。

情報機関の集中攻撃の対象となったせいか、彼の個人史はあまり明らかになっていない。民団中央本部の民生局長、事務総長、副団長、中央議長を歴任し、八三年に金載華のあとを受け韓民統第二代議長となった。彼が金載華、鄭在俊らとともに率いた民団非主流派は、情報機関や反対勢力から「ベトコン派」と呼ばれた。この名は裵東湖の名前の漢字の日本式読み方に由来するという説もある。しばらくのあいだ『民族時報』の主筆を務めた鄭敬謨《チョンギョンモ》は、韓民統から離れて以降、韓民統指導部に厳しい批判をしながらも裵東湖については一定の評価をしていた。

韓民統、盧武鉉政権で涙の帰国

韓民統は一九八九年に組織を改編し「在日韓国民主統一連合（韓統連）」と改称した。韓民統議長であったという理由で死刑を宣告された人が大統領に当選しても、韓民統とその後身である韓統連が法的に「反国家団体」であることは何ら変わらなかった。日本を訪れ韓統連関係者と接触したという理由で国家保安法によって起訴される事件もあった。韓民統を反国家団体に仕立て上げる「道具」とされた金整司が、二〇一三年五月に大法院で再審を通じ無罪確定を勝ち取ったときも、裁判部は韓民統についてはふれようとしなかった。

韓民統や韓統連の関係者は長い年月、祖国を訪問することさえできなかった。旅券が発給されず、日本から外国に行くときは日本政府の再入国許可書が必要だった。訪問国の空港に到着すると、審査官は「おかしな証書」を出す彼らをいつもいちばん後ろに並ばせ、別途に入国審査をするのだった。

韓統連関係者の入国が初めて許されたのは二〇〇三年九月であった。海外で民主化運動をしたため反国家人物とみなされ帰国できない人びとの立場を思いやった林鍾仁《イムジョンイン》弁護士らが「海外民主人士の名誉回復と帰国保障のための汎国民推進委員会」を作り世論に呼びかけた成果であった。韓統連関係者は、金大中が大統領在任中に自分たちの問題を積極的に解決しなかった点について遺憾であることを隠さなかった。梁東珉《ヤンドンミン》・郭秀浩《クァクスホ》韓統連副議長ら五人は九月二〇日、東橋洞の自宅に金大中を訪問した。

一年後の二〇〇四年一〇月一〇日には郭東儀常任顧問をはじめとした韓統連関係者一四七人が正式な旅券の発給を受けて入国した。「韓統連故国訪問団歓迎委員会」会長である崔炳模《チェビョンモ》弁護士は、白凡記念館で開かれた歓迎式で「苦難に満ちた三〇年余りのあいだ、挫けずに祖国の民主化と統一のため努力してきた韓統連の労苦に深い敬意を表したい」と語った。四四年ぶりに訪韓した郭東儀は金大中を訪問した。七三年の拉致事件以来の再会であった。韓民統創設の主役のひとり郭東儀は、朴正煕・全斗煥政権当時、北朝鮮に行って指令を受けたスパイだと中傷されてきた人物である。韓統連は盧武鉉政権のもとで、事実上名誉を回復したと考えていたが、李明博《イミョンバク》政権になって、それは空手形になってしまった。韓統連幹部たちは旅券の有効期限が切れて再申請すると発給を拒否される例が相次いでいる。

金載華の議員時代における孤独な追及

日本に派遣された情報部員の民団介入工作は韓国のマスコミにほとんど報道されなかった。まれに報道されても、現地公館、つまり中央情報部の見方がそのまま伝えられたにすぎなかった。そうしたなか、第八代国会に新民党全国区議員として進出した金載華は、機会あるたびに情報部員の専横を必死に追及したが、反響のないむなしい結果に終わった。答弁をした国務総理や大臣、次官は肝心な点にはふれず、木で鼻をくくったような答弁に終始した。

あきれたことに、金載華が委員となった外務委員会には、四年前彼を国家保安法違反容疑で捕まえた金炯旭元中央情報部長がいた。在日韓国人の代弁者として権逸前民団団長も共和党全国区議員となり、議員バッジをつけて同じ常任委員会に配属されたが、金載華の主張に同調するはずもなかった。国会議事録に記録された金載華議員の孤独な闘争をいくつか見てみよう。

【一九七一年八月六日　外務委員会】

金載華　自由党時代に私が民団団長を歴任しましたが、当時は居留民団の問題は外務部の担当で外務部が万事を取り仕切っていると思い、どんなことであれ外務部長官やその他次官、部長に会って話しました。今日、日本の現実を見ると居留民団は外務部の所属なのか、中央情報部の所属なのか、これをまずはっきりしてください。大韓民国の政府成立後、民団事務総長として働いていたとき、張沢相《チャンテクサン》外務部長官から、在日居留民団が在日同胞の唯一の合法団体だという公式のお手紙をいただきました。ところが、この頃は外務部直属なのか、中央情報部直属なのか、あるいは内務部直属なのかわかりません。

民団中央の団長になる人は大韓民国の国是を順守せざるをえず、政策上多少の不平不満があっても政府の施策に従います。それなのに、民団中央本部と東京本部のあいだの今回の衝突の原因は、三月一五日の民団中央本部団長選挙において公館からはなはだしい干渉を受けたことです。民団団長を選ぶのに、公館が何のためにこれほど干渉するのか。そのせいで衝突が始まったのです。

外務部長官が閣僚会談のため日本に行くとき、双方を呼んで話を聞きました。私たちは反共闘争が主目的であり、その次に日本に暮らす人びとの権益擁護であるから、大同団結をするよう指導してくれ、今後は自治機関の長を選ぶときには公館があまり干渉しないようにしてくれ、と言いました。そこに住む人たちも、一定の文化水準をもっていると思います。あの人に投票しろ、この人に投票しろというのだけはやめてくれるよう、外務部長官が指示してくれれば、今日明日にも解決できなくても、今後そうした不信感は生じないことでしょう。長官は日本に長くいらして、公使として在職されていたときに私が団長でしたから信頼もしておりますし、難しいことと思いながらお願いいたします。

金溶植《キムヨンシク》外務部長官　居留民団は居留民の権益を保護するための独立した団体として、大韓民国政府と密接な関係にあります。わが大使館と密接な関係にあり大使館は外務部と直結しているのですから、外務部といちばん関わりがあり密接な関係がある団体だと認識しています。そのほかの機関と関係があるというのは事実上初耳です。駐日大使から経過を聞いて、その経緯を詳細に調べてみます。

【一九七一年一二月一〇日　外務委員会】

金載華　（録音事件を取り上げつつ）次官、李東一という人物をご存知ですか。民団を分裂させた根本原因が李東一にあります。李東一と金在権公使の二人がやりとりした会話を録音したのですが、そこでは李東一が裵東湖という人に会ったところ以北の肩をもち以南を攻撃するのを録音したと言っています。東京本部の幹部たちが直接聞かせろと言うと、裵東湖が来たら聞かせてやると言いながら、次の日には録音テープは本国に送ってしまってもうないので、言いたいことがあるなら本国に行って言えというのです。

金在権公使が李禧元団長に対し、裵東湖を除名処分にせよと命令したそうですが、団長が好き勝手に団員を除名することはできません。監察委員長に除名処分にしろと言ったところ、証拠を出せと言われました。それで金在権公使が本国に連絡し、反共法関連で問いただしたい点があるので本国に出頭せよと言ってきたのです。

裵東湖が日本で記者会見をすると、監察委員長は本国の威信を損なった人物だとして除名処分にしました。東京本部の団長と民団の批判勢力が秘密録音事件の真相究明を求める民衆大会を開催すると、東京本部団長を三年の停権処分に付しました。東京本部は二三ヵ所に支部があり、少なくとも四万人が加入しています。中央本部の命令とはいっても東京本部を好き勝手にはできません。

大阪の民団幹部が仲直りさせると言って、東京にバス二台で動員してきましたが、そこにはやくざが三〇人も交じっていました。ある領事がやくざのいるバスに行ってカネを与え、しっかりやってこいと激励しました。民団大会のたびに、公館員が全国の代議員が集まる旅館に行って誰それに入れろと言って回るのですが、なぜそこまで干渉するのでしょうか。

李承晩政権以降今日まで、歴代政府が在日六〇万同胞のための政策を掲げたことは一度もありません。国家の恵沢といえば、信用組合に七〇〇〇万ドルを送ってくれただけです。わが同胞に恵沢を与えたのは、旅券の延長をして故郷に一度行ってこいと言っただけです。本国政府を糾弾したために、東京本部の団長、神奈川県の団長、熊本県の団長は、七月一日の大統領就任式に出席できませんでした。なぜ国民の福利のためにある公館がその権限を乱用するのでしょうか。こんなことをしているから、日本では親与党の人でなければ民団の幹部もできなくなって、わずかでも自由意志をもった人はおのずと批判勢力になり、組織が分断されているのが民団の現実です。

大使館の国政監査において腹立たしく怒鳴りつけたくなるようなことがありました。大使館の国政監査はあらかじめ日を決めてあるのに、国政監査の日に金在権公使は特別出張と称して顔を見せないのです。こんな嘘をついておきながら、民団を分裂させてどうするつもりでしょうか。民団は団結さえすれば、十分に総連と対抗する力があります。

尹錫憲《ユンソッコン》外務次官　民団強化問題、在日国民の教育、信用組合支援問題、外換銀行貸出利子引き下げ問題などをお話しされましたが、総合的に検討し、施策と計画を準備中です。可能な限り予算など最大限度に改善するよう努力しています。

【一九七二年七月一三日　国会本会議】

金載華　7・4共同声明以降、日本にいる総連や民団などの同胞たちはいっそう接触が増え、統一が間もなく来るかのように考えています。政府は外勢の定義を法であれ制度であれ、確実に規定して、同胞たちの混乱を収拾する用意はないのでしょうか。

在日居留民団内に紛糾が激化し、崩壊直前に立ち至っています。紛糾の火種は駐日大使館の公務員が作りました。大韓民国を非難し金日成《キムイルソン》をほめ称えたという録音テープがあると称していますが、今日にでもその音声を公開するならすぐに問題は解決するはずですが、テープがあると言いながら中身を公開せず、あの人物の首をとれという話ばかりしています。

初めは民団中央本部と東京本部の争いのように見えました。しかし、今は一歩進んで、東京本部と大使館との闘いになりつつある様相です。在日同胞六〇万人の和合のための収拾策はないのでしょうか。調査団を設ける用意はないのでしょうか。与野党議員で調査団を設けてもいいし、政治色のない学者や法律家で実状を調査し、対策を立ててもいいでしょう。

駐日公館の人員の質を向上させる用意はないのでしょうか。この人たちが民団を団結させるどころか分裂の火種を振りまいています。自分たちの言うことを聞かない人は反国家、反民族、反政府主義者だと烙印を押して民団を分裂させています。もっと教養があり度量があり人望があって融通の利く人を日本に派遣して総和をなしとげるようにしなければならないのではありませんか。自分の言うことを聞かない人たちに本国に帰る旅券さえ停止してしまっています。

金鍾泌《キムジョンピル》総理　在日居留民団は新たな自覚のもと、地方から進んで団結を促す動きが見えております。勲章をもらった人まで追及するとかいうのは、居留民団内に累積した問題が現われたものですので、収拾が進むようさまざまな面で督励しております。近いうちにこうした紛糾が静まるよう努力いたします。在日同胞の実態調査のための調査団派遣は副作用が憂慮されるため、まだその時期ではありません。民団の再建活動に期待しています。

裵東湖との秘密の「書簡」

曺奉岩救命運動に参加して以来、公安機関の監視リストに入った裵東湖と極秘裏に手紙をやりとりしていた韓国人がいる。一九七〇年代半ば、金芝河救命運動をはじめ国内の民主化運動に深く関与した金正男《キムジョンナム》は当時、裵東湖と「間接接触」を続けていた。金正男は金寿煥《キムスファン》枢機卿の配慮で明洞聖堂の裏にあるカトリック女学生館（現在は全真常《チョンジンサン》教育館）の国際カトリック兄弟会（API）で裏方の活動を担った。APIは一九三七年にベルギーでイボン・ポンシュレが創設した平信徒共同体である。韓国では一九五六年にイタリア人とドイツ人が派遣されて活動が始まった。彼らはカトリック学生会、カトリック労働青年会、スカウト婦人会など平信徒の団体設立を助け、連続講座を開いて女性の意識化教育に力を注いだ。

七五年二月に釈放されたのち、人民革命党事件がでっち上げだという文を『東亜日報』に寄稿して再収監された金芝河を救援するため、金正男はフランス人の修道女コレット（韓国名、盧貞《ロジョ》恵《ンヘ》）らAPIの人脈を通じて、日本カトリック正義と平和協議会幹事であった宋栄淳《ソンヨンスン》に関連資料を送った。金芝河の良心宣言をはじめとした公判進行状況報告や彼の未発表原稿メモ、各種時局宣言文もこのルートで日本に伝えられた。

宮田毬栄

金芝河の代表的詩のひとつである「灼けつく渇きで」は、金正男が原州の金芝河の家に行ってメモや雑記帳を調べているうちに偶然見つけ、世に出したものである。日本へと渡った資料のうち、詩などの文学作品は、中央公論社で発行する文芸雑誌『海』の編集長宮田毬栄《まりえ》により日本語で刊行され、公判に関連したものはカトリック正義と平和協議会が記者会見を開いて発表していった。ジヤン=ポール・サルトル、大江健三郎ら著名な文学者、知識人の署名を得て救命を訴える声明を発表したのも宮田だった。彼女は日韓連帯連絡会議で出した『資料「人民革命党事件」家族の証言』を製作するうえでも重要な役割を果たした。一九七四年一

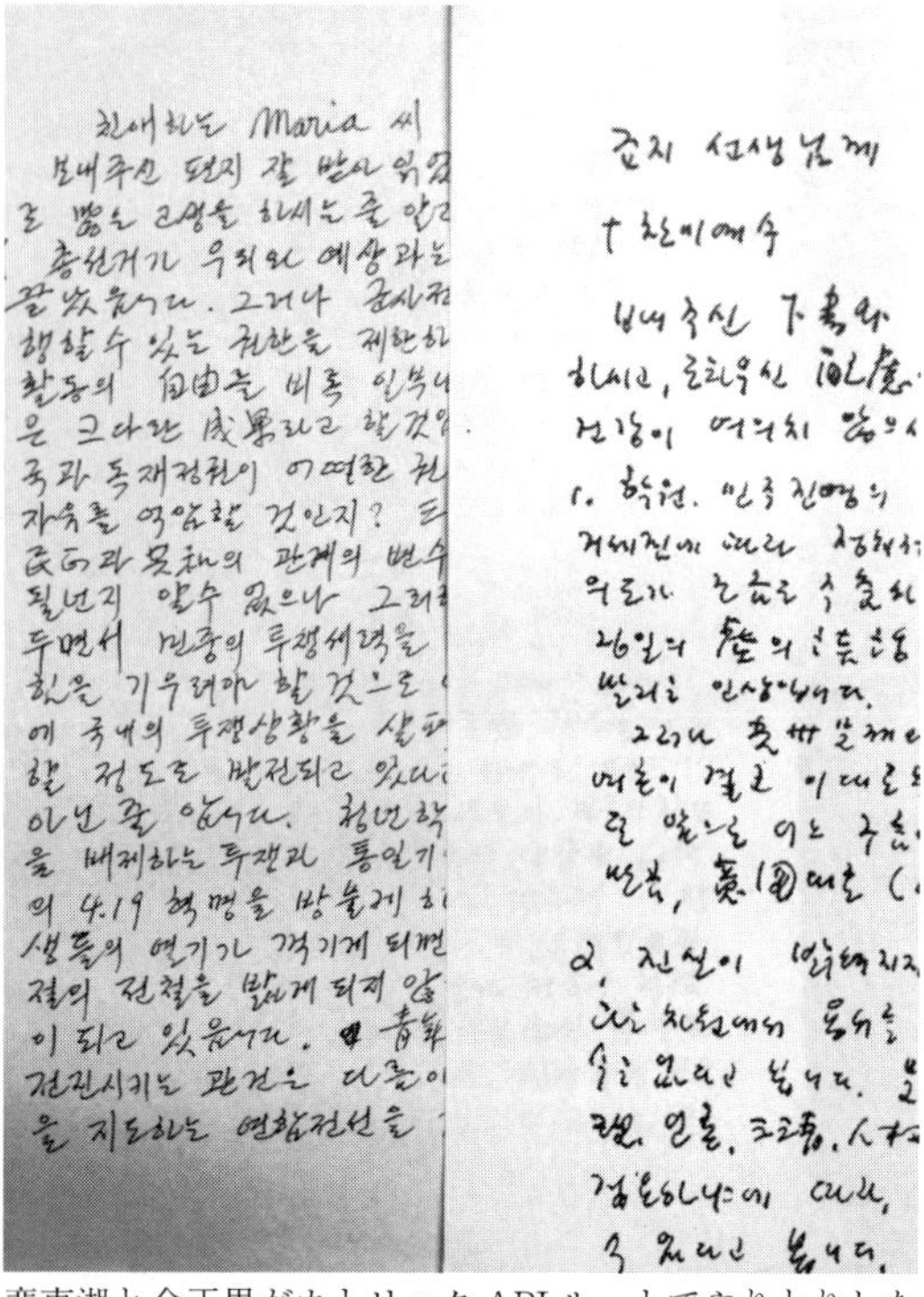
친애하는 Maria 씨
보내주신 편지 잘 받아 읽었
로 많은 고생을 하시는 줄 안
총선거가 우리의 예상과는
끝났습니다. 그러나 공화당
행할 수 있는 권한을 제한하
활동의 自由를 비록 일부나
은 크다란 成果라고 할 것입
국과 독재정권이 어떠한 권
자유를 억압할 것인지? 또
民主와 民族의 관계의 변수
될런지 알수 없으나 그러
두면서 민중의 투쟁세력을
힘을 기우려야 할 것으로
에 국내의 투쟁상황을 살펴
할 정도로 발전되고 있다
아닌 줄 압니다. 청년학
을 배제하는 투쟁과 통일기
의 4.19 혁명을 방불케 하
생들의 열기가 격기게 되면
절의 전철을 밟게 되지 않
이 되고 있읍니다. 青年
결집시키는 관건은 다름이
을 지도하는 연합전선을

裵東湖と金正男がカトリック APIルートでやりとりした手紙、左が裵東湖、右が金正男の筆跡。

月に出たこの冊子には非常軍法会議で死刑を宣告された都礼鍾《トイェジョン》、禹洪善《ウホンソン》、宋相振《ソンサンジン》、河在完《ハジェワン》の夫人らの手記が掲載された。

宮田は日本の社会派推理作家である松本清張、ベトナム反戦平和運動をリードした小田実らを担当した。彼女は松本清張が悲運の詩人、林和《リムファ》をめぐって連載した作品をまとめ一九六四年に刊

行した『北の詩人』も担当している（韓国では『北の詩人　林和』として八七年に翻訳が出た）。

金正男は金芝河救命運動の過程で、ＡＰＩルートにより裵東湖とも手紙のやりとりをした。情報機関の監視がいたるところにめぐらされていた時代だったので、極度の緊張のなかでやりとりがなされた。金正男が裵東湖に送る手紙のあて先はジョージで、裵東湖が送る手紙のあて先はマリアと表記されたという。金正男は裵東湖が世を去るまで直接会ったこともなかったが、訃報を聞き追悼文を送った。彼は裵東湖の手紙がとても丁寧で字もしっかりしていたと振り返った。手紙の内容を見ると、単にうわべだけを見て語る人ではなく思慮深さが感じられる印象を受けたと語っている。

裵東湖は人生の終わりが近づいたころ、池学淳《チハクスン》司教が管掌したカトリック原州教区の農民運動、ハンサリム協同組合運動の精神的指導者である張壹淳《チャンイルスン》とも手紙をやりとりした。裵東湖は手紙で張壹淳を青江先生と呼び、張壹淳は裵東湖を南江先生と呼んだ。儒学、老荘思想に造詣が深かった張壹淳は書家としても著名で蘭をよく描いた。張壹淳の号は青江のほか无為堂《ムイダン》、一粟子《イルソクチャ》がより広く知られている。

第8章　徐兄弟事件と転向工作

日本の世論を沸騰させた一審宣告公判の写真

金千吉《キムチョンギル》は世界的通信社であるＡＰ通信ソウル支局の写真記者であった。一九二九年に日本の九州で生まれた彼が、ＡＰ通信記者として仕事をした期間は実に三七年になる。だが、彼は写真記者としての専門教育を受けたことはない。一九五〇年に朝鮮戦争が勃発した直後、彼はＡＰ通信で英語ができる人を探しているという噂を聞いて訪ねていった。彼は、米国から来た記者の取材を支援しながら写真記者として正式に採用され、一九八七年に退社するまで韓国現代史の激動の瞬間をカメラに収めた。彼が現場を離れることなく現代史の節目のたびに生々しい写真を通じて記録を残した時期は、自由党政権の混乱期から4・19革命、5・16クーデター、6・3事態〔一九六四年六月の日韓会談反対闘争〕、一〇月維新クーデター、反維新民主化闘争、10・26事件、光州民主化闘争、六月闘争にまでおよぶ。大衆に最もよく知られた彼の作品は、5・16クーデター直後のサングラスをかけた朴正煕《パクチョンヒ》の姿であろう。朴正煕が

AP 通信写真記者金千吉が撮った 5・16 クーデター直後の朴正熙の姿

ソウル市庁前でクーデター主導勢力と共に立っている姿を捉えた写真である。朴正熙は、朴鐘圭《パクジョンギュ》、車智澈《チャジチョル》らに囲まれて陸軍士官学校生徒のクーデター支持のデモを参観していた。

金千吉が長いあいだ現場にいることができたのは、彼が韓国メディアではなく外国の通信社に所属していたからである。特別なことがない限り、外国通信の現地写真記者は一人で判断して撮影、現像、送信など、あらゆる仕事をしなければならない。国内記者はある程度の年齢に達するとデスクとして内勤を命じられ現場を離れることが多い。金千吉が撮った写真は国内のメディアに掲載されることは少なく、国内では注目されなかったが、AP通信の配信網を通じて全世界に発信されたため、影響力の面では国内の写真記者の比ではなかった。世界的な通信社に所属する写真記者の能力は、その写真が外国のメディアにどれだけ転載されたかで評価される。

金千吉が撮った一枚の写真が、一九七一年一〇月二三日の日本の新聞の朝刊を席巻した。通信社の写真記者同士の競争もあって、特定の写真が主要新聞各社の紙面に大きく取り上げられたとなれば写真記者にとっては大きな栄誉となる。一九七一年一〇月二二日ソウルの西小門にある裁判所で徐勝《ソスン》・徐俊植《ソジュンシク》兄弟事件の宣告公判が開かれた。この日の公判で徐勝は死刑、徐俊植は懲役一五年の重刑を宣告された。金千吉の写真が注目をひいたのは、公判廷に現われた徐勝の上半身をよく捉えていたためである。当時、徐勝の状況について韓国ではほとんど知られていなかったが、日本では重大な関心の的であった。徐兄弟裁判を傍聴した何名かの日本人によって、彼の尋常ならざる状態が断片的に伝えられていたからである。AP通信の写真に現われた徐勝の姿は、そ

読売新聞

死刑判決を受けた徐被告（右端）と丁被告（左端）。徐被告は耳がくずれてメガネがかけられず、布でゆわえている（AP）

徐君に死刑判決

ソウル地裁 助命嘆願むなしく

【ソウル甲藤特派員二十二日発】東京教育大時代の恩師や同窓生の手で助命嘆願運動が続けられているソウル大大学院二年徐勝（ソ・スン）被告(二六)ら「在日朝鮮人学生北朝鮮スパイ事件」の十七被告に対する判決公判は、二十二日午後一時からソウル刑事地裁で開かれ、李鍚漿（イ・ソクチョ）裁判長は、国家保安法、反共法違反、スパイほう助罪などを適用、徐被告と下宿業、丁時一（チョン・シイル）被告(三三)に求刑通り死刑、徐被告の弟でソウル大四年徐俊植（ソ・ジュンシク）被告(二三)（京都・桂高校出身）に懲役十五年（求刑死刑）を言い渡した。また残り十四被告のうち九人は懲役八－一年、五人は無罪となった。

起訴状によると、徐勝被告は六七年から二度にわたって北朝鮮でスパイ教育を受け、六八年四月ソウル大大学院に留学、弟の徐俊植被告とともに❶地下党の組織❷反政府運動の扇動❸学生デモ操縦❹軍事機関爆破❺要人暗殺計画を進めたというもの。徐兄弟にだき込まれたという四十九被告と一緒に、さる四月の韓国大統領選挙直前、韓国陸軍保安司令部に逮捕され、七月十九日から公判中だった。

これに対し徐兄弟の無罪を信ずる徐勝被告の東京教育大時代の恩師や同窓生は「徐君を守る東京教育大学同窓生の会」（代表世話人・小峰和夫さん）を作って助命嘆願を行なっていた。

李裁判長は判決のなかで「証拠と検察側の提出証拠で、起訴事実は大体そのまま認定できる」と述べた。傍聴席最前列では、京都からかけつけた徐兄弟の母親が「徐兄弟を守る会」の大阪外語大生ら

徐勝・徐俊植兄弟の一審宣告を写真とともに報道した『読売新聞』の記事

れまでの身の毛がよだつような噂を確認させてくれた。あごの下から左耳にわたってひどい火傷の痕跡があり、左耳の一部は溶け落ちたように見え、頭の後ろに巻いた布で眼鏡をようやくかけている状態だった。唇の輪郭もあまりはっきりしていなかった。金千吉の写真は以後、徐兄弟救援会のニュースレターやパンフレットなどに際限なく「無断転載」された。

徐兄弟事件は、徐勝の出身母校である東京教育大学（昔の東京高等師範学校）の教職員や同窓生を含め多くの知識人が救援運動に参加したため、日本のマスコミでも関心が高かった。『朝日新聞』は「学園スパイ事件の徐君、嘆願むなしく死刑判決」というタイトルの四段の記事で報道し、『読売新聞』も「徐君に死刑判決、助命嘆願むなしく」というタイトルの同じく四段で扱った。両紙ともに写真を二段の大きさで掲載し、『毎日新聞』はさらに大きく掲載した。

徐兄弟判決公判について、日本と韓国の新聞の報道姿勢には大きな差があった。『東亜日報』は宣告された量刑を中心としてたった三つの文章で伝えた。写真を載せることはしたが、一〇余名の被告人全体を撮ったもので大きさも小さく、知人でなければ徐勝の顔の異常に気づくこともできなかった。その反面、日本の新聞は関連記事で母たち家族の話、救援会の活動家の反応、徐勝の火傷の治療の行方なども紹介した。

当時『朝日新聞』のソウル特派員は猪狩章《いかりあきら》であった。彼がソウルで勤務した時期は一九六九年から一九七三年まで。日本の赤軍派によるよど号ハイジャック事件、南北赤十字会談、一〇月維新クーデターなどを取材した。彼は北朝鮮のスケート選手韓弼花《ハンピラ》と韓国に住む兄の韓弼聖《ハンピルソン》の「兄妹電話の再会」にも関与した。アジアで初めて開催された一九七二年の冬季オリンピック札幌大会に先立ち、一九七一年二月にプレ冬季オリンピックが札幌で開かれた。このプレオリンピックに参加するため日本に来た北朝鮮のスケート選手韓弼花は、朝鮮戦争のさなかに一人で越南してソウルで暮らしていた兄の韓弼聖と、二〇年ぶりに国際電話で三〇分ほど涙の会話を交わした。この電話の再会は『朝日新聞』東京本社とソウル支局をつないで進められた。一九八〇年九月に平壌を訪問して金日成と会見したこともある猪狩は、徐兄弟事件について韓国マスコミを辛辣に批判する文を残している。

厳しい南北対立の中で、そして、共産主義の存在を肯定することすら許されない朴政権の下で、徐君兄弟は「非国民」「非人間」といった扱いを受けた。当局の規制を受ける韓国のマスコミは、公判廷に出て、直接自分らの目で兄弟を見、自分らの耳で兄弟の話を聞こうとはしなかった。そればかりか、裁判継続中に兄弟を実名で登場させるスパイ・ドラマまで作って放送した。徐君兄弟は、こんな方法で肝心の韓国の民衆から孤立させられていった。

保安司令部西氷庫分室で焼身を試みる

徐兄弟の本籍は忠清南道青陽である。祖父は郷里で生計を立てるのが難しく、一九二八年に家族を引き連れて日本へ渡った。徐勝と徐俊植は五人きょうだいの次男と三男であった。上に兄の善雄《ソヌン》、下に弟の京植《キョンシク》、妹の英実《ヨンシル》がいる。事件発表当時、徐善雄は徐勝の「在日工作指導員」とされ、徐英実は男兄弟が韓国に行くことができないので、母の呉己順《オギスン》とともに何度も韓国に来て兄たちに差し入れをしなければならなかった。徐京植は在日同胞の苦難を民族の離散《ディアスポラ》の側面から分析した本を何冊も書いた知識人である。
京都近隣で生まれ育った徐勝と徐俊植は三歳ちがいである。一九四五年生まれの徐勝は、一九六八年三月東京教育大学文学部社会科学科を出たあと、ソウルに来て語学課程を終え、一九六九年三月ソウル大学大学院社会学科に入った。母国留学は徐俊植が一年早い。彼は一九六七年京都府立桂高等学校を出てすぐに韓国に来た。ソウル大学付設研究所の課程を修了して一九六八年三月にソウル大学法学部に入学した。

徐勝が最初に連行されたのは一九七一年三月六日のことだ。大学院修士課程を終えて日本で冬休みをすごしたあと、金浦空港に到着した直後である。彼は新学期からソウル大学教養学部助教に内定していた。保安司令部玉仁洞分室に連行された徐勝を迎えた人物は保安司令部対共処長金教練《キムギョリョン》大領であった。彼は「スパイには令状は必要ない。いつでも殺せる」と脅した。数日後、徐勝は西氷庫分室に移されて惨《むご》い取調べを受けた。二週間ほどたったある日、保安司令部の捜査官は「在日僑胞学生なので反省の機会を与える。国家に忠誠を尽くせ。今後の活動によっては処罰しないようにする」と釈放した。徐勝より早くソウルに帰ってきた徐俊植も、金浦空港ですぐに連行されたが取調べを受けたあと釈放された。

しかし、それで終わりではなかった。釈放されたあと、どんな活動をするのか監視するため一時的に解放したにすぎなかった。徐勝は朴正煕、金大中の両者の対決となった第七代大統領選挙が佳境を迎えた四月一八日夕方、再び西氷庫分室に連行された。捜査官は開口一番「もう容赦しない」と言った。拷問は過酷だった。でっち上げのシナリオもわかってきた。北朝鮮の指令でソウル大学に地下組織を作り共産主義暴力革命を試みた、親交のある金相賢《キムサンヒョン》議員を通じて野党大統領候補である金大中に「不純な資金」を渡した、というものであった。隣の取調室からは、親しくしていた韓国学生たちのうめき声が絶え間なく聞こえてきた。

徐勝は国内の学生運動に大きな打撃を与える「シナリオ」を到底受け入れることはできなかった。朝になると彼を責め立てた捜査官二名が食事をしに出て行き、監視の警備兵もたばこを吸おうとしたのか席を離れた。その隙に乗じて彼は石油ストーブに調書用の紙を当てて火をつけ、焼身という捨て身の抵抗を試みた。

大統領選挙投票日が四月二七日であり、選挙の一週間前を狙った保安司令部は四月二〇日、徐勝の焼身などおかまいなしに学園スパイ団事件を発表したのである。保安司令部は、在日韓国人学生四名を含む一〇名と関連者四一名、合計五一名のスパイ団を一網打尽にしたと発表した。重症の火傷を負った徐勝の状態は深刻だった。景福宮の横の昭格洞の陸軍首都統合病院に移送されて一ヵ月余り昏睡状態が続いた。眉と耳は溶けてしまい、口は縮んでストロー一本がようやく入るほどであった。彼が意識を回復すると検事が訪ねてきて尋問調書をとった。指で拇印を押せなかったので、足の指の拇印を押していった。

初公判は七月一九日に開かれ、人定尋問だけで終わった。裁判を傍聴するため日本から来た父母は、裁判が終わったあとソウル拘置所に来て面会をした。徐兄弟が拘束されてから初めて許された面会である。裁判が始まったあと、徐勝は陸軍病院で口の拡大手術を受けた。両側を切開して口がより広がるようにすると、看護将校が鉗子で綿を押し入れて口の中を磨いてくれたという。

求刑は二人とも死刑であったが、一〇月二二日の一審判決で徐勝は死刑、徐俊植は懲役一五年の判決を受けた。徐勝の火傷治療のために手術が続き、控訴審からは分離裁判とされた。一九七二年二月一四日、控訴審判決で徐俊植は懲役七年となり、徐勝は同年一二月七日無期懲役に減刑となった。一〇月維新クーデターと同時に宣布された非常戒厳令下であることを思えば、減刑されただけでも運がよかった。徐勝は控訴審の最終陳述で自身を「南北対立時代のいけにえ」にたとえた。彼は「わが国が今後いかなる国際情勢のもとであれ自主的に平和的に統一されなければならない」と述べた。上告審はそのまま棄却であった。

徐俊植は一九七二年五月二三日、先に上告を棄却されて懲役七年の刑が確定し、翌月大田矯導所に移送された。徐勝も一九七三年三月一三日に上告を棄却されて大田矯導所に移送されたが、二週間だけでさらに大邱矯導所に移された。兄弟を同じ矯導所に収容しないという分離原則によるものである。一審判決公判後に別れて兄弟が再び顔を合わせたのは、一九八八年五月に徐俊植が釈放されて徐勝がいる矯導所に面会に来たときであった。

「世界最高のオモニ」の死

新軍部が非常戒厳令を拡大して光州に空挺部隊を投入し虐殺劇を繰り広げた一九八〇年五月二〇日午前二時五〇分、京都の病院で徐兄弟の母呉己順は息を引き取った。子宮がんを患った彼女は、二人の息子が解放されるのを見ることができないまま出血多量で他界した。葬儀は翌日京都の自宅で行なわれた。棺の中に入れられた呉己順の胸の上には徐勝、徐俊植の写真が置かれた。その横には『ユンボギの日記』などいつも愛読した本があった。『ユンボギの日記』は、父の虐待と母の家出にもかかわらず、少年の身で貧しいながら弟の面倒を見た小学校五年生のイ・ユンボクの日記を集めた『あの空にも悲しみが』の日本語版である。一九六四年に出版されたこの本は、韓国でたいへんな反響を引き起こし、翌年には映画化され、日本語翻訳版もベストセラーとなるほど関心を集めた。日本で数多くの苦難を経験した呉己順も、この本に共感したのだろう。

彼女がこの世を去って五ヵ月後、『朝を見ることなく』という本が日本で出版された。彼女をいたむ人たちが「呉己順さん追悼文集刊行委員会」の名で本を出したのだ。刊行委員会は、編集・刊行の理由を「政治囚の母として、厳しい苦難を経験されたという理由からだけではありません。母として息子の解放を願い、そのために出会う幾多の苦難に真正面から立ち向かわれる過程で、同じ困難を共有している同胞のすべてが幸福に生きうる社会、統一された祖国の実現を願ってこられた呉さんの生涯が、私たちに感銘と励ましを与えてきたから」と説明している。徐兄弟救援活動に参与した学者、牧師、言論人、政治家など多様な経歴をもつ人が寄稿した。寄稿者のなかにマルクス主義哲学者古在由重がいる。戦前、治安維持法違反で二度検挙され、戦後は原水爆禁止運動や平和運動に参加した経歴をもっている。古在は故人が短い期間に獄中の息子たちと面会するため韓国を六〇回ほど訪問したが、その心労は想像を越えるものだったにちがいないと回顧している。彼はやむを得ない事情で葬儀に出席することができず、弔電を送る際に「世界一のお母さん」という表現を使いたかったが、主観的すぎる気がしてできなかったという。だから追悼文では、「世界一のお母さん」がこの世を去ったが本当に過酷な運命を生きたと書いた。

呉己順は忠清南道公州で生まれた。一九二〇年生まれと公的書類には記載されているが、本人は生前に一九二二年生まれと言っていたという。公州での生活は、実家も母親の実家も、いずれもとても貧しかった。生計が立てられず、父親は息子を連れて先に日本に渡り、身一つで働いた。母親は一九二八年、呉己順を連れて下関に到着し家族と合流した。

日本での生活もとても厳しかった。きょうだいは兄一人、妹三人、弟一人。妹一人は幼くして亡くなり、高等小学校を出た弟は鉄道建設工事に動員され、雨の降る日に足を滑らせ線路に落ち、汽車にひかれて亡くなった。呉己順は学校の入口にさえ行くことができなかった。幼いときから日本人の家で子どもの面倒を見る仕事などをして、住み込みで働いた。結婚は一九四〇年一月頃だった。父親が自転車店で働く同郷の友人の息子を見て婿に決め、顔も見ないまま結婚した。夫は徴用の期間が延長されたことを知り姿を隠した。呉己順は子どもを背負い役所を訪ね、夫の所在がわからなくなったと訴えた。やがて戦争が終わり、夫が帰ってきて、生活が少しずつ安定していった。

呉己順は幼いときから「チョーセン」という言葉を聞いて生きてきた。住み込みをしたとき日本人の主人は日本式の名前を勝手に決めて呼んだ。呉己順は子どもたちが「チョーセン」という言葉を聞いて劣等感にさいなまれないよう教育に神経をつかった。誰かが朝鮮人かと訊けば、堂々と「はい！ 朝鮮人です」と言うようにさせた。朝鮮人が悪さをしたことは一つもないし、日本人をうらやんではいけないと教えた。彼女は小学校の教員からこう訊かれたことがある。

「あんたは朝鮮人か?」言うたら、（ほかの子の場合）うつ向いてじっと壁のほう向いて小そうなるのに、あんたとこの子供はなんでか知らんけど、「朝鮮人か?」言うたら、「はいっ」と言うて立って「大きなったら飛行機に乗って朝鮮に行くさかい、見送ってほしい」と言うたりするし、「どういう家庭教育したはるのですか?」

呉己順は、自分は教育のことはわからないと笑ってやりすごしたという。

息子の火傷の顔を見て

呉己順自身は故郷に帰って生きる夢を実現できなかったが、二人の息子が韓国に行って勉強することだけでもとても嬉しかった。彼女は会う人ごとに「私の子がソウルで勉強しているの」と自慢した。しかし一九七一年春、二人の息子が突然北朝鮮のスパイと発表されて、すべてが真っ暗になった。新聞発表を見て驚いた彼女は、一週間で準備し、すぐにソウルに発った。頼れるつても親戚もいないので、すべて雲をつかむようだったという。

まずソウル拘置所を訪ねて二人の息子の所在を確認したが、いないと言われた。彼女は長いあいだ祖国の言葉を使わずにいたので話すことや聞くことに不慣れだった。意味がわからず聞き返せば相手は笑ってバカにする。そのたびにいつも腹が立ち心の中で泣いた。検察庁も同じだった。彼女は保安司令部の事務所があればどこでも訪ねていったが、いないと言われるだけだった。時には「あなたの息子は国家に反逆した極悪無道な「非国民」なのに面会ができるとでも思っているのか」と言われることすらあった。国内で誰も助けてくれる人がいないなか、一人やるせない思いを抱いた彼女は、日本人の救援会活動家に「あいつらはみんな人殺しや。長いあいだ日本に住んでいるから言葉がうまいこと通じひん。それをバカにして難クセつけよる」と切々と訴えた。捜しまわったあげく、ようやく弁護士を通じて徐

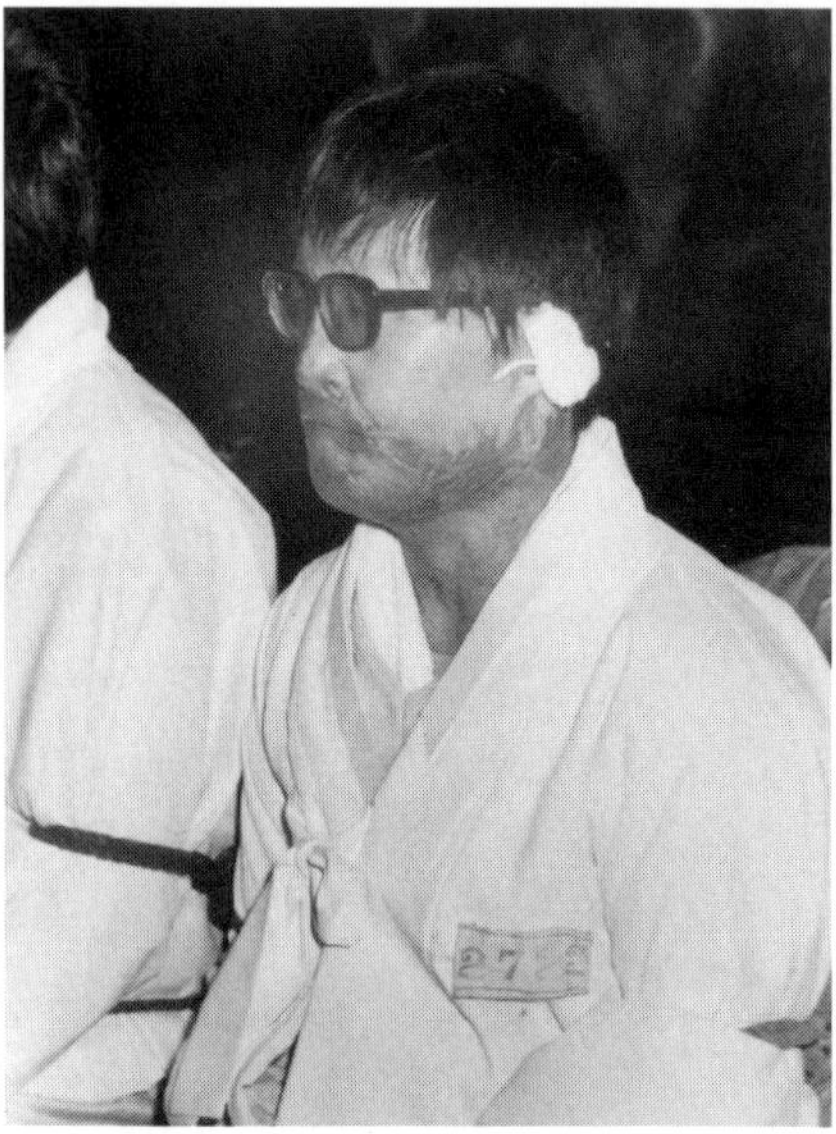

法廷に現われた徐勝。徐勝の残酷な火傷の様子は日本社会に衝撃を引き起こした。

俊植の所在を知ることができた。やはりソウル拘置所にいるというのだ。だが、徐勝はどこにいるのかわからなかった。弁護士もわからないという。面会が一切許されないまま日本に帰らなければならなかった。

再度準備して再びソウルに行き、何か差し入れようとソウル拘置所に行ったとき、とんでもない話を耳にした。受付窓口の女性係官が徐勝は「たぶん死んだだろう」と言うのだ。仰天した呉己順にその係官は、「誰にも言ってはだめよ。燃えてるのを担架に載せて運ばれるのを見たの」と言った。呉己順がどこでと再び尋ねると、係官は窓口から出てきて、ここで担架に乗せていくのを見たが、たぶん死んだだろうと繰り返した。

呉己順は次男の生死も確認できずに日本に帰った。とてもやりきれなかったが、それでも「たぶん」と言っていたのでまだわからないと一縷の望みをつないだ。五月二八日、二人が起訴されたという報道があり、彼女は「ああ生きてんのや、生きてんのや」と胸をなで下ろした。

死んだのかと思った徐勝の姿を見たのは、その年七月一九日の初公判のときであった。夫とともに傍聴席に座り徐勝の後ろ姿を見ると心が乱れた。耳がなく口もくっついてしまって、手は包帯で巻かれていた。ここで気絶してはだめだと歯を食いしばった。夫が横で「勝、耳がないぞ」と言うと、彼女はもはや我慢できなかった。こらえ切れず泣いて息子を呼んだが、看守たちが大声で制止した。

その日から面会が許された。ソウル拘置所にいるときは比較的自由に面会することができたが、刑が確定し兄弟が違う矯導所に離されてからは、訪ねていくだけでも大変な苦労だった。既決囚になると月に一度面会が許されるが、拒否されることも少なくなかった。情報部と矯導所は、面会すら転向させる手段として利用した。息子に会いたければ「泣いて転向するよう説得しろ」と強要された。そのたびに呉己順は、自分は学がないからそんな複雑なことはわからないと応じなかった。息子たちが苦境におかれた理由に納得できず、息子たちの気持ちに反して転向を勧めたくなかったからである。

息子に差し入れしようと一人で文字の勉強

正規の学校教育を受けたことがない呉己順は、息子の差し入れのために一人で文字の勉強をした。出入国するときや矯導所で面会を申請するとき、本人が名前、住所などを書類に記入しなければならなかった。日本で在日韓国人政治犯救援運動に長く携わった吉松繁牧師は、その頃の呉己順を次のように回顧している。一九七四年春、呉己順がソウルのとある旅館の部屋に人目を避けて夜こっそり尋ねてきた。韓国で日本人と会うなという警告を受けているという。その日、呉己順は徐勝に面会しに行ったが、午前九時から待たされたあげく、夕方の五時の面会時間終了の直前にやっと会えた、兄弟が別々に収監されているので、面会するだけで二日かかると打ち明けた。当時、徐勝は大邱矯導所に、徐俊植は光州矯

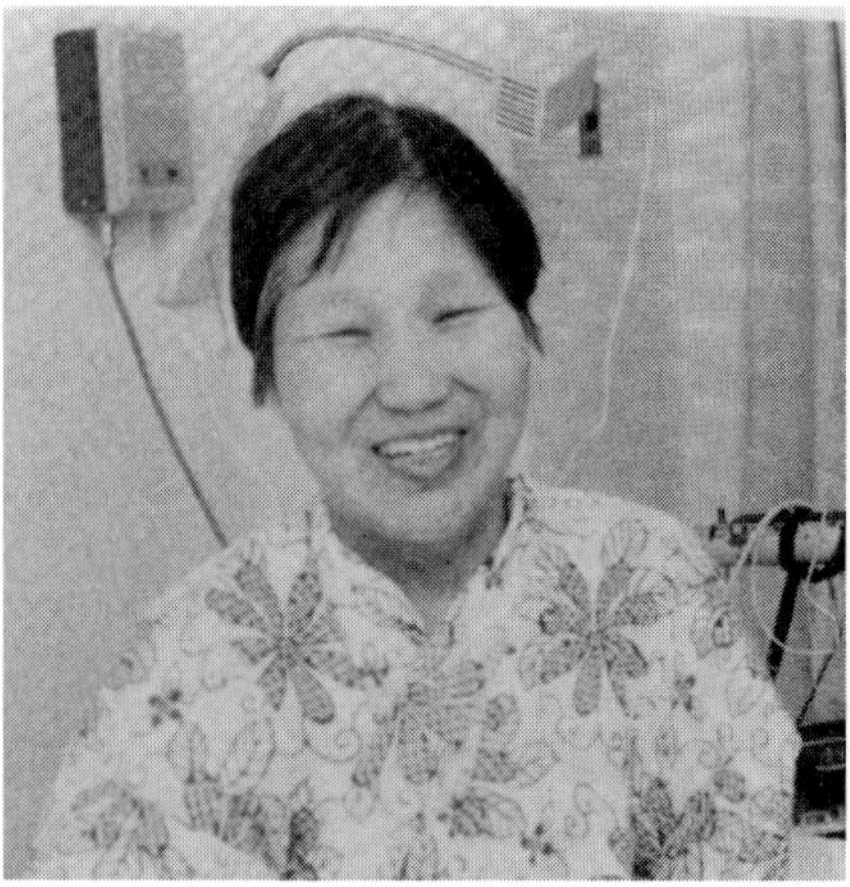
病床の呉己順。他界する３ヵ月前の1980年２月の姿

導所に収監されていた。吉松牧師は呉己順の疲れた姿に心が痛んだと書いている。呉己順は手持ちのお金が無くなると、時には臨時の日雇いの仕事までして差し入れする品物を買い、パンひとつで飢えをしのいで面会したという。そんな彼女を慰め励ましてくれるのが政治犯の家族だった。尹潽善《ユンボソン》前大統領の夫人孔徳貴《コンドッキ》、詩人金芝河《キムジハ》の母鄭琴星《チョングムソン》らが彼女の訴えを聞き、温かく迎えた。

懲役七年が確定した徐俊植の刑期満了は一九七八年五月二七日であった。三男の出所を待ち焦がれた呉己順は、娘の英実、日本人救援会関係者と共に前日に全州に到着して宿泊した。翌日、夜間外出禁止が解けると舗装されていない田舎道を走り、明け方四時すぎに全州矯導所前に到着した。徐俊植が転向書の署名を拒否したことで、刑期満了後の保安監護処分が決まったかどうかが注目されていた。矯導所前には共同通信、時事通信、毎日新聞、ＲＫＢ毎日の特派員四名が待機していた。ある日本の記者は、日本人の記者以外にアメリカ人二名がいたが、韓国のマスコミは誰もいなかったと記録している。空が明るくなり始めた午前六時一五分、徐俊植が保安監護処分ですでに大田矯導所に移送されたという知らせが伝えられた。呉己順は矯導所正門の鉄柵の下に崩れ落ちた。

このとき、まだ保安監護所は設立されていなかった。政府は一ヵ月後の六月二七日、国務会議で清州保安監護所を新設することを決め、その年一一月初めに竣工式を行なった。徐兄弟の妹徐英実は一九八〇年五月二六日、清州保安監護所に行き徐俊植に母の死を知らせた。彼が保安処分を受けてからまる二年たったときだった。徐英実は二日後、大邱矯導所に行き徐勝にも訃報を伝えた。徐英実は祖国の言葉が不得手で、面会が許されても話もほとんどできずに帰ることも多かったという。面会のとき外国語の使用が禁じられているために日本語を知る年配の矯導官が立ち会わなければ意思疎通が難しかった。徐兄弟の父徐承春《ソスンチュン》は妻よりおよそ三年後の一九八三年五月九日に他界した。

独立運動家を弁護した日本人、朴正熙に公開書簡

徐兄弟第一審公判の結果は、日本の知識人社会に衝撃を与えた。二〇代の青年たちに死刑と懲役一五年という重刑が宣告されたからだ。南北対立という現実に直面していない彼らには、とても理解できないことだった。場合によっては上級審でも死刑判決が維持されるかもしれないと、救援会に参加した知識人が本格的に動き始めた。

日本キリスト教教会協議会総幹事を務めた東海林勤《しょうじつとむ》牧師が初めてソウルを訪問したのは一九七一年一二月である。控訴審に備えて弁護士事務室を訪問し、韓国当局に陳情するためであった。関東大震災当時の朝鮮人虐殺問題を研究してきた歴史学者山田昭次が韓国の地を初めて踏んだのは一九七二年一一月である。朴正熙が一〇月維新クーデターを起こし非常戒厳令を宣布していた頃のことだ。山田がソウルを訪れたのは朝鮮史研究者梶村秀樹の依頼で徐兄弟の控訴審を傍聴するためだった。山田もソウルで

初めて呉己順に会った。

東海林牧師がソウルで救援活動を展開した頃、ある日本人が朴正煕に公開書簡を送った。日本の植民地支配の時代に法廷で朝鮮人独立運動家を献身的に弁護した古屋貞雄である。彼は一九二〇年代の朝鮮共産党事件に際してソウルに長期間滞在して弁護した。朝鮮人の小作争議を支援するため全羅南道新安の荷衣島や上苔島まで行ったこともあった。しかし、戦後は社会党で議員活動をしていたが韓国ではほとんど忘れられた存在となっていた。一九七一年一二月二〇日付の彼の手紙は、日本朝鮮研究所理事長古屋貞雄の肩書で書かれている。彼は一八八九年生まれで朴正煕よりは一八歳ほど年上となる。彼の書簡は日本帝国主義と比べても重刑が科されていることを批判しており、独特の見方をしている。内容をかいつまんで紹介しよう。

謹啓　朴正煕大統領閣下

日本人として過去と現在の韓国との関係がもたらす激動の渦を深く反省して研究してきたわれわれとして本当に差し出がましいことではありますが、遺憾と憂慮の思いを表わさずにはいられません。八・一五以前の日本国家は韓民族の最も優れた子たち、独立の意思を曲げない闘士たちを、その主張に深く耳を傾けずに国家という名で多数の人を殺してきました。それをわれわれは慚愧の気持ちで記憶に残しておいております。また韓民族に対して計り知れない民族的損失をこうむらせたことに断腸の思いを持っております。

われわれはこのようなことが再び繰り返されないよう日本政府の対韓国政策および在日韓国人政策

に批判を繰り返し加えてきました。しかし今あなた方があなたの子息と同世代の、韓民族の将来をまさに担わなければならない前途有為の青年たちを国家の名でいとも簡単に殺してしまおうとしております。この施政は過去の日本帝国主義の悪しき手法ととても似ています。このような生命軽視、民族の精華を独断的に抹殺することは誠実な民族統一を志向する民衆の心に本当に合うものとお考えですか。

徐勝君が何を考えて、何のために、何をしたために、あなた方の国家がそれを死刑相当と断定しなければならないのですか。あなた方の民主的という法廷はそれを一つも明確にしていないと聞きました。聞くところによれば、弁護人の活動が十分に保障されず本人との接見さえ思いどおりにならなかったといいます。

われわれは徐君をはじめ本件の被告のなかに在日韓国人祖国留学生が少なくないということを重視しております。日本社会の差別と抑圧の環境が、特に徐君たち日本生まれの青年たちに人間らしく生きる道を妨げてしまう壁となっているという事情を認めなければなりません。一般的に多くの日本生まれの青年たちが日本社会で自身の生き方を苦しく闘い模索している事実があります。このような制約のなかで徐君たちが祖国に留学する道を選ぶことに至った思想的営為、民族的熱情は平凡ではないことがあると言えます。したがって彼らが祖国の将来に寄与しようと取った行動とそれを支えた思想は、あなた方のそれと全く同じではないとしても、何の制約なく全面的に広げる権利があることは国際的に容認されたものです。

思想と行動を取り出して、行動（徐君たちが実際にしたことに限定して）だけを裁断することはあってはならないことです。あなた方は公判で（さえも）ただの一度でも徐君たちの思想を全面的に主張できる機会を与え、心からそれに耳を傾けようとしたことがありますか。徐君たちに主張する機会を作りあなた方の論理を正面から対置させてどちら側が正しいのかを民衆の民族的良心の審判の前にさらけ出すことは民主国家の最小限度の責務ではないかと考えます。

以上のような意味からわれわれは徐君をはじめとする有為の青年たちに対する偏見を撤回して大きな民族的観点と正しい意味での民主国家に戻り、公正な裁判を進行するよう措置をとることを望むところです。

転向工作班の「テロ」

刑確定後、徐兄弟が移送された場所は矯導所の中の特舎（特別収容舎）だった。国家保安法、反共法違反容疑で有罪判決を受け転向しない者を隔離収容する場所である。一九五六年に思想転向制度が法務部長官令として公布される前は、「左翼囚」も転向と関係なく矯導所内の工場で仕事をする「出役」をさせたが、それ以後非転向囚はすべての出役が禁止されて、終日舎房に収監されることになった。5・16クーデター以後、非転向左翼囚は特別管理の名目で大田矯導所に一括して収容された。ところが、北朝鮮の特殊部隊が「獄内共産主義者」を救出するために矯導所襲撃を企てているという情報があると、一九六八年頃、大田、大邱、全州、光州に特舎を設立して非転向左翼囚を分散させた。特舎は矯導所の中でも「シベリア」と呼ばれるほど、人権とは無縁なところであった。徐勝は一九七三年三月、大邱矯導所に移送された直後、特舎の矯導官に軍靴で蹴り飛ばされた。朝、バケツに水をもらって戻るときに、特舎の鉄の規則を知らずに隣の房の人に挨拶したのが矯導官の怒りにふれたのだ。特舎収容者は、互いに言葉を交わす「通房」自体が禁止されていた。運動も二日に一度五分ほどしか許されなかったという。

しかし、その年末から本格化した転向工作の「テロ」に比べると、これはまだ序の口であった。中央情報部、法務部など関連機関を網羅した「転向工作班」が活動に入ったのは一九七三年九月だった。「左翼囚」を専門に担当して収容する特舎がある大田、大邱、全州、光州の四ヵ所の矯導所に転向工作班が設置された。時期的には7・4共同声明で続いた南北当局間の対話が突然中断されたことと関連があると思われる。南北調節委員会の北側共同委員長である金英柱《キムヨンジュ》は一九七三年八月二八日に対南声明を発表、金大中拉致事件の首謀者である李厚洛《イフラク》中央情報部部長とは二度と対話をしないとして交代を要求した。李厚洛部長は南側共同委員長であった。金日成《キムイルソン》の実弟である金英柱の声明はまた、南側が7・4共同声明の合意事項を具体化しようとせず「反共工作を強化して数多くの親共人士を逮捕弾圧している」と主張した。

転向工作班は当初は懐柔から始めた。ほとんど許されなかった手紙のやりとりや面会を許可し、運動時間も少し増えた。しかし融和策はいくらも続かなかった。監房の中で正座をさせて検房（部屋の捜索）を強化、規定に違反する物品を押収した。面会に来る家族がおらず、ほかの受刑者から差し入れを分けてもらっていた人たちに特に苦痛を与える措置だった。転向工作班は非転向囚の家族を探し出し矯導所に連れてきては、非転向囚を説得させた。工作班が特に利用したのが非転向囚の母であった。年老いた母を連れてきて涙で訴えさせたのだ。

一九七三年一二月末からは、事実上のテロの段階に入った。手紙、面会、読書などが全面禁止され、体調が悪くても医務課の診察を受けられないようにした。特舎に暴力犯罪などで入ってきた「雑犯」を配置して拷問のための手先として活用した。問答無用の殴打は当たり前で、真冬に裸にして冷水を浴びせる、薄い布団さえ奪いとって冷たい床で寝かせるなどの弾圧が加えられた。拷問に耐えられずに転向する者が続出し、死ぬことで抵抗する者もいた。布でひもを作り鉄窓に掛けて自殺したのだ。殴打による衝撃で息を引き取ることもあった。

命をかけた徐俊植の拷問暴露

非転向囚に対する無慈悲な弾圧は「監獄の中の監獄」という密室でなされたため、外部に伝えられなかった。「アカが何人死のうと誰も気にしない」というのが転向工作班の気風だった。転向工作の嵐は、在日韓国人という特殊な立場にある徐兄弟といえども例外ではなかった。一九七三年九月に大田から光州に移送された徐俊植は、獄中での野蛮な拷問に憤怒して手首を切って自殺を試みた。一九七三年一二月か一九七四年一月頃であった。

徐俊植の面会は全面禁止された。呉己順は六ヵ月のあいだ徐俊植の顔を見ることもできず、息子が監獄で死んだのではないかと不安になった。救援会の活動家は、西村関一《かんいち》社会党参議院議員に韓国に行って徐俊植に面会してもらいたいと訴えた。西村は衆議院議員を三期、参議院議員も二期務めていた。牧師でもある彼は、のちにアムネスティ日本支部理事長になった。

西村の徐俊植との特別面会は、金鍾泌《キムジョンピル》総理の許可を得て一九七四年五月三日光州矯導所で行なわれた。約四〇分間の面会には、中央情報部全南対共分室課長と矯導所幹部たちが同席した。日本人が徐俊植に面会したのは、一九七二年一一月四日に東海林勤牧師が面会して以来のことだった。その間、日本人の救援会活動家たちが数多く面会を申請したが、一度も許されなかった。死の恐怖のなかで一日一日をすごした徐俊植は、意を決して特舎での実態を暴露した。西村議員に従って面会に同席した日本人活動家が作成した面会録には当時の緊迫した雰囲気がそのまま表われている。

西村：徐俊植君の健康はどうですか。
矯導所所長：徐俊植は健康に異常はない。精神状態も正常です。昨日母親が面会に来たのでこれを許しました。
西村：生活態度はどうですか。
所長：生活態度も格別問題ありません。ここにすぐ徐俊植を連れて来ます。

――徐俊植氏、手錠をはめず青い囚人服姿で所長室に入ってくる。

西村：（徐俊植の手を握り）君に会えたことはとても嬉しい。
徐：昨日、先生がおいでくださることを聞き、ありがたく思っています。お待ちしていました。
西村：古在さん、森川君からも君に会うようにとくれぐれも言われました。日本の学友など多くの人びとが、私が韓国に行くということでぜひ君に面会するよう期待していました。ここには所長など偉い人が沢山いるが遠慮なくありのままに話して下さい。
徐：自分一人だけのことではありません。自分と同じ立場にある多くの人びとを助けるためには、めったにないこの機会に先生の力にすがるほかありません。
西村：健康はどうですか。
徐：あのとき（自殺を図ったとき）以来、私の健康は徐々に回復しています。私はいつまた拷問されるかわからないという不安と恐怖におののきながら、その日その日をすごしています。
西村：私は今日君に転向を勧めに来たのではありません。
徐：私はどんなひどい目にあっても、たとえ殺されても、転向書は書きません。共産主義に対する確信があります。未来に対する展望があります。
西村：君はいつから共産主義者になったのですか。
徐：韓国に来て二年ほどたってからです。夏・冬の休暇に日本に帰ったとき、社会思想の本を読んでいました。そして共産主義に共鳴をおぼえるようになりました。
西村：そのことについて誰もとやかく言う権利はない。思想・信条の自由は世界人権宣言で約束されている。しかし、私の長い人生経験を通じて思うのだが、社会の問題をいろいろな角度から考えると同時に、人間の内面の問題、魂の問題を見つめるべきではないだろうか。君は聖書を読んだことがありますか。
徐：大田矯導所にいるときには時々読みました。ここでは一切の読書が禁じられていたので読む機会がありませんでした。昨日、母親が来る一時間前にはじめて読書が許されたのです。それまでは読書はもちろんあらゆる自由がありませんでした。苦しい毎日をすごしていました。
西村：お母さんとはどういう話をしましたか。

徐：家族のことを話し合いました。拷問のことなどは母親に言っていません。
所長：（韓国語で）それは嘘だ。母親にもそういうことを言ったではないか。
西村：差入れはどうですか、順調に入っていますか。
徐：差入れは何も届いていません。読書と同じく、面会もほとんどできません。手紙は一通も受取っていません。
所長：（韓国語で西村氏に）家族との文通は禁じていません。それ以外の者との文通は禁じられています。政治囚については特別の計らいをしています。特に徐俊植は若く思想が未熟だから特別に面倒を見ています。彼に対しては殴ったことはありません。ほかの者に比べて特別の待遇をしています。たとえば私は非常に忙しいが個別に四回も彼と面接しました。夏、暑いときにはほかの受刑者は一室に四人くらいで雑居させていたが、彼には一室を与えている。冬は布団も何人かで一枚を使用させていますが、彼には大きい布団を一人で使用させています。雪が降るときは雪見もさせました。市内に出てショッピングもさせ、見たい映画も見せました。
徐：それは嘘だ！　歪曲している。所長は嘘を言っている！　所内ではひどい拷問とテロが行なわれたのです。
西村：君はどんな拷問を受けたか。全部言えなくとも一つ二つ言ってみなさい。皆の前で言ってみなさい。
徐：冬の寒い日、まっ裸にされロープでぎりぎり縛られて水を掛けられ、戸外に放り出された。
所長：（韓国語で）やめろ！　やめろ！　やめろ！

西村：続けなさい。

徐：冬のさなか、毛布はくれたが毛糸のシャツはくれない。この作業服だけです。たとえばヤカンに四杯の水をむりやり飲ませ、ぶくぶくになった腹をふみつけて腹の中のものを全部吐き出させるなどの拷問です。昨年一二月から今年一月にかけて、所内の政治犯に対して大規模な拷問とテロが行なわれました。そのとき拷問とテロがあまりにも激しかったので私は耐えきれずに自殺を図りました。数年間、薄暗い獄中で自分と同じように拷問を受けながら生活してきた人たちの大部分はこの間に転向しました。しかし私は転向しなかった。なぜなら自分と兄だけの問題ではなく、これは全体の問題だからです。拷問やテロをやったのは看守ではなく、それは所内の凶悪犯を使ってやらせたのです。自分だけでなく。すべての非転向政治犯に対して拷問を加えました。

所長：（韓国語で）もうやめろ！　やめろ！

——所長は慌てて顔面蒼白となり、立ったり坐ったり、室を出たり入ったりする。ほかの立会い人らは終始顔色を変えない。

徐：私は今、非常な勇気をもってこのことを言っています。（徐俊植はこの会見中、前後三回同様の発言をしている）

所長：彼の言っていることはみな嘘だ。本人がここにいる前でひとこと言わせてほしい。手紙を出すことも読書することも許しています。弁護士も望めばいつでも頼めるが彼は頼もうとはしません。個別指導をしようとしたが彼は受けつけない。所内の政治犯全員に同じようにするなら自分もそうしてもらう、と言って常に彼はわれわれの好意を無視してきました。非転向組を一ヵ所にして気持をほぐそうとしたが、逆に彼らは団結した。ある時には掃除夫を抱き込んで企らみをしたこともあります。それで集団指導から個別指導に移しました。今、彼は私たちにずい分ひどいことを言いましたが、そのことによって彼に対する処遇を変えるつもりはありません。今後は自殺させるようなことはありませんので心配しないで下さい。彼のことは十分配慮します。

徐：どうか、国際世論・国際機関にこのことを訴えてください。国際赤十字などにも訴えて下さい。

西村：赤十字だけでなく、君たち兄弟のことは昨年私がロンドンに行った際にも直接アムネスティ本部に訴えました。日本でも君たちのことをアムネスティがあつかっている。兄さんは西ドイツグループ、君はイギリスグループが担当しています。君たち兄弟は良心の囚人に指定されています。君は良心の命ずるまま最後まで立派に行動して下さい。火をもってしても、水をもってしても、いかなるものをもってしても犯すことのできない人間の尊厳を守って下さい。

面会が終わると光州矯導所は大騒ぎになった。徐俊植にすぐに報復措置がなされた。しかし、面会を禁止したからといって「拷問暴露」が消えるわけではなかった。徐兄弟救援会は、韓国の関係当局に抗議電報を送る運動を繰り広げ、大阪の韓国総領事館と東京の韓国大使館前では抗議デモが行なわれた。五月二三日、東京の衆議院第二議員会館会議室で国会議員、学者、作家らが集まり抗議声明を発表した。

超党派議員らは声明で、徐俊植に対する虐待、拷問を即時停止せよと朴正煕大統領に要求した。学者たちの「アピール」には会田雄次（歴史学）、久野収（哲学）、飯沼二郎（農学）、日高六郎（社会学）、高島善哉（経済学）、桑原武夫（フランス文学）、中野好夫（英文学）ら学界の重鎮のほかに、漫画家手塚治虫も名を連ねた。「アピール」は「一個人の思想・信条を理由として加えられるこのような虐待と基本的人権の侵害は、極めて非人道的」と非難して韓国の政治犯がおかれている危機的状況を訴えた徐俊植の勇気ある姿勢に応えたいと表明した。

小説家野間宏、佐多稲子らも名を連ねた「〈徐君兄弟を守る〉文学創造者と読者の会」は別の声明で「徐兄弟が韓国の矯導所の中で文字通り生命を賭けて示しているのは、虚偽と暴力への抗議で、民族と人間的なるものへの愛であろう」と主張して、韓国政府が徐兄弟をはじめとする政治犯の基本的な自由と権利への迫害を即時中止するよう要求した。

本末転倒の保安監護処分

日本の知識人の声明と抗議の波は、維新政権に特別な影響を及ぼすことはできなかった。一九七五年四月三〇日、韓国が軍隊まで派遣して支援したサイゴン政権（南ベトナム）が倒れ、統一されたベトナム社会主義共和国が成立すると、再び北朝鮮が南進するかもしれないという「恐怖」が韓国をおおった。

一九七五年七月九日未明、民防衛基本法、防衛税法とともに社会安全法案が国会を通過した。社会安全法はひとことでいうと、刑期を終えた「不純分子」に対して国家統制を大幅に強化する法律である。「反国家事犯」の再犯の危険を防止するという目的で、当局が危険人物と見なす者を裁判なく行政処分によって長期間拘束できるという点で、基本的人権を侵害する可能性が大変高い法であった。しかし、戦時体制を構築すべきだという空気に押されて野党も正面から反対できず、事実上政府案のままで通過した。

適用対象は、刑法第八七条～九〇条（内乱、内乱目的殺人、内乱予備、陰謀扇動、宣伝）、軍刑法第五～九条、第一一～一六条（反乱、反乱予備、陰謀、扇動、宣伝、利敵、間諜）、国家保安法第一～八条、反共法第三～七条違反で禁固以上の刑を宣告され執行された者である。歴代政権下で、捏造が疑われるスパイ事件は絶えず発生していた。政権の失政を批判しただけで上記条項に違反したとされ、実刑を宣告された者は当然対象となる。特に反共法第四条の鼓舞讃揚は当局の思いのまま、ご都合主義的に適用された。それを思えば、社会安全法の適用にはなはだ問題が多かった。いわゆる「マッコリ反共法（違反者）」はその代表的な例だろう。生活が苦しい庶民が酒の勢いで時局を批判した些細な言葉が、反共法違反の政治犯として処罰されたものである。野党は最後まで反共法第四条除外を要求したが、受け入れられなかった。社会運動どころか、ただ食べるのが精いっぱいの人にまで、審査をすれば保安処分が下された。

保安処分には、保安監護、居住制限、保護観察の三種類があった。処分期間は二年で、二年ごとに再審査を通じて更新できた。最も強力な制裁措置である保安監護は保安監護所に収容するものである。法務部次官を委員長とする審議委員会が再犯の「危険性」があると判断すれば、実際に行なった行為がなくても収容することができた。そして「左翼囚」として服役した前科があるというだけで、夫婦が共に拘束されて子どもたちと引き裂かれたといった驚くべき事例も少なくなかった。矯導所で良心と思想の自由などを理由に転向書の署名を拒否することも、再犯の危険性を判断する主要な基準となった。

社会安全法の被害者のなかで広く知られている人が徐俊植である。彼は懲役七年の刑を満了してからも一〇年間拘束され、一九八八年五月二五日にやっと釈放された。それでも完全な自由ではなかった。法務部が「再犯の危険性が相当部分減少した」と保安処分を「保安監護」から「住居制限」に変えたにすぎなかった。

徐俊植が法定刑よりも長い本末転倒の収監生活を送ったのは、社会安全法の保安処分のためであった。彼は一九七八年五月に刑期が満了すると、保安監護処分に付され、その後四度ほど更新されて、監護所でだけでも一〇年間収監された。一九八八年に監護所から出るとき、保安監護処分満了日が五月二六日であったが、前日が彼の誕生日なので一日早めて釈放されたという。法務部が行政処分で一〇年余計に捕らえておきながら、一日早く解放してやったと恩を着せてみせたのである。彼は自分の釈放を事前に知らなかった。房で寝ていたところ、五月二五日〇時三〇分に通報を受けて慌てて出所手続を踏み、朴《パク》漢徹《ハンチョル》検事（のちに憲法裁判所所長）と清州観光ホテルにしばらく滞在したあと、ソウルに居住するおばの家に引きとられた。

徐俊植が一七年ぶりに限定的ではあるが自由を取り戻したのは、何よりも彼自身の闘争の成果である。転向制度と社会安全法は、最も基本的な人権である思想と良心の自由を弾圧するものであり法的正当性がないと彼は主張してきた。彼は社会安全法の暴力性に抗議して一九八七年三月四日から四月二三日までなんと五一日間も断食闘争を続けたのである。またそれは、一九八七年の民主化闘争が勝ち取ったものでもあった。一九八七年六月の民衆大闘争をへて一九八八年四月二六日の総選挙の結果、与党が過半数に届かず「与小野大」国会で悪法廃止への共感が広がったからである。

徹底して秘密のベールに隠されていた非転向長期囚問題が、外部に知られはじめたことも肯定的に作用した。維新独裁や全斗煥《チョンドゥファン》暴圧統治に抵抗して拘束された大学生は、一般受刑者から隔離されて特舎に収容される場合が多かった。特舎に入って初めて非転向長期囚への非人間的な待遇の惨状を目撃した彼らは、矯導所内の待遇改善のため共に闘争し、出所後にも長期囚問題の実情を知らせる先頭に立った。朴正熙が緊急措置を乱発し監獄に入れた大学生たちが、存在さえ知られていなかった長期囚問題解決の先駆者となったわけである。

社会安全法は一九八九年五月二九日、「与小野大」の国会で廃止され保安観察法に代替された。社会安全法上の保安監護・住居制限はなくなり、代わりに保安観察が強化された。当時保安監護所に収容されていた三五名は、根拠法が廃止されたことにより解放された。徐俊植は保安観察法が基本的に社会安全法と異なることのない悪法だと反発し、法に規定された申告義務を無視して再び拘束され、執行猶予判決を受けたこともあった。

徐勝は弟から一年九ヵ月遅れた一九九〇年二月二八日、三・一節特赦で釈放された。それに先立つ一九八八年一二月二一日、無期から懲役二〇年に減刑されていた。最後まで転向書署名を拒否した彼は、一九年にわたった収監生活を思想転向工作との闘争であったと意味づけた。「人間の考えを強制的に変え、力で屈服させ、人間性を抹殺しようとする非人間的制度に決して屈服したくなかった」と述べた。

国家保安法と日帝の治安維持法

国家保安法が日本帝国主義の治安維持法そっくりに制定されたのは周知の事実である。保安監護制度も治安維持法の「予防拘禁」制度をほとんどそのまま借用したものである。日本で治安維持法が制定されたのは一九二五年四月。日本政府は以前にも、ロシア革命以後に過激な社会主義思想が広がることを防ぐため、取締法案を準備して議会に提出したが、取締対象の定義が曖昧で濫用の憂慮があるという理由で廃棄された。一九二三年九月には関東大震災で発生した混乱を収拾するという名目で、緊急勅令として治安維持令を公布、すぐに施行した。表面的には秩序紊乱、流言飛語拡散などに対応するとされていたが、実際には社会主義者を弾圧しようとするものだった。治安維持令は治安維持法が登場すると廃止された。

治安維持法は、ソ連との国交樹立（一九二五年一月）と普通選挙法制定に応じて作られた。普通選挙法は、一定金額以上の税金納付者に限定されていた有権者を、満二五歳以上の本土居住日本人男性に拡大したものである。日本政府は普通選挙法実施によって左派系列の社会運動が激化することを憂慮、治安維持法をまず制定した。しかし普通選挙法の実施は三年後に延期された。当初治安維持法の最高刑量は懲役一〇年だった。「国体ヲ変革シ又ハ私有財産制度ヲ否認スルコトヲ目的トシテ結社ヲ組織シ又ハ情ヲ知リテ之ニ加入シタル者」は懲役一〇年以下の懲役または禁固に処すとされていた。国体は天皇制、「天皇を中心とする秩序」を意味する。

一九二八年六月に法改正を通じて最高量刑が死刑と大幅に強化された。国体変革と私有財産制度とに対する刑量を分離、「国体ヲ変革スルコトヲ目的トシテ結社ヲ組織シタル者又ハ結社ノ役員其ノ他指導者タル任務ニ従事シタル者ハ死刑又ハ無期若ハ五年以上ノ懲役若ハ禁錮ニ処ス」と変わった。結社の目的遂行のために行なう行為も処罰対象に含ませた。

日本が全面戦争準備に拍車をかけた一九四一年三月には、緊急勅令で大幅に改悪された。法条文が七条から六五条へと大幅に増えた。禁固刑をなくし懲役刑に単一化、国体変革を試みる結社を支援する結社も処罰対象に含むこととし、準備行為も処罰するようにした。また、私選弁護人を禁止し官選弁護人が弁護を担当するようにした。改定された内容で最も重要な特徴は「予防拘禁制度」の導入であった。治安維持法違反容疑で有罪を受けた者を刑期満了後に釈放するとき、犯罪を繰り返す憂慮が顕著であると判断されれば、新設された「予防拘禁所」に拘禁できるようにした。予防拘禁の期間は二年で更新可能にした。

日本はこれより前、一九三四年に予防拘禁制度導入を試みていた。三・一運動のあと、朝鮮総督を務めた斎藤実が率いた内閣で、治安維持法違反者が刑期を終えたのち未転向状態で出所するのを防ぐため、治安維持法改正案を衆議院に提出して通過させたのである。しかし、貴族院で天皇が任命する勅選議員の鵜沢総明ら法律学者二名がブレーキをかけた。彼らは予防拘禁が司法処分なのか行政処分なのか不分明で「日本臣民ハ法律ニ依ルニ非スシテ逮捕監禁審問処罰ヲ受クルコトナシ」とされている大日本帝国憲法第二三条に抵触する憂慮があるとただした。結局、両院協議会に移されたが、鵜沢が所信を曲げず改正案は廃案とされた。

太平洋戦争開戦を前にして、予防拘禁制度が実施される直接的な契機となったのは、非転向共産党指導部二人の満期出所を封じるためだった。獄中抵抗の象徴のようになった二人とは徳田球一と志賀義雄である。彼らは共産党再建運動容疑で一九二八年二月から三月に逮捕され、懲役一〇年の刑を受けて一九四一年末に釈放される予定だった。彼らは予防拘禁制度の導入で、豊多摩刑務所に付設された東京予防拘禁所に移された。以後ここが転向を拒否した思想犯の集結地のようになってしまった。

日本帝国主義の朝鮮侵略史を研究した歴史学者山辺健太郎は、労働運動をして治安維持法違反で拘束され、転向を拒否して予防拘禁所に収容された経験がある。日本の敗戦後に予防拘禁所から解放された彼は、回顧録『社会主義運動半生記』で当時のことを記録している。彼の本には捜査機関に逮捕されて取調べされた期間を除けば、監獄や予防拘禁所で身体的拷問を受けたという言及はない。彼が自身の監房を一度も掃除せずにいると看守が代わりに掃除をしてくれたという。戦争末期、日本の食糧事情が急激に悪化したが拘禁所の中の給食は豊富だった。さらに、自主的にレコード選定委員を置いてベートーベンの交響曲をかけたと書いている。司法省の下請機関である刑務協会でレコードを一括購入して刑務所に送ってはみたが、一般の雑犯はクラシック音楽に関心がなく予防拘禁所に回ってきたのだ。ジャズは「敵性国家」米国の音楽という理由で禁止された。ベートーベンは同盟国であるドイツ人なので大丈夫で、ベルリオーズはビシー政権下のフランスが敵でも味方でもないので問題にならなかったという。

日本の治安維持法は一九四五年一〇月四日、占領軍司令部の「人権指令（政治的、公民的及び宗教的自由に対する制限の除去に関する覚書）」によって施行以来二〇年ぶりに廃止された。韓国の国家保安法は、南北の対立が持続しているという理由で今もしぶとく生きながらえている。

第9章　死刑囚として生きて

金大中自伝の訳者、康宗憲

康宗憲《カンジョンホン》は二〇一一年に岩波書店から出た『金大中自伝』日本語版の共訳者だ。朝日新聞ソウル特派員を務めた波佐場清とともに翻訳にあたった。その前年にはみずからの自叙伝『死刑台から教壇へ』を出した。「私が体験した韓国現代史」という副題がついたこの本のタイトルどおり、彼は死刑囚だった。

彼はあの日を生涯忘れることができない。北朝鮮の指令を受け学園に浸透したスパイという容疑で起訴され、第一審裁判の審理が終わる結審の日のことだ。一九七六年六月七日、共に起訴された一〇人余りの韓国人学生らと法廷に立った。担当検事は論告をしながら「スパイ団主犯」である康宗憲に対し「反共を国是とする大韓民国において被告のような北朝鮮のスパイの生存を許すわけにはいかない。極刑に処さなければならない」と声を高めた。死刑という言葉を聞いた瞬間、気が遠くなるようだった。体の中から何かが頭の上にボーっと燃えあがる感じがした。弁論が終わり最終陳述の順番がきたが二、

康宗憲

三分ほどで終わってしまった。裁判長が彼の陳述に対し「わかった」「もういい」と何度もさえぎったからだ。極度に緊張して、しかも韓国語も上手でなかったが、次のように話した。

「私は決して北のスパイではない。民主化と統一を望む在日韓国人青年として母国の若者と共に生きたいという素朴な気持ちで留学を決心した。学友たちを拷問による自白でスパイ事件に巻き込んだのは許しがたい反共宣伝だ」。

その日の夕方、護送のバスに乗せられソウル拘置所に戻ると、すぐに保安課に連れて行かれた。死刑求刑を受けたら手錠をかけなければならないと当直の係長が言う。刑務所には日帝時代の用語がたくさん残っている。当直の係長は手錠をしながら「自殺防止のためだ。あくまで保護するためのものだから誤解するな」と説明した。そして第一審の判決で死刑が決まったわけでもなく、二審、三審もあるからあまり悲観するなと付け加えた。死刑宣告を受けた者に手錠をかけるのも植民地時代の名残だ。日本では敗戦後、この行刑制度は廃止されたが、韓国では長い期間続けられた。

この日一日の出来事を康宗憲は到底受け入れることができなかった。検事は生存を許せないと言って死刑を求め、拘置所の看守は手錠をかけるのは保護するためだと言う。その日から手錠は常にかけていなければならない携帯品になった。寝る時や食事の時はもちろん用を足す時も手錠をかけていなければならなかった。必要な時は担当刑務官が片方を外してくれることになっているが、あまり守られなかった。

一九七六年七月七日に開かれた第一審判決公判で死刑を言い渡され、第二審は控訴棄却、一九七七年三月一五日に大法院でも上告が棄却され、極刑が確定した。二〇代半ばで死刑囚になったのだ。ソウル拘置所でスパイ容疑により刑が確定した死刑囚のなかで、彼が最年少だ。何度か再審を申請したがそれさえ毎回棄却された。

家族の面会は第一審判決後、初めて許された。日本から母親が来た。法廷で傍聴席に座った母と何度か顔を合わせたが、会話を交わすのは初めてであった。彼は母を慰めようと、死刑判決を受けたが人を殺したわけでも他人の物を盗んだわけでもないから心配するなと語りかけた。母は彼の手にかけられている金属が目についたのか、何かと尋ねた。死刑囚はみんなこれをつけていなければならないと言うと母は寝るときにまではめられているのかと嘆いた。わずか三分の面会は涙で始まり涙で終わった。

手錠をかけての生活は一九八二年三月三日に終わった。その日、無期に減刑され、手錠を外す「解錠」が行なわれた。五年九ヵ月間、両手を冷たい金属の責め具に束縛されて暮らしたわけだ。収監生活が長くなるとコツもつかみ、同じ部屋の収監者が刑務官に内緒で手錠を外してくれることもあったが、あくまで一時的なことであった。

意外な呼び出しに「最後の挨拶」

一般の刑事犯は禁固以上の刑を受けることが確定すると、拘置所から矯導所に移され既決囚になるが、死刑囚は大法院の確定判決以降も未決囚のままだ。宣告された刑が「まだ」執行されていない状態だからだ。殺人や強盗殺人などの容疑で極刑を宣告された一般の死刑囚は、いずれ絞首台にのぼる人だからと拘置所で「限られた自由」を黙認されることもあるが、スパイ容疑の死刑囚にはそんなことが認められるはずもない。

死刑囚は、罪名こそちがっても、自分が収容されている房の近くにどんな死刑囚がいるのか知るようになる。どんなに心の平静を装っても、その死刑囚たちの身辺に変化がないか気になった。いつ同じ運命になるかも知れない者同士、偶然出くわせばアイコンタクトを送る。康宗憲が収監された舎の向かいには、鬱陵島事件で刑が確定した死刑囚がいた。便所側の窓から挨拶を交わすことができた。一九七七年一二月五日、毎日見ていたその人が見えない。まさかと思ったが、鬱陵島事件の死刑囚三人がその日の午前に処刑されたことをあとで知った。

康宗憲は、避けられない運命がいつ迫ってくるかわからないことを痛感した。その日から、自分に「明日はない」という気持ちですべてのことに優先順位をつけ、一日一日を送った。監獄から出たら医学の勉強を続けられるだろうという期待から読み続けていた医学関連の書籍も、もう見なくなった。死刑執行は年末に行なわれることが多かった。

一九八〇年一二月末、死刑が確定した一般囚二人が処刑された。この年はこれで死刑執行が終わったと思われたが、翌日不思議なことが起こった。朝の点呼が終わりのんびりしていると、見たことのない刑務官が監房の扉を開けた。彼は康宗憲の囚人番号を呼び教務課の呼出しだから出て来いと言う。これまで、こんな早い時間の呼出しはなかった。彼は瞬間、刑の執行だと思った。どんなに落ち着こうとしても体はいうことを聞かない。胸がドキドキし膝から力が抜ける。部屋の仲間たちも視線をそらしているようだった。「今までお世話になりました。一日も早く出所してください」と機械的に言葉をかけた。

彼はこの日が来るのに備え、白い韓服をもっていた。せめて最後の姿を身ぎれいにしようとしまっておいた韓服を探していると、刑務官が「何をぐずぐずしている」と声を荒げた。仕方なく着ている服のまま刑務官について行った。めまいで壁が揺れているように感じられた。不思議なことに自分の腕を抱える刑務官はいなかった。舎房の中間に設置された鉄製の扉をすぎ、分かれ道が現われた。左なら死刑場、右なら教務課へ行く道だ。引率の刑務官は右へと進んだ。康宗憲はこれ以上耐え切れず、どこに行くのか尋ねた。刑務官は「何の寝言を言っているんだ。講堂で今日、反共講演会がある。おまえらスパイも必ず聞くようにしろと上から指示が来たんだ」と答えた。

康宗憲は全身の力が抜けた。縮み上がるような寒い冬なのに汗だくになっているのを感じた。講堂に入り席にへたり込んだが、講演者の話など耳に入ってこなかった。講演が終わり部屋に戻ると、みなが驚いた表情だった。彼らは康宗憲が処刑されたと思い、冥福を祈って黙禱したと言った。その日の講演会に参加した国家保安法関連の死刑囚は一〇人ほどだったが、死刑執行と早合点したのは自分だけだったと知った。運命であるならば絞首台に立ったとき「祖国の民主化と統一のためにこの身を捧げることを光栄に思う」とひとこと言い残して死のうと普段から固く心に決めていても、いざその時が来ると、誓いは跡形もなく消え失せた。みずからを省みるきっかけとなった。

中学二年のときの指紋押捺の衝撃

どうして康宗憲は、普通の人なら体験するはずもない苦難を経験することになったのだろうか？　彼は一九五一年、奈良県大和高田市で生まれた在日同胞二世だ。四人きょうだいの長男として幼い頃からアイデンティティの葛藤を意識した。小学校三年生の頃、作文の時間にある日本の女子生徒が、休日に花見に行ってきたという作文を書き朗読した。家族みんなで楽しいお出掛けだったが、近くの一団が太鼓を叩き大声で歌い踊り迷惑したという内容だった。その女子生徒の作文は「朝鮮人はどこでもうるさくて大変」という言葉で終わった。子どもたちはみんなケラケラ笑い、教師も笑った。笑えずに顔が火照ったのは康宗憲だけだった。

幼い頃の康宗憲の大きな支えとなったのは、小学校四、五年生のときの担任だった。二〇代半ばの若い担任は作文を重視し、書き続けるよう指導した。担任は時間があるたびに康宗憲を呼び朝鮮がどんな国だったのか、日本とどんな関係だったのか話してくれた。担任はまた、朝鮮人がひどい差別を受けているが絶対にくじけるな、恥ずかしがることは一つもないと言った。それで差別的な言葉を聞いても委縮することはなかった。

彼が中学校二年生のとき、家族は八尾市から大阪市生野区に引っ越した。生野区は大阪でも代表的な在日同胞の集住地域だった。その年の秋、区役所に外国人登録をしに行った。数分とかからなかったが、暗い部屋の片隅で指紋を押したのが彼の心に重くのしかかった。外国人登録の指紋押捺は、かつては一四歳からであった。だが負担が大きすぎるとして、一九八二年八月に最初の押捺をする年齢が一六歳に引き上げられた。さらに在日同胞社会を中心に指紋押捺拒否運動が広がると、日本政府は一九九三年一月、特別永住権者については廃止し、二〇〇〇年にそのほかの外国人登録者についても廃止された。

帰り道に康宗憲は、これまで感じたことのない屈辱感に震えた。とても日本人のふりをして生きられる国ではないと痛感した。怒りが解けず教科書やノートに書いてあった日本名「永島」をすべて「康」に変えた。だが、中学生である彼が朝鮮名で生きるには現実の壁は高かった。興奮が冷めると、元通りになった。高校の入学手続のとき、入学したらどちらの名前を使うつもりか、職員に聞かれた。彼はしばしためらった末、日本名を使うと答えた。

彼が天王寺高校で最も感化された教師は、世界史を担当する福田勉だった。二、三年生のときの担任である福田は、のちに康宗憲が保安司令部に連行され取調べを受けたとき、意識化教育をした張本人に仕立て上げられた。福田は試験問題を論述形式で出した。たとえば「一八六〇年代のインドと中国の民族運動を比較せよ」というふうに。三年生最後の試験は「ロシア革命の世界史的意義について述べよ」という問題一つだけだった。韓国ではとうてい想像もできない出題方式だ。

康宗憲は二年生のとき、「朝鮮文化研究会」を作った。天王寺高校に朝鮮人生徒が十数人いたが「民族名」で通った人は一、二人にすぎずお互いよく知らなかった。それで一人で寂しくもあり、同じ境遇の生徒同士のサークルを作ったらどうかと考え、担任に相談するといい考えだと言われ、名簿をくれた。一人ずつ訪ね、一緒に勉強しないかと言葉を掛けた。反応はさまざまだった。賛同する生徒もいたし、露骨に避ける生徒もいた。そうして作ったのが「朝鮮文化研究会」で日教組所属の教師が顧問を引き受け指導してくれた。同胞の歴史学者姜在彦《カンジェオン》が書いた『朝鮮』という本などを読んで討論した。在日朝鮮人の権利問題に関心が高い担任の勧誘で、彼は在日朝鮮人の人権に関するパンフレットを二回作った。

自身が朝鮮人であることを学校内で宣言したのだ。三年生に進級するときは日本式の「通名」を捨て本名を漢字で書いた。ただ発音は日本式の漢字の読みに従い「コウソウケン」とした。

ソウル大学病院の前で売血者を見て医師を志す

京都大学法学部を受験するが落ち、浪人するために京都にある予備校の寮に入った。当時は日本全国で全共闘（全学共闘会議）中心の学生運動が激しく繰り広げられていたときで、京都大学や同志社大学では連日学生がヘルメット姿でデモをしていた。康宗憲は、日本の学生のデモは社会構造を変えるための一つの過程だと考えたが、日本人ではない自分が同じような大学生活を送るべきかどうか疑問を感じていた。

彼は、在日朝鮮人への就職差別や管理強化が問題になっている現実を見据え、祖国への関心がより高くなった。新聞に韓国や朝鮮という文字があると、おのずと目が行った。日本の大学へ行くべきかどうか悩んでいた状況で、全泰壱《チョンテイル》の焼身自殺の記事を見た。自分と同世代の若者がどれほど悩み、このような死を遂げたのか、衝撃を禁じえなかった。このまま日本にいては、とてもこうした韓国の現実を共有できないと考えた。

一九七一年四月五日に飛行機に乗った彼は、祖国の地を初めて踏んだ。在外国民教育研究所に登録し、居所は東崇洞のソウル大学医学部構内にある同胞学生の寮に決めた。初めは韓国語教育課程が終わったら教師になるつもりで、師範大学を志望するつもりだった。毎朝、寮を出ると病院の前でひしめく人びとがいた。血を売ってやっと暮らしている貧困層だった。普通の人ですら病気になっても病院に行けず薬局で薬を買っていた時代だ。売血行為は一九七五年にようやく法で禁止された。

彼は医師になれば貧しい人びとに奉仕できるだろうと研究所の課程を終えると、ソウル大学医学部予科に進学した。社会問題への関心は続いた。本国の学生運動に積極的に参加しようとしたわけではないが時代の痛みを同じ世代の韓国の若者と分かち合いたいという考えが強かった。医学部予科二年を終え本科一年生に上がってからは、ソウル大学医学部で学生運動の中心団体である「社会医学研究会」の集会をのぞいてみたりもした。情報機関に監視されているとは思いもしなかった。危険があるかも知れないが、だからといってなすべきことはなさねばならないと考えた。

「極度の暴力にさらされたら恐怖しかない」

中学生の頃から始まったアイデンティティの葛藤と民族的自我を取り戻そうとする彼の努力は、情報機関の要員の目にはただ「対共容疑」にすぎなかった。保安司令部が発行した『対共三〇年史』には捜査の糸口がこう記録されている。

当司令部対共処工作課では逆利用工作中の工作員から、母国留学生の康宗憲は高校在学時に朝鮮文化研究会会長として活動したことがあり、以後朝鮮学生同盟の学生たちとの接触が多く、日本出生者でありながら韓国語が流暢であり、在外国民（教育）研究所も優秀な成績で修了した等の情報を入手し、捜査を進めて犯証を捕捉、検挙に至った。

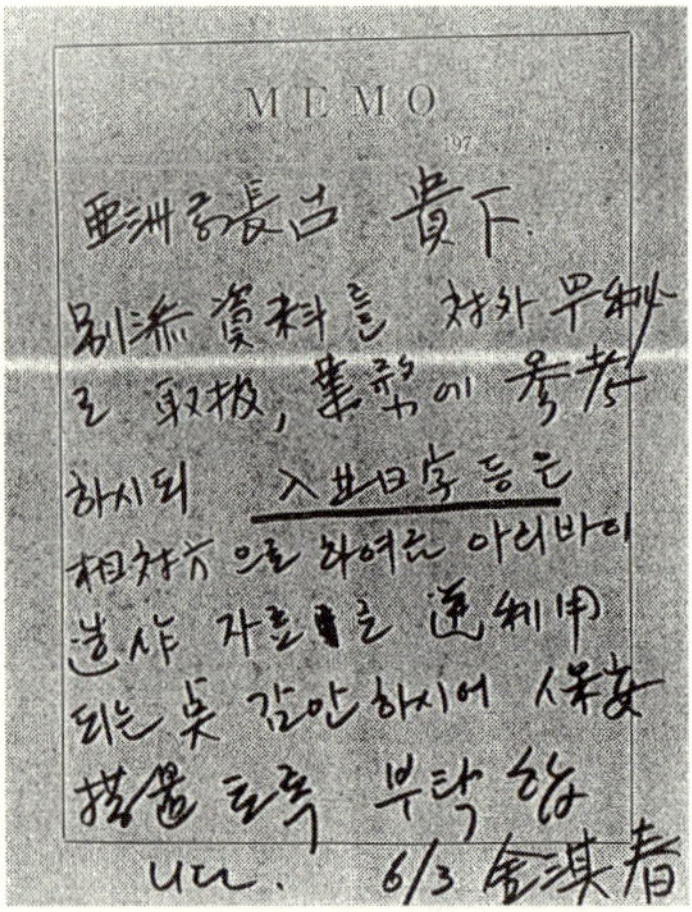

維新時代の現職検事で中央情報部に派遣されていた金淇春が外務部アジア局長に送ったメモ。別添資料に記載された北朝鮮入国の日付が、日本の救援団体によって拘束者のアリバイ証明に逆利用されないよう、厳重に対外秘で処理するよう求めている。

「逆利用工作中の工作員」とは在日韓国人留学生だと推定される。保安司令部は留学生を連行し、取調べで特に容疑がなければ条件付きで釈放したあとで怪しい者を見つけて密告しろと圧力をかけた。捜査経緯に関する記述には「内偵調査を実施した結果、在外国民（教育）研究所で韓国語の成績が優秀で飛び級したことがあり……」という表現もある。

康宗憲は一九七一年春に母国に入国したとき、韓国語はほとんどできなかった。ソウル大学医学部キャンパス内の留学生専用の寮では、普段から日本語を使ってしまい韓国語に習熟するうえで支障があった。そこで、二ヵ月ほどで寮を出て下宿を探した。下宿人はほぼ会社員で、彼らと初歩的な意思疎通をしながら語彙を増やしていった。こうして磨いた韓国語の実力がかえって疑われるきっかけになったのだ。情報機関は、日本で生まれた在日二世の留学生が韓国語がうまければ、総連側との接触があったことを示す傍証だと考えた。

康宗憲は日本では11・22事件の第二次逮捕者とされる。中央情報部の大々的な11・22事件発表のしばらくあとで連行されたためだ。しかし、韓国では彼の事件が発表されたことはない。保安司令部の事件送致、検察の起訴はもちろん、第三審までの判決もマスコミに報道されなかった。『対共三〇年史』には、彼が一九七五年一二月二日、保安司令部に一五人の関係者とともに検挙されたと記載されている。また保安司令部の捜査官、高某准尉名義の康宗憲に対する「認知及び同行報告」は一九七六年一月六日に作成されている。同じ保安司令部の文書であるのに、検挙の日付に一ヵ月以上の差がある。それだけではない。高准尉は真実和解委員会の調査で「同行報告書の名前と印は自分のものだが捜査にまったく関わったことがなく自分の筆跡ではない」と話し、当時の捜査慣行上不可避な側面があったと主張した。

康宗憲は保安司令部の記録より早い一九七五年一一月二八日に鍾路区蓮建洞の下宿から連行された。翌年の一月一七日に拘束令状により拘束され、検察に送致されたのは二月四日だ。保安司令部は原則として民間人に対する捜査権がないため、送致されるときの意見書は中央情報部から保安司令部に派遣された捜査官名義で作成された。そして二月二三日にスパイ団事件の主犯として拘束されたのだから、連行からほぼ三ヵ月たった頃だった。

ここで注目すべきは、連行から令状の発付までの期間だ。一九七五年一一月二八日に連行され翌年の一月八日に令状が発付されたのだから実に四〇日余りの間、不法に拘束されたわけだ。彼の公訴状には常識ではとても納得できない内容が多い。ソウル大学医学部予科二年に在籍中の一九七三年八月三日から二三日まで、工作船に乗り北朝鮮に密入国し平壌でスパイの集中教育を受けたという筋書きを基本に、金日成を讃える歌を作ったという容疑まである。

取調べの手法が残忍なことで悪名高い保安司令部西氷庫分室に長期間拘束され、どんな目にあったのだろうか。彼の証言はこうだ。

ひどく殴られることなどない日本で育った者が度を超えた殴打の前にさらされると恐怖心しかなくなる。捜査官の無差別な殴打を数日は耐えられるが、このまま行けば殺されるだろうという絶望感に陥る。いったんはあちらが望むままに書かなければこれ以上耐えられないと思った。こうして言いなりに書くようになれば彼らの要求はさらに拡大され、最後は彼らの脚本通りに書くようになる。

康宗憲は初めは戸惑った。拷問されるのも耐えられないが、事件がこのようにデタラメに捏造されれば、これからどうなるのかが不安だった。彼の混乱した気持ちを慰めてくれたのは一線の捜査官でなく保安司令部の幹部だった。工作課課長は「心配するな。われわれも考えがあってこうしているのだから協力しろ」と言った。ソウル拘置所に収監されるときは、大領〔大佐〕の階級章をつけた将校が来た。普段は西氷庫分室にあまり現われない人だ。大領であれば保安司令部対共処長である可能性が高い。彼がこう諭したという。

知っての通り時局が落ち着かない。ベトナムがつぶれ、北がいつ赤化統一をたくらむかわからない状況だ。どんなことをしてでも学生たちの国家観を正さなければならない。まずは協力してくれ。裁判が終わったらそっと出してやる。

康宗憲はその保安司令部の幹部の言葉を固く信じた。一九七六年四月六日から始まった第一審の公判で公訴事実の重要部分をおおむね認めた。一緒に起訴された韓国の学生たちから「おまえはなぜ認める

2013年1月ソウル高裁の再審で無罪宣告を受けた康宗憲（前列真ん中）。後ろに李錫兌《イソクテ》弁護士、李哲の顔が見える。

のか？」と責められたほどだった。在日韓国人留学生の事件を見ると彼がとても特殊な事例というわけではない。相当数が情報機関の脅しと懐柔により第一審の法廷で事前に決められた「模範解答」を陳述した。

一九七六年七月七日に下された第一審の宣告は死刑だった。崖っぷちで藁をもつかむ思いで耐えていた彼の期待は粉々に砕け散った。彼は当時の状況について「韓国の実情をまったくわかっておらず徹底的に洗脳されていた」と回顧する。協力すれば釈放してくれるという言葉を「愚かにも」そのまま信じたのだ。

康宗憲は控訴審が始まってから、保安司令部の取調べの過程での過酷な行為や懐柔などを明らかにし、主要な公訴事実が捏造されたと主張したが、すべて棄却され死刑が確定した。彼が「仮釈放」されたのは一九八八年のクリスマス目前の一二月二一日だった。母国の若者と同じ空気を吸うという夢が一三年を超える刑務所生活につながったのだ。釈放されるまでに無期に減刑（一九八二年三月三日）、二〇年に減刑（一九八四年八月一四日）、懲役七年に減刑（一九八八年二月二七日）と三回の減刑があった。彼は広義の「11・22事件」の拘束者のなかで学生としては最も遅く釈放された。事件当時の職業が大阪青年会議所広報委員であった白玉光《ペクオッカン》は一九九〇年五月二一日に釈放された。

日本に戻った康宗憲は統一運動に寄与したいと、祖国統一汎民族連合（汎民連）海外本部で働き、二〇〇二年、五一歳で大学院に入学した。五〇代後半で博士号を取り、非常勤講師をしながら日本の平和憲法などの講義をしている。

彼の自叙伝には、一九九二年八月、平壌で開かれた第三回汎民族大会に参加するために北朝鮮に行き妻の母方の叔父に会ったとある。日本で競艇選手をしていた妻の叔父は、工事現場の力仕事をしてでも祖国で暮らしたいと家族と共に北朝鮮行きの船に乗った。北朝鮮の現実に失望した彼は批判的な発言をし、収容所に入れられて死んだ。義父母が北朝鮮に「財政支援」を続け、叔父の残された家族はどうにか生きていた。義母の立場からすると婿は南で死刑囚となり、弟は北で獄死したことになると彼は書いている。

一二年七ヵ月遅れた結婚式の主人公李哲

一九八八年一〇月二八日午後二時、ソウル明洞聖堂の本堂で結婚式が行なわれた。金寿煥《キムスファン》枢機卿が直接式を執り行なった。新郎はその月の初め、開天節の特赦で刑務所から釈放され、囚人服を脱いで二〇日余りしかたっていなかった。この結婚式の主催団体は稀有なことに民主化実践家族運動協議会（民家協）だった。「招待状」は長く在野運動をした張基枃《チャンキピョ》の妻で、当時民家協の総務であった趙珷夏《チョムハ》の名前で作成された。

一三年ぶりに独裁の障壁を超え結ばれる二人の結婚、この結婚は二人だけの結婚ではありません。まだ独裁の壁の中で苦労しているすべての良心囚の釈放を祈願しているすべての人の結婚式です。この二人は独裁の障壁の内と外で力を合わせ、すべての良心囚を救出することを切に祈っています。二人の結婚を祝福する私たちの思いが、すべての良心囚が私たちのもとへ帰ってこられる力となるよう集いましょう。

二人はもともと、一九七六年三月に結婚式を挙げようとしていた。しかし準備に余念がなかった頃、中央情報部に数回連行され共に拘束された。裁判に掛けられた二人は李哲《イチョル》が死刑の宣告を受け、再会する約束もできないまま獄中で生き別れとなってしまった。

晩婚の新郎新婦は李哲と閔香淑《ミンヒャンスク》だ。李哲は在日同胞二世で母国留学生であった。結婚式を直前にした若い男女が共に拘束されるのは韓国でもかなり異例なことだが、李哲事件も康宗憲と同様

若い頃の李哲と閔香淑

に韓国のマスコミにまったく報道されなかった。

李哲が未来の妻に初めて会ったのは一九七一年九月だ。彼が中央大学四年在学中に母国留学を決心し、韓国語を学ぶためソウルにいたときだ。一人で東大門近くの部屋を借りて暮らしていた。休みで日本に戻ったとき、大阪で電気工事業をしていた義兄の金秀顕《キムスヒョン》が、車で行くからソウルの下宿の略図を書いてくれと言った。ただ冗談だと思っていると、ある日、本当に夜中に義兄が車で現われた。

車の中には若い女性が座っていた。義兄の従妹で当時、淑明女子大一年生の閔香淑だった。義兄はソウルで用事を済ませて帰るところで、新入生の閔香淑にいろいろ教えてやってくれと頼んだ。李哲と閔香淑は時折会って食事をした。閔香淑は李哲に自分の友だちを紹介しようとしたが李哲の心はすでに決まっていた。閔香淑に好感を抱いたのだ。二人は将来を約束する仲に発展した。

婚約者と拘置所に収監された日に息を引き取った父

李哲が中央情報部に連行され拘束されたとき、一番熱心に動いたのは金秀顕だった。彼にとって李哲とは、義弟というより実弟のような仲だった。李哲事件は、日本全国で救援会活動が最も活発に展開されたことで有名である。「李哲さんを救う会全国連絡会議」が一九七八年に出した『われ生きんと欲すれど』には金秀顕の寄稿が載っている。在日同胞の留学生が理由も知らされずに情報機関に連行されたとき、日本の家族にどんなことが起こるのか生々しく伝える文章だ。これを土台に連行直後の状況を見てみよう。

一九七五年11・22事件が日本の新聞に大きく報道されたとき、在日同胞社会に大きな衝撃が走った。

金秀顗は一九七四年春、民青学連事件のリーダーのなかに義弟と同じ名前があるのを見て驚き、在日同胞学生関連の事件があるたびに新聞に目が行った。彼は11・22事件の発表直後の一一月三〇日、李哲と閔香淑の婚約の件でソウルに行った。叔母にあたる閔香淑の母、趙万朝《チョマンジョ》は当時、安岩洞の高麗大学の近所で下宿屋をしていた。のちに民家協の共同代表として良心囚の釈放運動を情熱的に繰り広げる人物だ。李哲はひとり暮らしをやめ「未来の義母」の家で下宿生活をしているところだった。

金秀顗は高麗大大学院に通う李哲に変わりはないか尋ねた。11・22事件の衝撃が生々しい時だ。李哲は言動に気をつけているから心配するなと答えた。李哲は一九七六年春に大学院を卒業したら日本に戻ろうとしていた。閔香淑と先に籍を入れ、結婚式を挙げてから出国する計画だった。

日本に戻った金秀顗に一二月一七日、九州の熊本に暮らしている李哲の父李楨鶴《イジョンハク》から緊急の電話がかかってきた。李哲が一二月一一日に中央情報部に連行され戻ってこないとソウルから連絡が来たというのだ。李哲の父は自分が福岡総領事館をとおして入国手続をすると時間がかかりそうだから、息子のところに行ってくれないかと頼んだ。

金秀顗はすぐに出発し、その日のうちに叔母の趙万朝の家に到着した。閔香淑は危ないから直ぐに帰れと言い、何も話そうとしなかった。その日、閔香淑は中央情報部に連行され、昼の一二時から明け方の五時まで取調べを受けて帰ってきた直後だった。むろん、外部に取調べ内容を口外してはならないと厳命されていた。途方に暮れ大阪に戻った金秀顗に翌年一月一二日、趙万朝が電話をかけてきて、閔香淑がまた連行されたとすすり泣いた。当時、肝硬変を患っていた李哲の父は、結婚式も挙げていない嫁まで連行されたという知らせに気絶してしまった。

金秀顗は一月一九日、李哲の母と共に福岡を経由し金浦空港に入ろうとしたが、李哲の父が洗面器いっぱいに喀血したという連絡を受けた。再び熊本に行くために大阪空港に行こうと家に立ち寄った時、李哲の父が息を引き取ったという電話がきた。李哲と閔香淑がその日、ソウル拘置所に収監されたことをのちに知った。嫁に会うのを首を長くして待っていた父は、息子と嫁が牢獄につながれた日にこの世を去ったのだ。

公訴状の海外持ち出しが禁止されカメラで撮影

家の中はてんやわんやの状態だったが、翌日すぐに告別式を行ない、夕方には火葬場へ行った。二一日に納骨しなければならなかったが、李哲の母は生きている人が優先だと言って、金秀顗に早くソウルに行こうと促した。閔香淑の母は金秀顗にも危険が及ぶかもしれないから韓国には来るなと止めたが、金秀顗は福岡で李哲の母と合流し、二二日にソウルに到着した。

あちらこちら尋ね回ったあげく、二四日にソウル拘置所にいることを知った。毛布と下着を差入れようとソウル拘置所を訪ねたが面会禁止だった。いつから面会できるのか尋ねると、二人とも反共法違反の容疑で拘束されたから見当もつかないという冷たい反応だった。担当検事の許可がなければ面会はできないと言う。差入れでもしようとしたが、土曜日のため午前中で業務が終わったから来週来るようにと言われた。

家族は夢にも思わなかった事件に巻き込まれ、どうしていいかわからず途方に暮れた。そもそも、どんな理由で捕まったのかも、わからなかった。金秀顗はとにかく金を工面し弁護士を雇わなければならなかった。反共検事で有名な呉制道や民団団長を務めた権逸のような体制側の弁護士にすべきか、韓国内の政治犯の弁護をして体制側と距離をおく弁護士に依頼すべきか、判断がつかなかった。中央情報部の課長として勤務している遠い親戚をもつ人に相談すると、無条件に体制側の弁護士にしろと言われた。

当時、スパイ容疑の在日韓国人留学生に愛情をもって助けようとする弁護士は稀であった。いずれにしろ、多額の弁護士費用を要求したそうだ。結局、検事出身の弁護士趙正済《チョジョンジェ》を選任した。のちに一九八一年、民正党公認で第一一代国会議員になった人物だ。中央情報部の幹部や大阪総領事館公使を歴任した趙一済《チョイルチェ》と親戚にあたる人物であることが有利に働くと期待したのだ。数日後、趙正済弁護士が二人に面会して、初めて家族は事件の内容を伝え聞いた。李哲が二度、日本から北朝鮮に密入国し、閔香淑はそれを助けた容疑だという。

二人が起訴されたあとに、金秀顕は弁護士に公訴状をコピーしてくれと頼んだが断られた。公訴状は国外に持ち出すと違法行為になるというのだ。実際に11・22事件の拘束者家族が公訴状の写本を持ち出そうとして金浦空港で没収されたという話を聞いた。彼は留学生事件の家族が起訴内容すらまともに確認できない韓国の現実に怒りを覚えた。しかし、事件内容も把握できないままではとう対処していいのかもわからない。韓国語が達者でない彼は、一六二ページに及ぶ公訴状を斜め読みしたが、すぐに内容を把握することはできなかった。仕方なく弁護士から公訴状を一晩貸してもらってカメラで撮り、日本に帰ってからフィルムを現像して判読した。

「通房」で伝えられた母の死

拘置所や矯導所に収監されると監房を割り当てられる。何人かが一緒に生活する雑居房が一般的で、政治犯や重犯等の保安処置が必要な場合は独居房に隔離される。監房からほかの部屋の収容者と話を交わす「通房《トンバン》」は原則的に禁止されている。通房をして見つかると制裁を受けるが、矯導所も人が暮らすところなので、たいていの通房は矯導官が聞いても聞かなかったふりをしてくれる。

李哲の母、李粉義《イブニ》は一九八〇年三月二三日にこの世を去った。亡くなる直前、目を閉じていた母は、「哲を置いて逝かないで」という家族の言葉に再び目を開けてから息を引き取ったという。家族は李哲に母の死をすぐには知らせなかった。彼が訃報を聞いたのは大田刑務所の特舎に収容されていたときだ。

ある日、日本海外技術者研修協会に勤務し一九七四年四月にスパイ容疑で逮捕された在日韓国人の高《コ》秉沢《ビョンテク》に、娘と妻の友人が面会に来た。彼の妻は日本で朝鮮学校を出ており、面会にも来られない状況だった。特舎の入口側に収容されている李哲は、面会を終えて戻ってきた高秉沢に、何か知らせはないかと話しかけた。高秉沢は「あとで、あとで」と言ってそのまま通りすぎた。

特舎で面会は、外の世界に触れる大切な窓口だった。特舎の収容者は、誰かが面会に行くと新しい情報が聞けないかと耳をすませた。規律が厳しい特舎で露骨に通房をするのは自殺行為に近かった。見つかれば厳重な制裁が加えられるからだ。それで隣の房の人にひそひそと話すと、それを伝え聞いた人が再びその隣の房に話すことで疎通がなされた。次第に伝わってくる話のなかに、「李哲先生のお母さんが亡くなった」という内容があった。特舎ではお互い「先生」という呼称を使った。

李哲は漏れ伝わった母の死に、独房でひとり嗚咽した。逮捕後ほどなくして父が亡くなった時もそうだった。亡くなって四ヵ月後に知らされたのだ。第一審の宣告のとき、護送のバスから降り、裁判所の中庭をすぎて法廷に入ろうとすると、叔父が走り寄り日本語で「哲、おまえの父さんが死んだのは知っているか。おまえの心配をしながら父さんは死んだ」と叫んだ。その時は裁判中で涙を流す余裕もなかった。今度は父に続き母も、死に目に会えないままあの世に送ることになり、胸が張り裂けそうだった。

彼にとって母は大きな支えだった。中央情報部の要員の言う通りにしたのだから第一審で釈放になると思っていた彼は、死刑を宣告され大きな衝撃を受けた。婚約者ともう会えないかもしれないと思い、夜も眠れなかった。その頃の自分は誰が見ても「生きた幽霊」のように見えただろうと李哲は言う。彼を立ち直らせたのは母だった。控訴審が始まる前に面会に来た母は、「友だちがおまえの釈放のために懸命に奔走しているのに、おまえが死にそうな顔をして恥ずかしくないのか、しっかりしなさい」と叱責した。母の言葉が控訴審に臨む李哲の心を奮い立たせた。

熊本の「田舎者」、東京の大学に

李哲は一九四八年、熊本に生まれ小・中・高校を終えた。四男二女の次男だ。一九六七年三月、熊本県立人吉高校を卒業したが、李哲救援会で最も活発に動いたのはこの高校の同窓生だった。李哲の父の故郷は慶尚北道の義城だ。幼い頃日本に渡って大阪で暮らし、終戦直前に九州に行って熊本に住むようになった。父が青果物、パチンコ、土木業などをしてどうにか生計を維持できた。

李哲は通名で学校に通ったが、彼が朝鮮人であることは周囲には知られていた。学校の授業中に「朝鮮」「韓国」という言葉が出ると、彼はなぜか恥ずかしく顔が赤くなった。ニンニク、唐辛子の匂いがすると言われたり、よく「チョウセンジン」とからかわれたりした。成績がよくなればそんなことは言われないだろうと、中学の時から懸命に勉強した。

大学進学は早稲田大学を受けたが落ち、中央大学理工学部二部に入った。一年浪人するよりは夜間部に行った方がいいと思ったからだ。標準語を知らず東京の事情にも暗い田舎者だったが、同胞の先輩に出会いながら大学生活に慣れていった。

初めは韓国語もわからず韓国の歴史についてもよく知らなかったため、韓国に留学するつもりはまったくなかった。ただ日本で大学を出て会社に入るだろう程度に進路を考えていた。中央大学には、ほかの大学とちがって「コリア文化研究会」という同胞学生の会があった。以前は在日韓国学生同盟（韓学同）系の「韓国文化研究会」と在日朝鮮留学生同盟（留学同）系の「朝鮮文化研究会」に分かれていたが、李哲が入学する数年前に一つになったのだ。先輩の勧誘で会に参加すると、李哲は恥ずかしい思いをした。みんな民族名を使っていたのだ。彼は大学の学生課に行き本名に変え、学生証の名前も直した。

コリア文化研究会に通い、人文科学、社会科学分野の本に頻繁に触れ、自然科学への関心が消えてしまった。彼は文科への転科試験を受け、商学部貿易学科昼間部に移った。卒業後、就職に有利だろうと考えたからだ。コリア文化研究会で読んだ本のなかには、社会主義関連の書籍や総連で出している『朝鮮画報』、「金日成抗日闘争記」などもあったが、当時の日本社会の雰囲気では特別な本ではなかった。

二年生の時までコリア文化研究会の会合に参加していた彼は、三年生の時から足が遠のいた。友人が訪ねてきて、なぜ来ないのかただすこともあった。彼が会に行かなくなったのは、韓国留学を考えたからであった。彼の父が、母国で民団系の子弟を対象にする夏季学校に行くように言った。参加しようとしたが、突然父の健康が悪化し仕方なく取り消した。それで短期ではなく留学することにしたのである。

李哲は中途転科したせいで、規定上もう一年大学に通わなければならなかった。卒業の年の一九七一年、彼は韓国語を習うためソウルに行き、在外国民教育研究所に入った。中央大学の講座は、夏休みに日本に戻って期末試験を受けたり、友人のノートを借りてレポートを出すことで対処した。一九七二年春、高麗大学三年に編入しようと問い合わせると、編入制度がないと言われた。大学一年から通い直すか、そうでなければ大学院に入学するように言われた。彼は一年間父の土木会社で働き、翌一九七三年に高麗大学大学院政治外交学科に入学した。

婚約者を裸にして取り調べると脅迫

李哲は11・22事件の余波が続いていた一九七五年一二月一一日、中央情報部に連行された。当時、高麗大学に通っていた留学生で情報機関に連行された者が数人いたが、自分がそうなるとは予想もしていなかった。ある女学生が消えて数日後に戻ってはきたが、ぶるぶると体を震わせ、話は一切しなかった。どこかに連行され大変な時間をすごしたのだなと推測しただけだった。李哲は在日同胞の参政権運動を繰り広げ憲法訴願まで提起した李健雨《イコヌ》と親しい仲だった。高麗大学法学科を一九七五年に卒業した李健雨も何度か機関に呼ばれた。

中央情報部の捜査官は、李哲に北朝鮮に行かなかったかと責め立てた。北朝鮮から来た何某に会わなかったかと追及し、何人かの名前をあげ、知っているだろうと迫った。李哲が知らないと答えると、容赦ない殴打が始まった。雰囲気はだんだん険悪になった。李哲はこのままでは死んでしまうのではないかと恐怖に見舞われた。彼にとって気がかりは結婚式のことだった。捜査官と早く妥協して、無事に出る方が良いのではないかと思った。捜査官は、ちゃんと協力すれば釈放してやると言った。そして在日同胞の「協力者」を連れて来ると、言うことを聞けばこの人のように学業を続けられるようにしてやると懐柔した。

李哲がスパイではないと抗弁すると、捜査官は「何?! スパイじゃないだと!」と言葉をさえぎり「北朝鮮に有利な発言をし、北朝鮮に有利な本を読み、韓国の話を日本に行きあちこちで話して回るのがスパイだ」と怒鳴った。彼らは一方では「生きて出たくないのか? ここに来れば誰でも俺たちの言うことを聞く。出て早く結婚したいんだろう」と懐柔しようとした。彼らはさらに、認めなければ彼が見ている前で婚約者と義母を裸にして拷問すると脅した。彼は到底耐えられなかった。何より婚約者と別れたくないという思いが先に立った。協力すれば解決してくれるという捜査官の言葉に、彼は平壌に行って来たことまで「認めた」。この時点では、どうしようもない選択だったと彼は話す。

ソウル拘置所に収監された李哲は、ある日仰天した。捜査官が絶対に手を出さないと言っていた婚約者が拘置所に収監されているのを知ったのだ。彼は黙秘権を行使するなど自分なりに抵抗をしたが、何も効果はなかった。家族が「体制側の弁護士」だからと選任した趙正済弁護士も大して助けてくれなかった。悪かったと恭順の意思を示せば、減刑されるはずだと言うばかりだった。

一九七六年四月三日、第一審の初公判が開かれ、彼は婚約者とともに法廷に立った。情報部の要求どおり、起訴内容をおおむね認めた。在日同胞はたいてい懲役刑にならずに釈放されるという言葉を固く信じていた。捜査官は「ただ釈放してやることはできないから、いったん裁判を受けろ。裁判は要式行為だから受けなければならない」と言った。彼は当時のことを思うと、今も恥ずかしくて顔を上げられないと回顧する。実際に第一審が終われば釈放されるだろうとすっかり信じていたのだ。彼だけが特に甘かったわけではない。当時拘束され裁判を受けた留学生のほとんどは韓国の実情をそれほどわかっていなかった。

五月二五日の宣告公判で、彼に求刑と同じ死刑が言い渡された。閔香淑にも懲役六年の重刑が下った。誰かがふざけているのではないかとさえ思った。刑務官がいるので婚約者に言葉もかけられず、ただ顔を見つめるしかなかった。

李哲再審宣告公判を傍聴するためにソウルに来た閔香淑が日本人の救援活動家たちとの集会で挨拶をしている。

家族の面会は第一審が終わったあとにやっと許可された。われに返った李哲は、死ぬにしても事実を明らかにしてから死にたいと思った。第一審の弁護士は信用できないからちゃんとした弁護士を探してくれと家族に話した。家族が拘置所の面会所で金大中の夫人李《イ》姫《ヒ》鎬《ホ》に偶然会い、弁護士を紹介してくれと訴えた。李姫鎬は在野の元老弁護士朴世径《パクセギョン》の名前をメモしてくれた。

新しく選任された朴世径弁護士が拘置所に接見に来ると、李哲はこれまで胸に仕舞ってきた言葉を吐き出した。「北朝鮮に行って来たというのは嘘だ。スパイ行為もしたことはない」と強く語った。弁護士は仰天した。「二回行ったことになっているのに、ちがうと言うのか。世の中にそんなことがあるのか」と言って何度も確認した。李哲救援会も第一審で死刑が宣告されるや、彼のアリバイを立証しようと多方面の調査に入った。李哲が北朝鮮に行ったとされている期間の、日本のデパートの領収書や義兄の電気工事の現場で作業した記録などを探し出した。

朴弁護士は「控訴審でちゃんと主張しよう」と言い、「すぐに釈放されるかはわからないが、死刑は免れるはずだから心配するな」と激励した。朴弁護士は李哲の母と義兄も証人申請した。しかしその年の一一月一八日に下った判決で李哲は控訴を棄却され、閔香淑は懲役三年六ヵ月に減刑された。朴弁護士は「少なくとも無期にはなるだろうと思ったが、私の力ではだめだ」と悔しがった。

大法院は一九七七年三月八日、李哲と閔香淑の上告を棄却した。閔香淑はその月の中旬に光州の矯導所に移監された。移監の前日、二人の気の毒な事情を知る刑務官の配慮で二人は大切にしていたロザリオを交換した。閔香淑はこのとき受け取ったロザリオが李哲の遺品になるかも知れないと思い、悲しみをおさえきれなかった。二人はこのロザリオを互いの分身と思い再会するまで手元においた。

ロザリオで縁をつないだ刑務官、金芝平

ロザリオで二人の若い男女の縁《えにし》をつないだ刑務官は、のちに歌謡曲の作詞家として大成功した金芝平《キムジピョン》だ。当時、ソウル拘置所で死刑囚を担当していた彼は、死刑囚との関わりで得た人生の思

索を歌詞に込めた。一九七二年に方珠延《バンジュヨン》が歌った「あなたの心」や一九八五年の李珍寛《イジングァン》のヒット曲「人生は未完成」が彼の代表作だ。刑務官として勤務しながら歌詞を書いていた彼は、「あなたの心」で韓国歌謡大賞作詞部門で受賞し、数年後に刑務官を辞めて作詞家となった。作詞家デビューが早かったなら、ロザリオの交換という大きなプレゼントは実現しなかったかも知れない。

無期減刑を死刑執行と思い込んで

一九七九年八月一五日は、李哲にとって永遠に忘れられない日になるにちがいない。この年の光復節特赦で死刑囚李哲は無期に減刑され、スパイ事件で収監された在日同胞八人が仮釈放された。在日同胞の特赦は公式発表から除外され、韓国マスコミに報道されなかった。

当事者である李哲も自分が減刑された事実をまったく知らなかった。その日の明け方の点呼の前に、刑務官が監房の扉を開け、出て来いと言った。李哲はこの時間帯に呼び出されたことがなかった。何かおかしいという思いがよぎった。彼は直感的に死刑執行と受け取った。同じ部屋にいた収容者も怪訝な表情で互いに見つめ合った。

李哲は持っていた品々を部屋の人びとに分けてからついて行った。平静を保とうとしたが、胸がドキドキし足取りは重くなった。同じ境遇の留学生死刑囚の康宗憲の顔を最後に見ようと扉を叩いた。康宗憲は驚いて、いったいどこへ行くのかと尋ねたが、李哲は落胆の表情でわからないと答えた。死刑執行場へと折れる分かれ道で、刑務官は保安課の方向へ進んだ。李哲はもはや耐え切れず「どこに行くのですか」と尋ねた。刑務官が保安課に行くのだと答えると、李哲は耳を疑った。安心させようとわざと嘘をついているのかも知れないと思った。

彼が保安課に入ると、刑務官は無期に減刑されたと通告し彼の手錠を外した。この三年三ヵ月の間、体の一部だった手錠がついに外されたのだ。死刑場に一歩一歩近づいているという思いに沈んでいた心は、一瞬の内に歓喜に変わった。しかし李哲は手放しに喜べなかった。康宗憲の無期減刑の話がなかったからだ。

嬉しい知らせはそれで終わらなかった。控訴審宣告以後、顔を見られなかった婚約者の閔香淑が一九七九年八月二三日に三年六ヵ月の刑を終え光州矯導所から満期出所した。閔香淑は二日後、ソウル拘置所に行き李哲と面会した。たとえガラス越しであっても、二度と会えないかも知れないという不安に震えながら別れた時と比べれば、大きな発展だった。

金寿煥枢機卿との縁

金寿煥枢機卿が結婚式を執り行ってくれたが、李哲はもともとカトリック信者ではなかった。事件が起きる前、義母の趙万朝が何度か洗礼を受けるよう勧めたが、彼は「娘さんは必要だがカトリックは必要ない」と言ってごまかした。閔香淑は幼児洗礼を受けた信者だった。矯導所では収監者を対象に宗教をもつよう奨励した。李哲は、洗礼も受けず処刑されたら、義母が自分のことを哀れな魂と嘆き悲しむのではないかと心配になった。それで義母に「娘に苦労ばかりかけ死んでしまった悪い奴だが、魂だけは救われた」と安心してもらえるように、カトリックに入信することにした。修道女が拘置所に来て、教理の勉強を指導してくれた。

熱心に教理の勉強をし、信仰心が深まり堅信の秘蹟を受けることにした。一九七七年一二月、普段は司教が拘置所に来て堅信の秘蹟を執り行なうが、その日は枢機卿が来た。拘置所内の施設には義母の趙万朝も来た。敬虔な信者である趙万朝は、カトリック神学校の神学生後援会で活動していたが、在所者後援会にも加入したのだ。彼女は娘と婿の救援のためならどんな苦労もいとわなかった。訪韓する日本人の救援会活動家は、必ず彼女に会い相談し韓国内の事情を教えられた。

金寿煥枢機卿がいつから在日韓国人留学生スパイ事件の収監者に関心をもつようになったのかはっきりしないが、趙万朝の努力がかなり影響したようだ。枢機卿は在日同胞の収監者に領置物やお金を差入れ、拘置所の中でむごい弾圧があったという話を聞くと直接訪ね関心を示したりもした。枢機卿のその日の説教は留学生死刑囚が耳を疑うほどの内容だった。枢機卿は、若い同胞学生がどんな罪を犯したために死刑宣告まで受けたのかは知らないが、イエス様は二〇〇〇年前、その当時の「国家保安法」で死刑宣告を受け処刑されたのだと話した。枢機卿はさらに、

李哲

皆さんもイエス様の生涯を考えて絶望に陥らず頑張るようにと激励した。枢機卿の説教は、祖国を求めて来たのに祖国に完全に棄てられたと自暴自棄になっている彼らの心を温かく励ました。李哲はレミジオ、康宗憲はアントニオという洗礼名を授かった。

死刑囚の身から免れた李哲は、一九七九年九月一二日に大田に移監された。矯導所の教務課で、転向すれば二年後には釈放されると言われ転向書を書いた。しかし期待は外れ、一九八一年八月一五日にほかの在日同胞の無期囚、金哲顕《キムチョリョン》、金五子《キムオジャ》、柳英数《ユヨンス》と共に二〇年に減刑された。彼は矯導所の中でいわゆる「醇化教育（三清教育の矯導所での呼び方）」も受けた。矯導所内で作業に出るすべての収監者を対象に「醇化教育」をすると言われ、彼も駆り出されてひどい精神的・肉体的な虐待を受けた。彼は大邱、大田、光州矯導所を転々とし、一九八八年一〇月の開天節特赦のときに安東矯導所から出所した。

李哲は現在「良心囚同友会」の会長をしている。日本に戻った元留学生の政治犯のうち、大阪、神戸、京都などの居住者が、母国での苦難の教訓を忘れまいと作った親睦の会だ。彼らは祖国が民主化され平和になることを願いながら、民主化運動や南北和解運動に心情的に連帯することを望んでいる。書画展のようなものを開き集めたお金を韓国の良心囚後援団体に送りもする。「言いがかり」を付けられないよう、金寿煥枢機卿を通して送金したという。

三年もたたず釈放された死刑囚金達男

スパイ容疑で死刑が確定した在日同胞は大体一〇年以上矯導所に収監され、減刑措置を経て日本に戻った。前記した康宗憲や李哲もその事例だ。しかし例外もある。スパイ団事件の主犯として大々的に発表された金達男《キムタルナム》は、逮捕されて三年もたたず釈放された。早期に釈放された背景について、当時中央情報部で勤務していた人ですら、家族が大金を使ったと証言する。

中央情報部は一九七五年四月一日、朝鮮労働党の指令を受け韓国内に潜入し、反政府学園騒動を背後で操縦し、野党の政治家を抱き込もうとしたという容疑で、金達男らスパイ団八人を検挙しソウル地検に送致したと発表した。金達男の肩書は、民団長野県本部青年会副会長、かなもと青果株式会社貿易部長となっている。情報部の発表によれば金達男は母国留学生を装い建国大学に入り学生組織を作り、同胞財閥の子弟のふりをして野党の政治家に選挙費用、海外旅費の名目で金品を提供したという。金達男が接近した野党の政治家として情報部が名前を公開した人物には、金大中、張俊河《チャンジュナ》、金善太《キムソンテ》、金貳権《キムイグォン》、朴載雨《パクジェウ》、朴基玎《パクキジョン》らが含まれている。野党を「容共勢力」に仕立てようとする情報機関の典型的な手法だ。

金達男は一九七五年九月一日の第一審公判で死刑宣告を受け、控訴審と上告審ではそのまま棄却された。そして死刑が確定してから間もなく、一九七七年三月一日に無期に減刑された。この時、二人が無期に減刑されたが、金達男のほかのもう一人は11・22事件の拘束者の一人である金哲顕であった。二人は、第一審で公訴事実を認めたものの、控訴審からは全面的に反論したほかの在日同胞留学生とはちがい、最初から最後まで主要公訴内容を認めた。

政府は金達男、金哲顕の減刑を発表しなかったが、日本の救援運動関係者は容疑を認め家族が騒がなければ釈放することもできるというメッセージと解釈した。政府寄りに論調を変えた『統一日報』は後に「総連などが「釈放運動」と称して、監獄で無益な闘争を強制している」と釈放運動を総連の操作であるとした。『統一日報』はまた「金哲顕、金達男はスパイの犯行を認め改悛の情も顕著で、家族が総連の抱き込み工作を拒み民団を通じてまじめに陳情してきた」と減刑の背景を説明した。

金達男は減刑された一九七七年の一二月二五日に釈放され、翌年の五月一二日に日本に戻った。興味深いことに、金達男は釈放された翌日、すぐに李哲の義母の趙万朝を訪ねたという。彼は情報部の厳重な統制下にあったから、彼の行動は情報部の指示によるものと見るべきだろう。趙万朝は得体の知れない人物が訪ねて来て、監獄から出てきた死刑囚だと言うので、大阪にいる甥の金秀顕に電話でその事実を知らせた。発表されなかった金達男の釈放は、こうした過程を経て在日同胞社会に知られるに至った。金達男がわざわざ趙万朝を訪ねて来て話した内容はこうだ。

北朝鮮に行っていないというアリバイを示して無罪を主張したところでまったく無駄なことだ。どれだけ改悛の情を見せ政権に協力すると約束するかが重要だ。今、投獄されている同胞留学生は英雄主義に陥っている。学生のそんな姿勢を支援する家族も問題だ。

金達男の釈放は日本の国会でも取り上げられた。井上一成社会党衆議院議員は一九七八年四月一二日、外務委員会で中江要介外務省アジア局長らを相手に釈放の事実を知っていたかどうか、釈放の理由、再入国の対処などを尋ねた。中江局長は、昨年一二月二五日に刑執行停止で事実上釈放されたが、正確な理由はわからないと答弁した。法務省官房参事官は、再入国許可の期限はすぎたが前向きに考慮したいと言った。金達男の再入国方式については韓日政府間ですでに論議が終わっていることを示唆する発言だ。

金達男は日本に戻り北朝鮮のスパイ派遣の実態、韓国政府の寛容な姿勢などを記者会見や講演で強調した。日本で広まっている在日同胞政治犯の救援運動にケチを付けるために、情報機関が金達男を「反共宣伝講師」として活用したとみられる。

巨額上納説、前中央情報部要員も同調

金達男と同じ頃にスパイ容疑で懲役生活をした在日同胞留学生は、金達男がお金で釈放されたと公然と主張する。一〇億円という大金を家族が情報機関に上納したと、具体的な金額まで話す人もいる。このような主張が出てくるのは、金達男の家族が経営するかなもと青果株式会社が長野県でも指折りの有力企業と評価されているからだ。青果物の出荷販売をするこの会社はパチンコ、焼き肉店、ボーリング場等と事業領域を多角化して「アメニティーズ」というグループに拡大、発展した。大金を使うに充分な資金力がある会社ということだ。

これを、一部の在日同胞の根拠のないデタラメな主張と無視できないのは、似た趣旨の証言が金達男事件を担当した中央情報部要員からも出ているからだ。『南山　ザ・ビハインド・ストーリー』という本が二〇一一年に出版された。著者は、中央情報部に採用され対共捜査局で勤務した李基東《イキドン》だ。情報機関に務めた者は退職後も業務中に取得した秘密を守る「守秘義務」に縛られるため本を出すのはとても稀なことだ。李基東の本には自身が担当した事件の記述があるが、新軍部が権力を掌握した一九八〇年一一月に退職、一〇年余り移民生活をして帰国したせいか不正確な記述が目につく。例えば二〇一四年一二月に再審で死後無罪となった姜宇奎《カンウギュ》について、こう言及している。在日同胞のスパイである姜宇奎

は死刑が確定し、その年の暮れに死刑台の露と消えたとの記述がある。片足を失い障害のある姜宇奎が大法院で死刑が確定したのは一九七八年三月だった。彼は一九八八年一二月に釈放され翌年の四月に日本に戻り二〇〇七年四月二日にこの世を去った。

李基東の本では、金達男事件についてかなり詳細に記述されている。一九七五年二月、Y大学（延世大学校）会計担当責任者の情報提供で捜査に着手したという。金達男という在日同胞が総長に会い大金を投資すると提案したという内容だ。李基東は在日同胞が何ら縁のない大学に寄付金を出すというのはまさに「容共の匂い」がしたという。彼は金達男を連行し自白により送致した後、張俊河も自分が説得し中央情報部で取り調べたと書いている。死刑が確定した金達男が釈放された背景についてはこう記述されている。

金達男は死刑が確定した。しかし財閥である彼の兄の金〇〇が、在日居留民団に、そして国家に大金を出すといい、救命のため韓国を往来した。この問題は捜査局の事案でないのでここで論ずるのを略すことにする。金達男は特別赦免により放免され、兄とともに日本に戻った。「特別赦免」。大金というが、当時いくらぐらいになっただろうか。「有銭無罪、無銭有罪」か。いや、これはちょっと違うだろう。

第10章　鬱陵島事件と救援運動の拡大

ニューヨーク空港での危機一髪

一九八五年一〇月二四日、ヨーロッパ旅行を終えた在日韓国人実業家夫妻が、コペンハーゲン発スカンジナビア航空でニューヨークのケネディ空港に到着した。彼らは日本で申請した米国ビザをデンマークの米国大使館から発給されていたが、空港に降り立ったところ、不法入国の容疑で逮捕された。事態の推移は尋常ではなかった。移民局の係官がパスポートと航空券を押収し、男は服を全部脱がされて、身体検査や手荷物検査が行なわれた。夫妻は別々にされ、入国目的、日本での活動などについて取調べを受け、「重犯罪者」として取り扱われた。囚人服に着替えた二人は移民局の拘置所に収監された。男が憤激のあまり発作を起こして倒れると、看守らは手錠に足かせまではめたうえで病院に護送した。

男の名前は李佐永《イジャヨン》である。中央情報部が一九七四年三月一五日「鬱陵島スパイ団事件」を大々的に発表した際、在日スパイと規定した人物である。彼は日本に住んでいたので検挙は免れたが、彼の兄弟、親戚や学校の同窓生たちが次々と逮捕され、スパイやスパイ幇助者として辛酸をなめた。彼は在日同胞

李和樹（左）と長沼節夫（右）

が関連したスパイ団事件が続々と発表されると、情報機関による捏造であることを確信し、「在日韓国人政治犯を救援する家族・僑胞の会」をつくり、釈放運動を行なった。日本における政治犯家族の運動は、彼が先頭に立って指導したと言っても過言ではない。それだけに情報機関にとっては目の上のこぶであった。

移民局拘置所の中には公衆電話があった。李佐永の妻である韓在《ハンジェ》順《スン》は東京の友人宅に電話をかけ、逮捕されたことを知らせた。気が動転していたために自宅の電話番号が頭に浮かばなかったのだという。李佐永夫妻が米国で突然抑留されたというニュースは、吉松繁牧師など救援会関係者、韓民統などを通じて即座に広められた。

李佐永の長男の李和樹《イファス》は当時、東京都立大学大学院で機械工学の博士課程を終え、名古屋の金属機械企業で働いていた。彼は弟から両親に何か異変が起きたらしいと連絡を受けた。事態がよく把めないまま直ちに休暇を取り、東京に行って吉松牧師とともに国際法の専門家である宮崎繁樹明治大学教授を訪ねて相談した。宮崎教授は国際的に活動する日本人弁護士を紹介してくれた。その弁護士を通してニューヨーク現地の米国人弁護士とつながった。

米国人弁護士が経緯を調べてみると、ビザが途中で取り消されていたことが明らかになった。しかし、なぜビザが取り消されたのかは弁護士にもわからなかった。米国当局の立場は「不法入国者は国外に退去させられ、その後に彼がどこへ行こうと関知しない」というものだった。吉松牧師は李和樹と一緒に宇都宮徳馬議員を訪ねた。一九七六年、自民党から離党して無所属、そして新自由クラブ所属で活動することになる宇都宮は折悪しくも健康状態がよくなく、入院中だった。秘書が今は面会できないと面談を断わったが、吉松牧師は人の命がかかっている問題だと強引に病室に入って助けてほしいと訴えた。

「朝鮮記者」として有名な村岡博人共同通信記者と長沼節夫時事通信記者が国会記者クラブで移民局拘置所に交代で電話をかけ、李佐永と話をした。彼らは、鬱陵島事件に対する日本社会の関心が薄く、李佐永逮捕のニュースも日本の新聞で大きく扱われることはないだろうと思いながらも、李佐永の記事を書き続けた。駐日米国大使館は、この二つの通信社が配信する記事を丹念にチェックしているから、せめて日本が関心をもって注視しているというメッセージを伝えるためだった。

李佐永は、万一、自分が韓国行き飛行機に乗せられたなら、すさまじい拷問と死が待っていると直感していた。とんでもない捏造事件のえじきにされると思った。彼は、追放され強制的に乗る飛行機がソウル行きだったら自殺しようと決め、そのことを妻の韓在順にも伝えた。そのような最悪の事態が訪れたら、カミソリの刃を口の中に隠して決行しようと示し合わせた。

米国人の弁護士は、万一、李佐永夫妻がソウル行きの飛行機に乗せられるようなことになれば、『ニューヨーク・タイムズ』一面に記事が載ることになると移民局に圧力を加えた。結局、一〇月三〇日入国管理所の裁判で、今後米国に入国しないという条件で日本送還が決定した。ところが裁判が終わるや、連邦捜査局の捜査官二名が李佐永に会いに来て、「韓国政府が二人の逮捕令状を出して身柄引渡しを要求している。あなたがた夫婦は、明日、日本行きの飛行機に乗る予定だが、それは保証されているわけではない」と告げた。李佐永は飛行機の行先が最終的に確認されるまで、極度の緊張を強いられた。

田英夫議員の追及

李佐永夫妻は一一月一日、日本航空便で成田空港に到着した。日本の政治家、人権団体の活動家、ジャーナリストらが立ち上がり連携して動いたからこそ実現したことだった。この事件は、一九八五年一一月六日、参議院予算委員会で取りあげられた。田英夫議員は、非核三原則、核兵器持ち込み、防衛計画整備などに関して質問したあと、李佐永事件についても質問した。答弁をした安倍晋太郎外相は、現在の総理大臣、安倍晋三の父である。

記者、長沼節夫

長沼節夫は、村岡博人と同じく、在日同胞関連記事を長いあいだ書いてきた。『京都大学新聞』で学生記者として活動していたとき、金嬉老《キムヒロ》事件について長文の連載記事を書いた彼は、金大中が大統領就任式に招待するほど、金大中と古くからの縁がある。一九七一年春、大学院生だった長沼は、韓国の大統領選挙を取材するためにソウルへ行き、金大中の遊説を取材した。一九七一年三月二一日、ソウル市城東区錦湖小学校で開かれていた演説会で、長沼は金大中に日本から来た学生であることを告げ、演説を録音したいので演壇で演説を始める前に録音ボタンを押してほしいといってカセットレコーダーを渡した。

1995年4月、拉致事件以降はじめて日本を訪れた金大中前大統領と長沼節夫

彼は今でもそのテープを大事にもっている。

一九七二年八月時事通信に入社した彼は、維新クーデターによって海外亡命を選んだ金大中が日本に長期間滞在するようになると緊密に接触を図った。日本の言論界に知人がほとんどいなかった金大中は、新米記者である彼に言論界との接し方について意見を求めることもあったという。長沼は全斗煥政権時、国外追放によって米国に居住していた金大中を時おり訪ね、ペンネームを使って各種の雑誌に寄稿した。時事通信社の幹部陣は好ましく思っていなかったため、個人的に休暇をとって取材をしなければならなかった。

田英夫　時間が非常に短くて残念ですが、ここで、最近起きた二、三の問題についてお尋ねしたいと思います。一つは、在日韓国人である経済人が一〇月にヨーロッパから米国を訪問しようと入国した際、ニューヨーク空港で移民局に拘留され、足かせまではめられて留置されたという事件がありました。外務省はこれをどのように把握していますか。説明してください。

後藤利雄外務省アジア局長（後に韓国駐在大使）　いまご指摘いただいた在日韓国人である李佐永氏がコペンハーゲンから米国に入国しようとした際に、米国移民局に拘留され、あらかじめ発給されていた米国ビザが取り消され、入国できなかったという点は聞いております。この点に関して、今の足かせというのは初めて聞いたのですが、在日韓国人であることもあり、米国ビザの手続きであるとか移民局の拘留など、速やかに米国に照会しました。

　その結果、向こう側の説明では、米国ビザが発給されたあと取消しになったため、ニューヨーク移民局が同人の身柄を拘束し事情を聴取した結果、いわゆる国外退去を求め、日本に戻ってきたとのことです。ビザ発給あるいは取消しの事情については各国の管轄事項であるため、ご理解くださるようお願いいたします。われわれは結果的に二人が無事に日本に戻るようになって、ひじょうによかったと考えております。

田英夫　外務省がひじょうに迅速に対応してくれ、無事に戻ることができたというのは、私も感謝していますが、この人たちはすでに数十年日本で暮らしており、平和的に経済活動をしてきた夫婦です。しかしながら、本人が戻ってきた後お会いしたら、移民局の一種の収容所だったとしても、当時、心臓の具合がよくなく、発作を起こして病院に連れていくにも手錠と足かせをはめて行ったことに憤激していません。時間がないため、いまのアジア局長の答弁を踏まえて、そのように取り扱った事情について外交ルートを通じて米国政府に問いただすよう要求します。

安倍晋太郎（外相） 今し方、手錠であるとか足かせというのは、初めて聞きましたが、日本にいる在日韓国人であり、人道上の問題もありますので、いまお話くださった点については米国に対して事情を調査したいと考えております。

田英夫 それをよろしくお願いします。

田議員は駐日韓国大使館に電話をかけ、借款が欲しいのか、李佐永が欲しいのかはっきりしろと圧力をかけた。金がほしいのなら、李佐永を戻すよう要求した。全斗煥政権に借款を提供するのかどうかをめぐって日本で議論が起こっていた時だ。李和樹教授は田議員の行動が父を救う上で決定的な役割を果たしたと思うと語った。

一人で日本に渡り、明治大学を出て自力で成功

李佐永は、ニューヨーク空港抑留事件を経験してから二五年がたった二〇〇八年一月八日、東京で息を引き取った。遺言というべきか、最期の言葉は「故郷に行きたい」だった。鬱陵島事件で拘束され、のちに釈放された兄弟がいたが、当局の弾圧を恐れて日本での葬儀に出席せず、妹の夫が代表で参列したという。情報機関は鬱陵島事件の後も日本で李佐泳と会った人たちを逮捕し、幾度かスパイ事件として発表した。

李佐永は一九二八年九月全羅北道益山三箕面の貧しい小農の次男として生まれた。生活はきわめて苦しく、幼かった時の楽しい思い出はほとんどないという。小学校に通っていたとき、一日三食のうち夕飯しか食べることができなかった。彼が一日に三食を食べることができるようになったのは小学校五年生のとき、地主の家に「住み込み家庭教師」として入ってからだ。一学年下の地主の息子を二年間教えていたが、そのときはじめて米の飯を三食食べることができた。

子供の頃の彼は勉強がよくできたようだ。小学校卒業生六〇名のなかで上級学校に進学することができたのは二、三名にすぎなかった。家庭の事情で進学を諦めなければならなかったが、校長が家にまで来て進学を勧めた。彼が道知事賞を受けたからだ。彼は両親に内緒で鉛筆と消しゴムだけもって試験を受けたところ、合格した。植民地治下の唯一の官立農林学校である裡里農林学校だった。一九二二年五月創立のこの学校は五年制だった。朝鮮人、日本人が五〇名ずつ選抜されたので、全国から志願者が集まり、朝鮮人の競争率は約二〇倍に達したという。首相を務めた高建《コゴン》の父親でソウル大学哲学科の教授だった高亨坤《コヒョンゴン》、大象グループの創業者である林大洪《イムデホン》、財務部長官、駐日大使を務めた金永善《キムヨンソン》、前全北大総長の金俊輔《キムジュンボ》、ハンセン病の詩人韓何雲《ハンハウン》などがこの学校の出身である。

卒業後、彼は勉強を続けたいと思ったが、兄弟たちにさえ言いだすことができなかった。兄とすぐ下の妹二人は学校に行くこともできなかった。彼は一九四四年、あてもないまま日本に渡り、工場に勤めながら学業の道をさがした。(渡日の時期は解放後であるという資料もある。)

一九五二年三月、明治大学法学部を卒業した彼は朝鮮総連にはいっさい関係しなかった。民団に所属はしたものの、その集まりに別段出かけることもなく、ひたすら事業に没頭した。飲食業、ホテル、貿易など手を広げ、中堅企業人として成功した彼は、儲けた金を母国に投資することにした。一九六六年、日本の銀行から三億円の融資を受け、セーターなどの毛織物製造業である新韓繊維を韓国に設立した。日本で自身の経営する貿易会社である新韓交易で新韓繊維の製品を輸入し、西武百貨店などに納品した。新韓繊維の従業員は約四〇〇名にのぼった。韓国での事業規模が大きくなると、彼は駐日大使館の外交官、情報部派遣要員ともよく付き合った。彼の事件が起こる前には、すべてが問題なく順調に運んでいた。

裡里農林学校同窓の関係、スパイを抱き込んだと捏造されて

新韓交易の職員であった在日同胞の梁東洙《ヤンドンス》は、一九七二年一〇月に本国に出張した。仕事を終えて一〇月一六日、金浦空港で飛行機に搭乗する直前に中央情報部に連行された。維新クーデター勃発の前日である。捜査官は二〇代後半の彼を南山（中央情報部対共分室）に引っ張って行き、「二四時間は人間の待遇を受けられる。その後は動物の扱いになると思え」と言い、スパイ活動を自白しろと強要した。捜査官は二四時間が経つやいなや、彼を丸裸にして腕と脚をロープで縛り上げ、天井から吊るしてめった打ちに殴打した。脚の間に角材を挟んで踏みつけたり、水拷問もした。

梁東洙は何度も気絶し、ついに耐え切れず、捜査官の要求どおり「自白」した。李佐永の命令で政府転覆のための地下組織を作るため韓国へ来た、事業名目の金はその工作費に使ったと陳述書に書いた。

彼らは梁東洙に大韓民国に忠誠を誓うという「誓約書」にサインさせ、日本に戻った後、李佐永など会社幹部の動向を毎月報告し、李佐永をソウルへ誘い出す口実を作るように指示した。日本では安某《アン》と

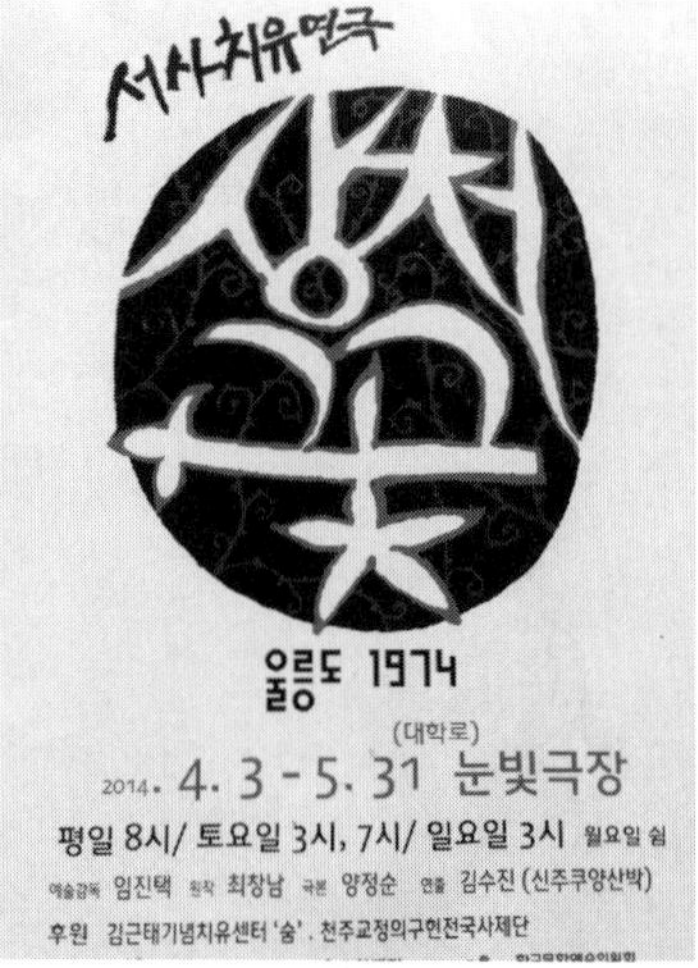

鬱陵島事件を取り上げた演劇『傷ついた花』のパンフレット（左）、鬱陵島事件の救援会が出した資料集『同じ空の下に』（右）

連絡するように命令し、万一口外したり協力を拒んだりすれば、韓国内の親類に害が及ぶと警告し、さらには「日本で偶然に交通事故に遭わないとも限らない」と脅迫した。母国に出張してとんでもない目にあった梁東洙は、結局、会社を辞めた。

李佐永は不吉な予感にとらわれざるを得なかった。母国では中央情報部と国軍保安司令部が先を争って在日同胞関連スパイ事件を発表した。

二〇一四年春、ソウルの大学路で『傷ついた花――鬱陵島一九七四』という演劇が上演された。一般受けするような題材ではなかったが、カトリック正義具現司祭団がかなりの資金援助をして舞台にのせることができた。社会的に認知度が高い名士が入れ替わりカメオ出演したことも話題を集めた。『傷ついた花』は維新治下での代表的な容共捏造事件の一つである鬱陵島事件を扱ったものだ。鬱陵島事件の大法院判決は、人民革命党再建委員会事件と同じ、一九七五年四月八日であった。

人民革命党事件は、宣告後わずか二〇時間で死刑四八人が処刑されるという衝撃的な人権弾圧の代表的事例として記憶されているが、鬱陵島事件はそうではない。同時代の人びとの中でもまともに知っている人はほとんどいない。当時の新聞を見ても、人民革命党事件の最終審理の結果と刑執行は一面、あるいは社会面の主要記事として取り上げられたが、鬱陵島事件の大法院判決は目立つものではなかった。四月九日は新聞の日で休刊だったせいもあるが、『東亜日報』では四月一〇日の社会面で二段にわたって報道したものの、『京郷新聞』にいたっては初めから扱いもしなかった。

鬱陵島事件は一九七五年三月一五日、申稙秀《シンジクス》中央情報部長がみずから発表した。維新独裁に対する抵抗は、その年の一月に緊急措置一号が発動されたにもかかわらず、ますます高まっていて、大学街は新学期が始まった直後であった。中央情報部は、鬱陵島を拠点にソウル、釜山、大邱などの都市と全羅北道一帯の農漁村を舞台に一〇年間「暗躍」してきたスパイ団四七名を逮捕（そのうち一名死亡）し、このうち三〇名を拘束したと発表した。情報部がどれほど言論広報工作を行なったのか、当時、新聞一面に死亡者一名を除いた四六名の顔写真と記事が大々的に掲載された。それこそ一面を埋め尽くしたのだ。

だが、この事件の関係者は互いに顔も知らない人たちが多かったのである。生涯一度も鬱陵島に行ったこともない人たちも多い。それでも、情報部は「鬱陵島を拠点とした大規模スパイ網」に仕立てあげた。李佐永と関係がある人には、兄弟、親類、裡里農林学校の同窓生などが含まれていた。李乙永《イウルヨン》、李《イ》士永《サヨン》など親族を除けば、当時、全北大教務処長であった李聖煕《イソンヒ》教授（獣医学）、共和党扶安地区の党副委員長だった崔奎植《チェギュシク》（獣医科病院長）、新民党鎮安地区の組織部長の李漢植《イハンシク》、高敞農村指導員の金容権《キムヨングォン》などだ。情報部は彼らが留学あるいは農業技術研修の名目で日本に滞在し、李佐永に「包摂」され、北朝鮮に行ったり、在日北朝鮮工作員と接触したりしたと主張した。検察は四月六日三二名を拘束起訴し、一七名を不拘束起訴した。起訴の段階で李泰永《イテヨン》東国大教授らの関連が明らかになったとされ、情報部発表時に加えてさらに二名が拘束された。

李聖熙は、一九六四年二月から一九六七年一一月まで東京大学大学院に留学し、博士号を取得したが、裡里農林の二年後輩である李佐永から金銭的な援助を受けていた。全州師範を出た李泰永は、一九六三年ドイツ留学を終えた帰国の途で東京に立寄ったとき李佐永の家に泊まったことがある。こうした人間関係が、包摂、工作資金受領とでっち上げられた。

「これ以上泣き寝入りはできない」

東京に来ていた中央情報部要員は、李佐永が自発的に帰国することを要求した。母国に行って説明すれば、すべてうまく解決すると言った。李佐永は大統領が身辺保護を約束するなら帰国すると言い返した。彼は、兄や弟をはじめとして、従兄弟たちと近かった裡里農林の同窓生が次々とスパイと発表されるや、絶対に引き下がることはできないと腹をくくった。在日同胞たちは、肉親が母国でスパイであるとでっち上げられれば訴え出ることもできず、泣き寝入りするしかなかったが、もうそんな時代は過ぎ去ったと思った。

彼は一九七四年四月二四日衆議院第一議員会館会議室で宇都宮徳馬、田英夫議員と一緒に記者会見を開き、自分は北朝鮮と何の関係もなく、スパイ容疑は事実無根であると訴えた。彼は韓国にいる兄弟、親戚、知人などがスパイに捏造されて逮捕され、自分が韓国でつくった会社も没収されたことを明らか

1974年4月、鬱陵島事件が捏造であると主張する李佐永の記者会見（左から宇都宮徳馬議員、梁東洙、李佐永、田英夫議員）

にした。記者会見の場には新韓交易の職員であった梁東洙が同席し、ソウルに出張した際、中央情報部であった拷問の実態を証言し、日本にいても中央情報部にいつ消されるかもしれない不安を訴えた。彼らの会見の様子は四月二五日付『朝日新聞』が「スパイ事件はねつ造、ＫＣＩＡが恐ろしい」という見出しをつけ、三段抜きの大きさで比較的詳しく報道した。

李佐永は特に親しいわけでもない多くの日本人を訪ねまわって助けてほしいと訴えた。評論家の青地晨、宮崎繁樹明治大学教授などがこれに応えて立ち上がった。

青地は戦前の言論弾圧事件である「横浜事件」に連座して投獄されたことがある。一九四二年から一九四五年の間に雑誌編集者、新聞記者約六〇名が特別高等警察に逮捕され、そのうち四名が獄中で死亡した。そうした個人的体験のために、権力による捏造事件、冤罪事件の究明に関心が高かった。彼は日韓連帯連絡会議代表であり、日本ジャーナリスト専門学校の初代校長でもあった。

宮崎は、日本の敗戦時、新米の陸軍少尉だった。陸軍士官学校を出て、少尉に任官してから数ヵ月で敗戦を経験した。

公職から追放された彼は進む道を変え、明治大学で法学を研究し、著名な国際法学者になった。李佐永の明治大学の先輩になるが、彼の専門的な知見はのちに政治犯釈放運動の大きな助けになった。李佐永は青地晨、宮崎繁樹、田英夫などを引き込んで「うつ陵島事件関係者の釈放を要求する会」を結成した。彼が選んだ用語は「嘆願」や「陳情」ではなく「釈放要求」だった。なんの根拠なく捏造された事件であるから当然釈放を要求するというものであった。

東京での孤独な抗弁は、ソウルでの公判に何の影響も与えることはできなかった。一九七四年七月三日の結審では田永寛《チョンヨングァン》、金容得《キムヨンドゥク》、李聖煕、田永鳳《チョンヨンボン》、崔奎植、金容権の六名に死刑が求刑された。三週間後に開かれた一審宣告公判で金容権を除いた五名に死刑、三名に無期が言い渡された。李佐永と関連した「全北グループ」では、李聖煕、崔奎植が死刑、金容権、李士永が無期だった。一九七四年一二月九日の控訴審宣告公判で、一審死刑囚のうち李聖煕、崔奎植が無期に減刑された。これが生死の分かれ道になった。上告審はいずれも棄却に終わった。

鬱陵島事件の死刑囚三名は一九七七年一二月五日に刑が執行された。田永寛と金容得は義理の兄弟の間柄だった。鬱陵島事件で李佐永の家族は散り散りになった。父は事件のショックで急死し、農業に従事していた兄李乙永は懲役五年の満期で出獄し、一九八三年に世を去った。新韓繊維の総務をしていた弟李士永は懲役一五年の刑を受け、青壮年期を獄中ですごし、一九八七年一二月釈放された。彼は、父から家庭の事情で上級学校にやるのが難しいと言われたとき、兄の李佐永の援助で大学まで出ることができた。そのため誰よりも兄を慕っていたが、兄が亡くなる前に再び会うことはなかった。彼にパスポートが発給されたのは李佐永が息を引き取ったあとだった。

四〇年経って晴らされた無実の罪

「当時、中央情報部の捜査官らが被告人らを不法に連行し、拘禁したのちに拷問などの過酷行為によって得た自白は有罪を立証する証拠とはならない。」

「被告人らは過去、親類縁者が関連した事件で中央情報部で過酷な目に会い、実刑を宣告され、スパイ幇助者という烙印を押されたことで社会生活に支障を来たし、家族にまで大きなくびきによる苦しみを与えた点について、司法府の一員として公的な謝罪と遺憾の意を表わす。」

「当時、法廷で発言したかったことを思うままに発言できなかったという被告人らの陳述を参考に、今後、われわれ裁判部は裁判を行なうにあたり、これを深く心に刻み、被告人らの言葉を傾聴するように努力する。」

「被告人二名はすでに亡くなったため遺族が法廷に出て判決を受けられるのはやるせない。亡くなられた方々とご家族に対して深甚なる慰めとなることを願う。」

二〇一四年二月一二日、ソウル中央地裁刑事合議二二部の李廷錫《イジョンソク》裁判長が、鬱陵島事件で有罪判決を受け服役した五名の再審公判の法廷で無罪を宣告した際の言葉である。長いあいだ生きた心地もしなかった被害者たちは、裁判部に感謝の意を表わし、頭を下げた。彼らは鬱陵島事件の主犯とされ処刑された田永寛の妻と親類たちである。

鬱陵島事件についての再審無罪判決は二〇一二年から出されはじめた。実際に北朝鮮を訪問した数名の密入北容疑を除外して関係者全員が事実上の無罪を得た。李佐永の裡里農林学校の先輩で全北大教務処長在職中に拘束された李聖熙の粘り強い努力が実った成果だ。李聖熙は無期刑が確定し、一七年を獄中ですごした。准将にまで出世した弟の李三熙《イサミ》将軍は軍服を脱がざるをえなかった。

一九九一年二月に出所した李聖熙は、二〇〇六年七月二六日、真実和解委員会に真相究明を要請した。彼は中央情報部全州分室と南山対共捜査局で加えられた拷問の実態を詳細に証言した。野戦用ベッドの角材で全身を殴られ、血で下着が固まったことや、検事の取調べで容疑を否認すると検事が激昂したのでそれなら勝手にしろと自暴自棄になったことを率直に告白した。彼は検事が勝手に作成した調書を読むこともなく拇印を押したのである。ひどいことに、中央情報部捜査官が拘置所を訪れて保安課長立ち会いの下で取調べをするのだが、その時もやたらに足蹴にされた。拘置所内でさえ、捜査官の果てしない暴力がほしいままにされていたのだ。

真実和解委員会は、二〇一〇年六月三〇日に李聖熙に対して一部真相究明の決定を下した。真実和解委員会は不法逮捕、不法拘禁、過酷行為が認められると判断し、国家は公正に、捜査過程における不法拘禁と苛酷行為を行なった点について申請者とその家族に謝罪し、再審などの和解措置をとるよう勧告した。李聖熙はこの決定を根拠として再審を申請した。

ソウル高裁は二〇一二年一月、再審を決定し、その年の一一月二二日に軍事機密を探ったスパイ容疑などについて無罪を宣告した。最も重大な核心となる起訴事実について、濡れ衣を晴らしたのである。しかし、裁判部は、彼が日本留学のあいだに、北朝鮮に四日間一時的に密航したことは認められるとして、懲役三年、資格停止三年を宣告した。裁判部は量刑の理由については「社会的好奇心のために北朝鮮に密航したとみられる点、潜入期間が短く、国益を害する程度ではない点などを考慮した」と明らかにした。この判決は二〇一四年一二月一一日、大法院で確定した。

崔鍾吉拷問致死の関係者が鬱陵島事件を捜査、工作を担当

『新東亜』二〇〇二年三月号に、中央情報部対共捜査官出身の車鉄権《チャチョルグォン》を取材した長文の記事が掲載された。中央情報部要員が退職後に自分の身元を明らかにすることはめったにない。それを考えると、きわめて異例の記事だ。彼が月刊誌に華々しく登場したのは、一九七三年一〇月、中央情報部に連行された崔鍾吉《チェジョンギル》ソウル大学法学部教授の疑問死と関係している。彼が崔鍾吉教授を直接取調べした当事者であるからだ。彼は『新東亜』の前月号で崔鍾吉教授が拷問によって殺されたという「疑問死真相究明委員会」の中間報告が出されると、自分を殺人者だと決めつけるものだとして激しく反発した。そこで彼の反論を伝えるインタビュー記事が出たのである。彼は崔鍾吉教授が投身自殺したという当時の中央情報部の発表を繰り返し、拷問はなかったと主張した。彼は「睡眠をとらせなかった以外は、命をかけて、天地神明に誓って崔鍾吉教授を拷問していないし殺していない」と言った。

記事には、彼の個人的な経歴が詳しく出ていた。一九二七年、慶尚南道咸安郡の農家に生まれ、一九三一年に日本の京都に移住した。一九四五年の解放後、家族に従って帰国し、一九四七年国防警備隊第一五連隊（馬山駐屯）に兵士として入隊した。彼は麗順事件〔済州島の民衆闘争鎮圧命令に反旗を翻した麗水・順天地域軍部隊の抵抗事件〕鎮圧作戦で戦功を上げて一階級特進し、一九五〇年二月には陸軍情報局順天地区CIC（Counter Intelligence Corps）要員として選抜された。特務隊、防諜隊、保安司令部、機

務司令部と今日まで変遷を繰り返した軍情報部の前身である。

捕虜尋問に主に投入されていた彼は、准尉を経て一九五六年に甲種将校教育を受け、少尉に任官した。陸軍特務部隊に勤務して一九六六年一月末、階級定年を迎えて中尉で予備役に編入し、ただちに三級軍属の発令を受けた。数ヵ月後には辞令を提出してベトナムへ行き、約四年間を米国系ビンネル会社に警備員として勤務した。一九七〇年に帰国し、嘱託を経てその年の一二月に中央情報部捜査工作課の四級甲（主事）職員として特別採用された。一九七四年鬱陵島事件の主務工作官として活動した功績が認められ、事務官から書記官に特進し、一九七八年一二月に副理事官に昇進、大田支部の対共捜査課長に再就職し、その後退職した。彼が中央情報部を去ったのは朴正熙大統領暗殺事件の余波で「粛正」が進行していた一九八〇年七月である。

疑問死真相究明委員会の調査で、崔鍾吉教授を取り調べた別の中央情報部要員や幹部らが車鉄権は拷問に関与していたという証言をしても、彼は徹底して否認した。国家安保を守るために共産党と闘ってきた自分をデタラメを並べて陥れようとしていると主張した。「もうすぐあの世で崔鍾吉教授と会うことになろうが、刑事罰の時効がすぎたいま、何を恐れて嘘をつくものか」とも抗弁した。

ところが、李聖熙の真相究明要請に対して、真実和解委員会から調査を受けたときには拷問の可否についての答弁がすこし変化した。全面否認から「分別のない」拷問はしなかったと変わった。拷問を行なう捜査官もいたが、自分はあくまでも拷問をするふりをしただけだったと言うのである。鬱陵島事件に対する彼の弁明は次のようなものだ。

前回、疑問死委員会から私に「拷問をしなかったのか」と訊かれて「拷問をしない人がどこにいるのか。眠らせないのも拷問だ。無分別に殴るような拷問はしない」という答弁もした。捜査機関で拷問をしないなんて通じる話か。どんな場合に拷問をするのかといえば、被疑者が自白しても、何かもっとあるはずだ、ということがわかったときにするのだ。拷問といっても、する者によってみんなやり方が違う。水拷問も仰向けに寝かせて行なう者もいれば、椅子に座らせてする者もいる。なかには本当に殴り倒したり頭を摑んで水にぶち込む捜査官もいるが、私の場合は殴るふりだけして、本当にぶん殴ったりはしなかった。椅子に座らせて頭を後ろに反らせてタオルで鼻と口を覆ってからヤカンで水を一回二回額にかけて恐怖を与えるくらいのことはした。もし、口に水を注げば息ができなくなるのだから、口を割らないわけにはいかなくなるんだ。

車鉄権が李佐永を捕らえるために調査に入ったのは少なくとも一九七二年一〇月にさかのぼる。新韓交易の在日同胞職員梁東洙がソウルへの出張から東京に帰る日、金浦空港で中央情報部に連行された頃である。新韓繊維の社長である崔佶夏《チェギルハ》も連行され、車鉄権の取調べを受けた。崔佶夏は李佐永の一番下の妹と結婚した間柄である。崔佶夏は主に梁東洙のソウルでの行動や李佐永の動静について取調べを受けて釈放された。

彼は釈放されたあとにも数ヵ月に一度ずつ車鉄権に会い、李佐永、李士永の動静を報告したという。どんな事情があったのか車鉄権と崔佶夏は協力関係に入った。車鉄権は真実和解委員会の取調べで、崔佶夏を「協助者」として活用して成果を多く上げたと認めた。崔佶夏が陸軍三二師団で勤務したとき車鉄権は参謀部将校だったという。

崔信夏が中央情報部で取調べを受けたときに作成した陳述書には、「一九七二年一〇月一八日、中央情報部の呼び出しを受けて李佐永のすべての真相を暴露することになった。……その間、李佐永に便宜を提供したことは、本人としては李佐永が共産主義者であることを知らずにしたことであると中央情報部が善処してくれたものと信じ、その後はいっそう心を入れ替え積極的に今回の事件調査に協力した」となっている。

車鉄権は李佐永に対する内偵工作過程において、特別な対共容疑を探し出すことはできなかった。それでも李佐永を首謀者とするスパイ団事件という大きな絵を描き出した。鬱陵島事件が発表されると崔信夏は離婚して、新韓繊維は彼の所有となった。新韓繊維は一九七八年一月一日付で長安交易と商号を変更した。李佐永は新韓繊維に投資した自身の持分が没収されると日本の銀行で受けた融資を返済できず、結局破産した。そして亡くなるまで崔信夏に対する恨みを隠さなかったという。

「拷問に耐えられるという人がいたら、お目にかかりたい」

李佐永は鬱陵島事件が発表されたあと、母親と兄弟従弟《いとこ》らが経験した苦難を思い起こしては涙がこみ上げ、なかなか眠りにつけなかった。一九七五年四月鬱陵島事件についての上告が棄却され死刑囚三名を含む関連者全員の刑が確定すると李佐永は、ひと月後、「在日韓国人政治犯家族協議会」を結成して会長を引き受けた。彼は自分の親族だけでなく、すべての政治犯の釈放を要求して全面突破を試みた。彼の運動のやり方は朴正煕政権との衝突を避けて個別的な「嘆願」を繰り広げていた日本人の救命運動に衝撃を与えた。政治犯釈放を民主化闘争と結びつけて要求する闘い方が徐々に釈放運動の主流となった。

彼は一九七七年六月には家族協議会を「在日韓国人政治犯を救援する家族・僑胞の会」へと拡大改編し、長きにわたって会長・常任顧問を務めた。彼は自身の私財を救援運動に注ぎ込んだ。一九七〇・八〇年代スパイ容疑で死刑判決を受けた在日韓国人が続々と現われたが、結局誰も執行されず日本に帰ってこれたのは、彼が取り組んだ運動が大いなる力を発揮したからだと言える。「在日韓国人政治犯を救援する家族・僑胞の会」は「在日韓国人政治犯を救うために」という会報を定期的に発行したのをはじめ、さまざまな資料集を出した。国連人権委員会などに家族代表団を送り、国際世論を喚起するうえでも中心的な役割を果した。

李佐永が当時どのような信条で運動を展開していたのかは雑誌に掲載された寄稿文からうかがい知ることができる。『新日本文学』一九七六年三月号に掲載された「在日韓国人・スパイでっち上げの背景」は表現が激烈である。自分の一家や知人が被った苦痛に対する思いが怒りとなってこみ上げたと思われる。また、一九七五年四月の人革党事件死刑囚の電撃的な処刑が与えた衝激の余波が大きかったのだろう。死刑がいつ執行されるかもしれない現実として迫ってきたのである。いくつか段落をみてみよう。

朴正煕一味が軍事クーデターに依って政権を奪取してから一五年になるが、彼が「毒種」振りを発揮し始めたのはもちろんずっと以前にさかのぼる。民族が日帝の植民地下で塗炭の苦しみに喘いでいた時に、己れの立身出世のために進んで宗主国の忠僕を買って出たことを考え合わせれば何も今更という気がしないではないが、これだけで彼は立派な民族反逆者で、断罪されてしかるべきだった。しかもその上、今度は日帝が崩壊するや否や、踵を返して愛国者の隊列にもぐり込み、新しい主人に忠誠を誓う証として自分の同僚をはじめ、ついには血を分けた実の兄まで売りとばすことによって生き延びてきたうえに、はたまた大統領の地位にまでのし上がってから一五年この方、民族に対して公然と挑戦しているのは悪党ならではの開き直りぶりである。

無理矢理にスパイとされた在日韓国人のほとんどが、それにしてもKCIAの発表通りに自白している点について無実を主張する私たち家族に疑問を投げかける人々も少なからずいるが、問題はこのような自白がどのような状況下で行なわれているかということであろう。日帝時代の遺産である残忍無道な拷問技術をそっくり受け継いだうえに、ナチのファッショ式とさらにアメリカの科学性を加えて集大成したKCIAの拷問の前に、精神的にも肉体的にも堪えられると言い切れる人がいるとしたらお目にかかりたい。KCIAの洗礼を受ければ、コトの真偽とは一切関係なく、ただ彼らの脚本通りに自供させられてしまうのだ。

われわれ在日韓国人政治犯の家族たちはいま、朴正煕一党から自分たちの肉親を取り戻すために闘っているが、この闘いは決して私たちだけの闘いではない。我々の家族を本当に救えるのは祖国に自由と民主主義が実現してこそ初めて可能だということを、私たちは自らの体験と歴史を通じて痛いほどの教訓を得ている。

李佐永はその後も長く在日政治犯釈放運動の手綱を緩めなかった。彼自身の表現を借りれば「朴正熙が救援運動をする人をずっと作ってくれたから」苦労しなかったという。彼が率いた「在日韓国人政治犯を救援する家族・僑胞の会」は一九九三年七月「韓国人権基金国際センター」に替わった。いつ処刑されるかわからないため神経をとがらせていた死刑囚がいったん釈放されたことと関連がある。最終審で極刑が確定した死刑囚のなかで李哲、金哲顕《キムチョリョン》（一九八八年一〇月三日）、姜宇奎《カンウギュ》、康宗憲（一九八八年一二月二一日）、崔哲教《チェチョルギョ》、陳斗鉉《チンドゥヒョン》、白玉光（一九九〇年五月二一日）が次々と仮釈放されたためである。「非転向在日同胞政治犯」の象徴のようになっていた徐勝も一九九〇年二月二八日特赦で出獄した。

李佐永が世を去ってから二ヵ月余りがすぎた二〇〇八年三月二九日、東京の学士会館で追悼会が開かれた。在日政治犯救援運動に深く関与した吉松繁牧師、佐々木秀典前社会党議員、韓統連の郭東儀常任顧問と金政夫《キムジョンブ》議長、死刑囚だった崔哲教、李哲らが参席し追悼の辞を述べた。崔哲教は自分が生きて帰ってきたのは「李佐永先生のおかげ」と述べた。李佐永の死によって、彼をスパイに仕立て上げようとした情報機関との長い闘いも幕を下ろした。中央情報部を引き継いだ国家情報院は彼をスパイだと立証するだけの具体的な証拠を提示できなかった。

李佐永の長男で現在日本大学理工学部機械工学科教授である李和樹は、一九七〇年代初め高校生の時に韓国を訪問して以来、二度と祖国の地を踏むことはなかった。四〇年がすぎた今も従兄弟たちとさえ会えないのだ。鬱陵島事件が発表されたとき李和樹が通っていた芝浦工業大学で彼を守ろうという集まりまであったという。金大中拉致事件の余波で、中央情報部が日本でどんな真似をするかわからないと

2008年3月、東京で開かれた李佐永追悼会。郭東儀韓統連常任顧問が追悼の辞を述べている。

いう怖れが高まっていたためである。彼は救援会活動に関与はしたものの、東京都立大学大学院に入ってからはひたすら研究者の道を歩んだので、父親の活動について詳しくは知らないという。息子の立場で見た李佐永の姿を知るため、彼とのインタビューを一部紹介する。

——韓国にはいつ行ったことがあるか？

小学校と高校在学時の二回行ったことがある。父は新韓繊維の事業がうまくいけば家族みんなで韓国に帰りたいと考えていた。

——お父様は韓民統に財政的な支援をなさっていたのではないか。

よくわからないが、そうではないと思う。韓民統にではなくて政治犯釈放運動に関連しては莫大な金を使った。全財産を政治犯救援運動につぎ込んだと言ってもいいくらいだ。

——韓国の情報員が日本で李佐永氏を尾行、監視していると感じたことはあるか。

具体的にはわからない。しかしたとえば全斗煥の訪日日程が明らかになると、事前に日本の警察官が家に訪ねてきて、どのようにすごしているのか様子を尋ねていくことはあった。母が警察を相手にするなと言ったが、父はお茶でも一杯飲もうと家に呼び入れて話をしていた。しかし、わたしたちが知らないところで情報部員が監視していたのではないかと思う。

――情報部はなぜそれほどまでに李佐永氏を狙ったと思うか。

私も中央情報部に聞いてみたいくらいだ。父は裡里農林学校出身で、先輩後輩のなかに政界、財界、学会で活動する人たちが多かった。父がよく韓国を往来していたから、事件に作りやすかったのだろうが、よくわからない。私としては利用されたと思う。私の勝手な推測だが、誰でもよかったのではないか。当時、韓国では反軍事独裁政権の学生運動が盛んだったので、それを弾圧するために大きな事件を作りだす必要があった。だが韓国の国内にいる人をスパイだと決めつけることはできないが、日本にいる人であればスパイの疑いをかけやすいので父が選ばれたのではないかと思う。

――韓国に行きたいという考えはないか。

父が亡くなったので機会をみて一度行きたいのだが、ためらう気持ちが残っている。わが家はその事件でめちゃくちゃになった。叔父（李士永）が再審無罪になって日本に来られたのでお会いした。

第11章　苦難のなかでの日韓の出会い

徐勝の面会に来てむせび泣いた日本人女性画家

一九九五年七月のある日、ソウルの孔徳洞にあるハンギョレ新聞社に一人の日本人女性が訪ねてきた。著名なジャーナリストでありアジア屈指の市民運動家でもある松井やよりだった。自分の目でハンギョレ新聞社を見てみたいと、事前にアポも取らないで一人で訪問した。大きな元手もなく市民の力で募金を集め日刊新聞を発行するハンギョレの成功は、日本の一部の知識人のあいだで羨望の対象となっていた。

松井は何よりも、日本軍「慰安婦」問題を裁いた「女性国際戦犯法廷」（二〇〇〇年一二月八日～一二日）を東京で開催した立役者として知られている。国際刑事裁判所のような国際法的拘束力をもたない民間法廷だが、日本軍「慰安婦」の強制動員などの戦争犯罪容疑で「天皇」と日本政府を起訴し、有罪判決を下した。女性国際戦犯法廷が二〇〇〇年末に開かれたのは、二〇世紀が終わる前に女性に対する戦争犯罪者を裁こうと、松井が一九九八年四月に提案したためである。彼女は二〇〇〇年一二月一〇日の「世界人権デー」の前後に民間法廷を開催できるように全世界の女性が団結しようと訴えた。日本社会

自身の作品の前に立つ画家富山妙子

で天皇の戦争責任を公の場で議論したり要求する日本人は、右翼からのテロの脅威を甘受しなければならない。アジア太平洋戦争を起こしたヒロヒト天皇は敗戦後に「人間宣言」をしたが、右翼にとっては天皇はいまだに神聖不可侵の存在であり続けているからである。

両親が二人とも牧師であった松井は一九六一年に『朝日新聞』の採用試験に合格し、記者生活をはじめた。同期入社五〇人のうち女性は彼女一人であった。どこにいても非主流少数派グループに属していた彼女は、時には「魔女記者」と皮肉を言われたりもしたが、日本社会に蔓延していた差別と不条理に真っ向から立ち向かった。シンガポールに特派員として赴任していたときには東南アジア全域を活動の舞台とし、日本の公害輸出、資源の乱獲、先進国男性のセックス観光、女性の貧困問題などを告発した。

彼女が朝日新聞に勤めていた時代、新聞社の編集局の構成員はほとんどが男性だったし、記事の価値判断基準も典型的な男性の視線であった。松井が扱おうと提案する差別・女性問題や低開発問題は新聞社の幹部たちの重要な関心事ではなかった。彼女が記事を書いても紙面に掲載されないことが多かった。そこで一人の市民として新聞社の外から女性・市民運動を同時に展開しながら、人間として生きていくための最大限の努力をするしかないと考えた。「アジア女性資料センター」「戦争と女性への暴力・日本ネットワーク」などの市民団体を立ち上げ、日本の戦争責任を追及し平和運動を展開した。

一九九四年に三三年間の記者生活を終え定年退職した。本格的に市民運動に邁進していた彼女は二〇〇二年一二月、突然、肝臓ガンの診断を受け、この世を去った。彼女の訃報が伝えられると東南アジアの女性団体を中心に哀悼声明が溢れんばかりに届けられたことからわかるように、彼女はアジアの女性・市民運動に大きな足跡を残した。

松井は一九九五年にハンギョレ新聞社を訪れたとき、自分の訪問目的の一つが富山妙子の初の韓国展覧会への参加であると語った。富山妙子は留学生スパイ事件で長期間収監されていた徐勝《ソスン》の著書『獄中19年——韓国政治犯のたたかい』にも登場する。富山が西大門にあったソウル拘置所へ面会に来たことが記述されている。

裁判が始まると家族以外にも面会が許され、多くの友人、支援者が面会に来られた。九月二一日、富山妙子画伯と会った。太倫基弁護士が接見（面会）に来て、富山氏と引き合わせてくれた。「日本で君のことが大問題になり、たくさんの人が心配している。今日、一人の方が面会に来られた。検事に頼んで許可をもらい、一緒にきた」。富山氏はまず私の健康状態を聞いて、日本人の植民地支配に対する罪責と在日朝鮮人について語るうちに、泣き出して言葉を継げなくなった。嗚咽する彼女を太倫基弁護士が支えながら立ち去った。（中略）一九七〇年代のはじめに、日本の朝鮮植民地支配と解放後の分断の責任問題を理性と感情でもって理解した日本人は少なかった。富山妙子画伯はそんな少数者の一人だった。

ソウル拘置所へ徐勝を訪ね、植民地支配責任などの話をし、むせび泣きながら帰って行ったという富山は、一九二一年神戸で生まれた。少女時代を大連とハルピンですごした彼女は、一九三八年ハルピン女学校を卒業した。日本へ戻り女子美術専門学校に通ったが、そこを中退し画家の道へと入った彼女は、日本の戦争責任、被抑圧者、女性などをテーマとした油絵やスライドなどを製作した。一九六〇年代には九州の代表的な炭鉱地帯である筑豊に徴用された朝鮮人坑夫たちをテーマに描き、一九七〇年代初頭には金芝河《キムジハ》の詩やチリのクーデターでの虐殺を作品で表現した。

彼女は韓国でさえ日本軍「慰安婦」問題が本格的に議論されていなかった頃にすでに「慰安婦」連作を発表していた。彼女にとって日本軍「慰安婦」問題や一九七〇年代の日本人男性のキーセン観光問題は本質的に同じであった。韓国の女性をもてあそぶ対象とする行為が、日本の歴史において繰り返されていることに我慢ならなかった。

彼女はインドネシアのバリを訪れた時、祖先らが生きている後世へと戻ってくるというガルンガン祭りを見てインスピレーションを得た。漆黒のような暗い海から聞こえてくる波の音のなかから、戦争が終わっても故郷に戻れない南方の海を彷徨う霊魂の声を聞いた。そして花盛りの時期に日本軍「慰安婦」として連れていかれ数十年間沈黙のなかに放置されてきた韓国の女性たちの恨《ハン》を解くために、自身を巫堂《ムーダン》の役割と考えて絵を描いた。この作品を土台とし、一九八六年五月末に東京・築地本願寺の境内で〈海鳴り花寄せ〉という公演を黒テントと共に行ない、八八年九月にはイギリスのカトリック国際関係研究所の招待を受け〈海の記憶・慰安婦へのレクイエム〉を制作した。一九八〇年、新軍部により光州虐殺事件が起こると光州民衆抗争をテーマとした版画の連作〈倒れた者への祈禱・一九八〇年五月光州〉も作った。

日韓の現代史の悲劇的事件に誰よりも心を痛め共感を示してきた富山の作品は、長いあいだ韓国で公式に紹介されることはなかった。朴正煕独裁政権の挙動を恐れることなく批判した彼女の社会活動に、韓国政府は「反韓的」という烙印を押しビザ発給を拒否した。金泳三《キムヨンサム》政権になってようやく作品展がソウルで開かれた背景には、そのような事情がある。彼女の光州闘争版画連作は光州ビエンナーレ創設二〇周年を迎えた二〇一四年八月八日から三ヵ月間開かれた特別プロジェクト〈甘い露・一九八〇その後〉でも重要な作品として展示された。

吉松繁牧師「私のことを一番よく知っているのは中央情報部だ」

日本における在日韓国人政治犯救援運動について語るとき、欠かすことができない人物の一人が吉松繁牧師である。東京都北区王子の小さな教会で数十年間牧師をしている。八〇代の高齢でありながらも彼の声は迫力に満ちている。自分のことを一番よく知っているのは韓国の情報機関ＫＣＩＡだろうという言葉にも躊躇がない。

吉松繁牧師

在日韓国人政治犯釈放運動にねばり強く取り組んできた理由を尋ねると自身の父母の話を必ず語る。両親は東京浅草の下町気質《かたぎ》で太っ腹、誰かから助けを求められると断われない性格だったという。そのため自分は何があっても動揺することなく活動できたという。公安警察や保守的な教派の一部から「暴力牧師」「アカ」などの中傷を受けても、日本の運動圏の病弊である「党派対立」が激しく起こっても、彼が救援運動の現場から去ることなくその場に居つづけられたのは、義理を重んじる気風を受け継いだからという。

平凡な牧師の道を歩んでいた吉松が、どうして在日韓国人政治犯救援運動に身を投じるようになったのだろうか。富山妙子との出会いが彼の人生で転機となった。戦争で負傷したベトナムの子どもを助ける運動に参加したことが、二人のあいだをつないだ。

吉松牧師は一九三二年一一月、傀儡国家とされた満州国にある大連で生まれた。父親が日本の病院と軍部隊を相手に洗濯屋を経営しており、日本が敗戦するまでは大した苦労もせずに育った。学校では徹底的な軍国主義教育を受けた。学校ごとに天皇の写真を飾る奉安殿があり、その前を通りすぎる人は教師でも児童でも頭を下げてお辞儀をしなければならなかった。大連小学校四年生のとき放課後に友だちとはしゃぎながら奉安殿の前を何もせずに通りすぎたら、運の悪いことに先生に見つかってしまった。

吉松は怒られたくなくてそのまま家に逃げ帰った。しかしそれで済むわけがなかった。その教師が家までついてきて学校へ連れて行き、吉松を叱りながら殴った。吉松は二度と過ちを起こさず「忠良なる臣民」になると約束した。彼の希望は、ほかの子どもたちと同じように大日本帝国の軍人になることだった。

日本が降伏すると生活の基盤が瞬く間に崩れ去った。敗戦後、間もなく八路軍がやってきて家を捜索し、父親は大連陸軍病院と取引したという理由で人民裁判を受けた。ソ連軍占領統治下で家財道具と服を売って命をながらえた。彼の家族が貨物船に乗り大連を発ったのは一九四七年三月だった。洗濯所で働いていた中国人職員が助けてくれ、リヤカーに荷物を積んで集合場所に行ったが、値が張るものは貨物検査をするソ連兵たちにすべて奪われた。

彼の家族は九州の博多で下船し帰還列車に乗って栃木県の小山に行き、一部屋を借りて落ち着いた。吉松は栃木中学三年生に編入したが一九四七年八月に母親が亡くなり、三年後には父親も世を去った。突然孤児になった彼は学校をやめ失意のうちにすごし、一九五〇年のクリスマスの時に教会で洗礼を受けた。聖職者の道に進もうと決心した彼は、日本福音教団神学校に通い、東京都北区王子で宣教を始めた。昼は医薬品会社の営業や運転などの仕事をし、夜に宣教をするという苦しい日々だった。日本福音教団の神秘主義の傾向が合わず、一九六〇年に日本基督教団に移ってからも王子で伝道活動を行なった。

教会、戦争責任を告白する

一九六七年、吉松牧師の人生に大きな影響を与える二つの事件が起こった。教会の戦争責任の告白とベトナム戦争で負傷した子どもを助ける運動だ。吉松が属する日本基督教団は一九四一年六月にプロテスタント三三教派が集まり作られた合同教会である。戦時中、政府の戦争政策に教団レベルで積極的に協力した。戦争をひたすら支持したことについての教団の反省は一九六七年三月に発表された。当時、教団の総会議長であった鈴木正久の名前で発表された「第二次大戦下における日本基督教団の責任についての告白」は、重要宗教団体のなかで初めて提起されたものとして大きな反響を呼び起こした。

この告白は「「世の光」「地の塩」である教会は、あの戦争に同調すべきではありませんでした」と述べ、「わたくしどもは、教団の名において、あの戦争を是認し、支持し、その勝利のために祈り努めることを、内外にむかって声明いたしました」と懺悔した。告白はまた、「祖国が罪を犯したとき、わたくしどもの教会もまたその罪におちいりました。わたくしどもは「見張り」の使命をないがしろにいたしました」と認めた。告白は「心の深い痛みをもって、この罪を懺悔し、主にゆるしを願うとともに、世界の、ことにアジアの諸国、そこにある教会と兄弟姉妹、またわが国の同胞にこころからのゆるしを請う」と述べた。鈴木牧師はドイツ留学中にナチスに抵抗したドイツ「告白教会」の闘争に深い感銘を受けたという。

岩波書店から出ている月刊誌『世界』一九六七年五月号に、マーシーカレッジ高等児童研究所所長W・ペッパーが作成した、ベトナム戦争における子どもの被害状況についての報告書が掲載された。民間人死傷者の六人のうち四人が子どもで、子どもの死者が二五万名、負傷者が七五万名にのぼるという衝撃的な内容だった。三重県桑名教会の原崎清牧師の発起で「ベトナム戦傷児に医薬品を送る運動委員会」が結成されて各地に広がった。学校、市民団体、カトリック教会も参加して「ベトナムに平和を！

傷を負った子どもたちに医薬品と治療を！」というスローガンを掲げて街頭募金を行なった。東京、千葉、埼玉、神奈川など首都圏の教会と牧師たちは一九六八年三月に「東京委員会」を結成し募金を集めた。運動の三原則として、△戦争負傷の子どもの状態を知らせベトナム戦争の悲惨さを訴え、△日本政府のアメリカ戦争加担に反対し、△ベトナム民族自決の原則を支持すると決議した。

募金が目標額に達したら医薬品と医療機器を買い、「緊急必要度」に応じて北ベトナム、南ベトナム解放戦線地区に配分することにした。牧師二人が現地に行き、伝達することにしたのだが、その伝達役に吉松が選ばれた。彼は一九六八年一二月末、名古屋港で医薬品を積んだ貨物船に乗ったが船酔いがひどく香港で降りた。何日か休み体力を回復したのち、翌年一月初めの飛行機でプノンペンに入り北ベトナム大使館と解放戦線代表部に伝達、次いで南ベトナムを訪問し任務を終えた。戦争の惨状を直接目撃した彼は帰り道で、これからは決して戦争に加担せず、搾取と収奪、差別と排外主義などの不義にも加担するまいと決心した。

金芝河の抵抗精神に惚れ込み救援運動に

一九六八年一月末に帰国した吉松は、マスコミにたびたび登場し有名人となった。画家富山が彼に連絡をして話を聞きたいと頼んだ。富山は東京の池袋にある自分のアトリエで知人たちと定期的に社会問題を議論する勉強会を開いていた。知識人一〇名から一五名程度が参加する「富山グループ」は歴史学者羽仁五郎の問題意識を継承する人びとだった。理論物理学者として日本の敗戦後、雑誌『思想の科学』を創刊した武谷三男などが出席しており、在日韓国・朝鮮人もいた。

吉松が勉強の集まりに二、三回出たとき、金芝河という名前を初めて聞いた。在日朝鮮人の詩人姜舜《カンスン》が金芝河救援運動を展開しなければいけないと語り始めた。一九一八年に江華島で生まれ、一九三〇年に日本に来た姜舜は「五賊」「黄土」「蜚語」など金芝河の詩をいくつか翻訳した。のちに申東曄《シンドンヨプ》、金洙《キムス》暎《ヨン》、申庚林《シンギョンニム》、趙泰一《チョテイル》などの詩も紹介した。

姜舜が翻訳した『五賊 黄土 蜚語――キム・ジハ詩集』が一九七二年に青木書店から出る前に、中央公論社から『長い暗闇の彼方に』という金芝河の詩集が一九七一年に出版された。訳者は渋谷仙太郎という見慣れない名前だったが、これはペンネームで、実際は共産党機関紙『赤旗』の記者萩原遼だった。一九五〇年代半ばに大阪の天王寺高校夜間部に通っているとき、済州島出身の一人の在日朝鮮人学生に会ったことから朝鮮人と朝鮮半島の問題に関心を持った彼は、日本の国立大学のなかで戦後初めて一九六三年に朝鮮語学科が開設された大阪外国語大学に入り朝鮮語を学んだ。

一九六九年に『赤旗』で記者生活を始めた彼は金芝河の処女詩集『黄土』を読み、このままだと金芝河が朴正熙政権に殺されるだろうと考えた。彼は、共産党本部で仕事をする自分が下手に動いたらむしろ金芝河を死地に追いやってしまうのではないかと悩み、金芝河の詩四篇を中央公論社の編集者、宮田毬栄《まりえ》に渡した。宮田は詩を読んだその場で翻訳詩集を出そうと即決したという。萩原は一九七二年五月に『赤旗』の平壌特派員として赴任したが、一年もたたない一九七三年四月に追放された。一九六〇年に「帰国船」に乗って北朝鮮に行った高校時代の朝鮮人の友だちを探しにいったことを、北朝鮮当局が「スパイ活動」と見なしたのである。彼は『赤旗』を辞めたあとは「北朝鮮帰国者の生命と人権を守る会」などで活躍した。

普段から演劇や映画に関心をもっていた吉松は、金芝河の強烈な抵抗精神に魅了された。金芝河救援運動に立ち上がり、劇団民藝が金芝河の戯曲『銅の李舜臣』『チノギ（鎮悪鬼）』などを上演する仕事にも加わった。彼は金芝河の作品を通じて、韓国の民主化闘争、分断状況、民族統一への熱望を知った。一九七二年八月一五日、民団東京本部と総連東京都本部が千駄ヶ谷の東京体育館で7・4声明支持同胞大会を開いたとき、吉松は演出家米倉斉加年、富山妙子などとともに会場の前で金芝河救出を訴えるビラをまいた。

吉松は、日本での金芝河救援運動は富山のアトリエから始まったと信じている。一方では金芝河救援運動を組織した人として中央公論社で三八年間編集者として働いた宮田毬栄をあげる人も多い。ともあれ誰が主導したにしろ、金芝河は日本で一躍名士となった。朝日新聞から出されたグラビア週刊誌『アサヒグラフ』（一九二三年から二〇〇〇年まで発行）にも登場するほどだった。金芝河の救援運動に参加する人びとが続々と増え、金芝河にばかり関心が集まるようになった。吉松は主に討論の場となった富山のアトリエの「知識人の雰囲気」が次第に気に入らなくなってきた。「口でする活動」は自分の気質に合わないというのが彼の持論だ。金芝河救援運動はすぐに拡大していったが、在日韓国人政治犯釈放運動へと関心が広がらないのが気にかかった。その頃一人の在日韓国人が尋ねてきて、韓国に収監されている在日韓国人政治犯釈放運動をしてほしいと依頼された。

韓国人女性三人との運命的出会い

吉松が初めて韓国を訪問したのは一九七三年一〇月中旬である。浦項製鉄所建設のため技術諮問とし

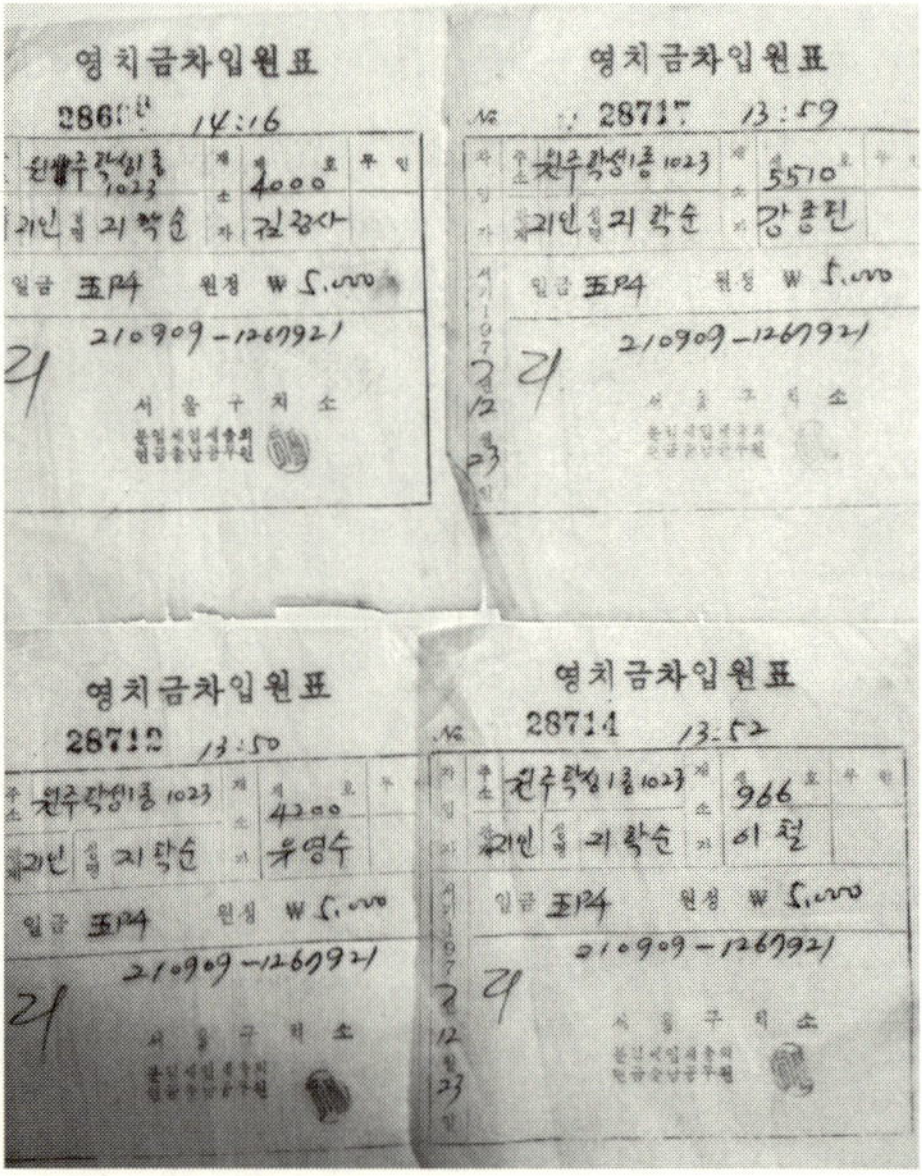

池学淳司教領置金
ソウル拘置所にスパイ容疑で収監された在日韓国人留学生たちに1977年クリスマスの直前、池学淳司教が領置金を差し入れたという証書。日本カトリックなどから送られた資金を当時拘束者支援運動を行なっていた金韓林、鄭琴星（金芝河の母親）、曺貞夏（朴炯圭の夫人）などがソウル拘置所を訪問し、池司教名義で差し入れたものと推測される。

て勤務していてスパイ容疑で拘束された金鉄《キムチョル》佑博士の裁判を傍聴し「信用できる」弁護士を探すためである。吉松が初めて在日韓国人政治犯救援集会に参加したのは、一九七一年の秋に東京・新宿で開かれた徐勝・徐俊植兄弟を救う会だった。救う会代表であった東海林勤牧師の要請で参加したと記憶している。日本の新聞において火傷で歪んだ徐勝の顔写真が大きく報道されていた頃だ。吉松は徐勝の凄惨な写真を見て衝撃を受けた。

吉松は最初の訪韓のとき、アムネスティ日本支部から在野指導者である咸錫憲《ハムソッコン》、金在俊《キムジェジュン》、安炳茂《アンビョンム》との面談を頼まれた。金大中拉致事件によって中央情報部要員が日本で大手を振って行動していたことが明らかになった直後で、日本人活動家は韓国に入るとき身の危険をかなり感じた。吉松は韓国の実情に暗く、現地に知人もいなかった。悩んだ末、彼は同じ教団に所属し韓国で伝道活動をしていた澤正彦を思い浮かべた。東京大学法学部を出て、牧師になろうと東京神学大学に入った澤は、在日韓国人牧師から「韓国を植民地にして苦しめた日本人が今も在日韓国人を差別している。韓国を愛し、韓国の良い隣人になる人はいないのか」と言われ、雷に打たれたようなショックを受けたという。彼は延世大学神学大学院に入って勉強し、一九七三年には戦後初の日本人宣教師として再び韓国へ向かった。

吉松牧師の回顧録『在日韓国人「政治犯」と私』が出版されたのは、彼の最初の訪韓以後一四年が経った一九八七年であった。本の序文には以下のような段落がある。

> はじめての渡韓のときに、弁護士選任、裁判の傍聴の通訳をして下さったKさんのことは忘れることができない。（中略）彼女の妹さんは、民主化運動の学生リーダーとして、重い心臓病を持ちながら、二度にわたって獄中生活をおくっていた。また、姉妹のオモニは、良心囚・政治犯の救援と留守家族の生活の援助にいたるまで、心を砕く日々をおくっていた。私は、この三人の韓国人女性との出会いによって、救援運動に微力を尽くすことを決意して帰国の途についた。

吉松が金浦空港に到着したとき澤夫婦が迎えに来た。彼は地獄で仏に会った気分だったと書いている。彼が名前を明らかにしなかった姉妹の母は金韓林《キムハルリム》だ。「良心囚の母」と呼ばれた金韓林は一九三二年釜山のキリスト教系学校である東莱日新女学校（現在の東莱女子高）を卒業し東京家庭専門学校に留学したのち、韓国に戻って母校と同徳女子高校などで教師をした。野党の党首を務めた朴順天《パクスンチョン》、尹潽善《ユンボソン》元大統領の夫人孔徳貴《コンドッキ》らが東莱日新女学校出身である。解放後、文筆家金素雲《キムソウン》と結婚した彼女は、ほとんど一人で一男二女を育てながら教師と女性伝道会の仕事をした。一九六五年には日韓条約反対闘争を起こし、内乱陰謀の容疑で手配中であったソウル大生金重泰《キムジュンテ》を家にかくまっていたところを拘束され、一ヵ月後に宣告猶予で解放されたこともある。

二度にわたり投獄された彼女の娘とは、一九七四年の民青学連事件のとき女性でただ一人拘束された金潤《キムユン》のことである。当時西江大英文科四年生であった娘が軍事法廷で懲役七年の刑を宣告されたとき、金韓林は「死刑宣告を受けたほかの学生たちに会うのが申し訳ない。殺すも生かすも一緒にしろ」と絶叫したという。娘の拘束をきっかけとして再び民主化運動に加わっていった彼女は「家族民主化運動」という新しいジャンルを作り出したと評価されている。彼女は、苦労して大学にまで送った子どもが投獄され失意に陥っている拘束者の両親を励ます仕事の先頭に立った。孔徳貴、朴炯圭《パクヒョンギュ》牧師の夫人曺貞《チョジョ》夏《ンハ》、金芝河の母親鄭琴星《チョングムソン》などと共に「拘束者家族協議会」を作り総務の役を引き受けて、生活が苦しい拘束者の家族を助けた。彼女は時局宣言文の草案を隠し持って受け渡す「連絡係」の役割も果たした。中央情報部に何十回も呼び出されながらも、臆することなく運動を続けた。

吉松がKと表記した人は金韓林の長女、金瓔《キムヨン》である。延世大神学科在学中にソウルに留学に来た澤正彦と出会い結婚した。二人のあいだに生まれたのが日本でシンガーソングライターとして活躍している澤知恵だ。澤知恵は一九七一年に川崎で生まれ、二歳のときソウルに来て六歳まですごした。祖母金韓林についての記憶は、収監された叔母金潤に面会するために拘置所に何度も連れて行かれたことと、警察がやって来ると祖母の合図で家の中にいた人が隠れたということである。

金韓林一家は残念なことに、早世してしまった人が多い。澤正彦牧師はアメリカのプリンストン大学で二年間の留学を終えて一九七九年にソウルに戻ったが、説教の内容が反政府的であるという理由で二ヵ月で家族と共に国外追放命令を受けた。日本へ戻った彼は一九八九年に五〇歳にもならないうちに亡くなってしまった。末っ子の金潤は心臓人工弁膜手術を受けながら農民運動や女性運動をし、二〇〇四年二月に五一歳でこの世を去った。一九八一年に夫を失った金韓林自身も一九九三年八月に他界した。

在日韓国人政治犯釈放運動のために二四年間入国拒否

吉松は西小門にあるソウル地方法院で開かれた金鉄佑博士の最初の公判を傍聴した。公判後、法廷の外の庭で待っていた吉松は、矯導官に引き立てられて出てきた金鉄佑に「先生！ 日本から来ました！ 頑張ってください」と日本語で叫んだ。吉松の目には、びっくりした金鉄佑の顔に生気が戻ったように映った。

吉松は、金韓林の紹介で金鉄佑の担当弁護士として太倫基《テユンギ》を選任した。前任弁護士の権逸《クォンイル》は疑惑が多い人だったと吉松は記している。民団団長を歴任した著名な人物である。吉松の話では、権逸は弁護料の着手金を受け取りながら、裁判について相談したいので会いに行くと連絡したところ、事件を担当することはできないと拒絶したという。

吉松は最初の訪韓を含め一年余りで五回ソウルを訪れた。すべて在日韓国人政治犯救援運動と関連した仕事だった。彼の訪韓活動は絶えず情報部の監視を受けていたようである。一九七四年一一月二四日、彼は六度目の訪韓のため金浦空港に到着したところ、入国を拒否され強制送還の処分を受けた。吉松は、訪韓の際に怪しい者たちが尾行、監視しているような気配がしたことから、大統領あてに提出する救援署名や裁判関係の重要資料を同行した青年に預けて別々に搭乗していた。万一の事態に備え、金浦空港に到着して一時間待っても自分が空港ロビーに現われなかったら、各々ソウル市内に行くようにと前もって約束してあった。

この時は、彼が入国審査を通過して出ようとしたら、屈強な男六名が現われ、彼を空港警備室へ連行した。責任者と思しき男が取調べを行なうと言うので、吉松は日本大使館職員の立会いを強く要求した。吉松は「韓国政府に望ましくない人物」であるという入国拒否理由を通告され、二時間後に日本航空の旅客機に乗せられて帰国させられた。

吉松が再び韓国入国を許されたのは一九九八年二月のことだった。二四年三ヵ月が経ったことになる。金大中大統領の就任式に招待されての訪韓だった。彼は、その前の一九九六年にも韓国を訪れ、再び入国を拒絶されたことがある。全斗煥・盧泰愚政権が終わり、もう問題ないだろうと期待したのだがだめであった。一九九六年七月一七日付の『ハンギョレ新聞』は、収監中である在日同胞政治犯六名の釈放を要請する日本の国会議員一三〇名の署名が、世宗路にある政府総合庁舎の民願室に提出されたとの一段の記事を載せている。吉松牧師は入国を拒否されたが、同行したほかの救援運動関係者が署名を提出したものと推測される。

吉松が一年余り在日韓国人政治犯裁判を傍聴したり、韓国の在野人士らに支援を要請して感じたことは、韓国での反応があまり友好的ではないということだった。在日韓国人の特殊な事情を訴えようとしても、距離を置き避けようとする人が多かった。経緯がどうであれ実際に北朝鮮に行っていた人もいるのだから、国家保安法に引っかかっても仕方がないという反応がほとんどであった。よく知られた人権弁護士のなかにも、自分とは関係ないと言う人がいた。

吉松にとってはとても残念であり、分断社会の障壁を痛感させられるきっかけとなった。いくつかの事件の裁判を傍聴したところ、公正な裁判とは到底思えなかった。スパイ容疑に問われた被告本人の証言や被告側の証人要請はほとんど認められなかった。また吉松は、在日韓国人政治犯事件で一部の悪徳弁護士の弊害を痛感した。こうした弁護士は、被告を弁護せずに、むしろ情報機関や権力のお先棒を担ぐ役割をしていたのである。彼らは国内事情に暗い日本の家族たちに沈黙するよう強要し、金を積めば減刑や釈放につながるとだまして巨額のカネをむしりとった。そのため吉松は、信頼できる弁護士を選任することが何よりも重要だと悟った。悪徳弁護士が選任されたら、彼らを解任することが救援運動の最初の闘争だったと吉松は言う。

在日韓国人政治犯の支援運動をしながら、吉松は在日韓国人の存在を初めて認識するようになった。それ以前には見ようとしなかった日本社会の構造的差別など暗い部分に目をむけるようになった。また、韓国政府機関がでっち上げたスパイ事件に日本の政治権力と公安警察がどれほど関与しているのかも彼の関心事となった。

在日韓国人「政治犯」を支援する会全国会議結成

一九七六年六月二〇日、東京・御茶ノ水のＹＷＣＡ会館で「在日韓国人「政治犯」を支援する会全国会議（略称全国会議）」の結成総会が開かれた。韓国を留学、事業、親戚訪問の目的で訪れてスパイ容疑で拘束され実刑を宣告された在日韓国人事件について、それまで個別の救援会や地域単位での連絡会が存在したが、全国的な運動組織は初めてであった。約二〇〇人が参加した結成総会で、国際法の専門家である宮崎繁樹明治大学教授が代表に、事務局長に吉松牧師が選ばれた。

吉松が全国会議の結成を推進した理由は、在日韓国人政治犯事件を当事者の家族や親戚、知人だけの問題ではなく、日本人全体の問題として取り組まなければならないと考えたためである。彼は韓国の独裁政権を批判するだけでは問題が解決しないと考えた。韓国の在日韓国人政治犯弾圧を暗黙のうちに助けていた日本政府にも責任がある。だから日本民衆の責任として、問題にアプローチしなければならないというのである。全国会議結成には反対意見も少なくなかった。東京で全国の救援運動を指導しようとするのは適切ではないとか、個別救援会の活動をむしろ強化しなければならないなど、さまざまな意見が提起された。だが、日本政府を相手として闘うには中央組織が必要であるという意見が大勢を占めた。

全国会議は活動目標として、△すべての在日韓国人政治犯の生命と人権を守る、△政治犯家族を支援する、△人道・人権擁護の立場から思想・信条の違いを克服しともに闘う、△日本政府に具体的な人権救済措置をとらせる、△日本内外で国際的な世論を起こす、などを掲げた。

当時、在日韓国人政治犯に対する日本人の関心は高くはなかった。全国会議は総評や日朝国民会議などの労働組合、市民団体を訪ね歩き、救援運動に参加するよう訴えた。大衆団体を通じて署名運動を展開し、日本政府が在日韓国人政治犯の「人権救済」に立ち上がらねばならないと訴えた。全国会議が在日韓国人政治犯家族の団体に強力な連帯の意思を表明したことは、頼る組織のない家族にとっての大きな支えとなった。

在日韓国人政治犯が集中していた関西地方では、高校、大学時代の日本人同級生などが個別救援会を組織し、そこに労働組合活動家たちが加わった。個別救援会の連帯組織である「11・22在日韓国人留学生・青年不当逮捕者を救援する会」が結成され桑原重夫牧師が事務局長を担って、活動を牽引した。

続く死刑判決に総理夫人を訪ね救命訴え

一九七五年四月八日、第二次人民革命党事件の拘束者たちの上告が大法院で棄却されたのち、翌日明け方に死刑囚八名に対し電撃的に刑が執行された。これは日本の救援運動活動家たちにも大きな衝撃を与えた。朴正熙政権は、危機に陥れば世界の世論などものともせずに死刑囚を処刑するということが、満天下に明らかになったためである。

この頃を前後して在日韓国人関連事件での極刑判決が増え始めた。民青学連事件が発表された一九七四年四月、保安司令部に逮捕された事業家崔哲教《チェチョルギョ》はその年の一〇月、一審で反共法・国家保安法違反容疑で死刑宣告を受け、一九七五年五月に大法院で上告が棄却され刑が確定した。逮捕から死刑確定までまったく韓国メディアで公表されなかった崔哲教事件とは異なり、保安司令部は民団東京本部副団長陳斗鉉《チンドゥヒョン》事件を一九七四年一一月、大々的に発表した。民団の要職にもぐり込んだスパイとされた陳斗鉉は一九七五年四月に一審で死刑が宣告され、一九七六年二月に大法院で死刑が確定した。

「11・22事件」で拘束された二〇代の若者らにも極刑判決が出た。「11・22事件」で主犯とされた白玉《ペクオッ》光《カン》と釜山大生金五子《キムオジャ》には一九七六年四月、一審で死刑が宣告され、二次「11・22事件」で検挙されたがメディアに公表されなかった高麗大学大学院生李哲《イチョル》と、ソウル大学医学部学生康宗憲《カンジョンホン》にもそれぞれ同年五月と七月、一審宣告公判で死刑が言い渡された。このうち金五子は控訴審で無期懲役に減刑されたが、ほかの人たちは死刑が確定し、再審請求も何度も棄却された。

先に死刑が確定した崔哲教と陳斗鉉の死刑執行を阻止することが、最も緊急の課題であった。吉松は崔哲教の夫人孫順伊《ソンスニ》、陳斗鉉の夫人朴三順《パクサムスン》とともに安宅常彦議員をはじめ社会党の議員たちに訴えた。しかし、社会党の議員は国会で政府を追及することはできたが、韓国政府に圧力を加える現実的な手段はなかった。

吉松にとって思わぬ援軍が現われた。一九七五年七月一四日に東京の全電通会館で開かれた死刑執行阻止集会に一人の女性が現われた。『朝日新聞』に掲載された集会の予告を見て訪ねてきたという。この女性が、当時の総理三木武夫の夫人睦子を紹介してくれた。吉松は二人の死刑囚の夫人と共に三木の私邸を訪ねた。睦子夫人は孫順伊、朴三順に失望しないで元気を出すようねぎらい、何をしてほしいかを尋ねた。吉松が日韓議員連盟に参加している自民党衆参議員の署名を集めてもらいたいと答えると、その席で毛利松平議員に電話をし、協力を要請した。毛利議員は当時日韓議員連盟の事務局長だった。その頃社会党議員は日韓議員連盟のメンバーではなかった。社会党議員は一九九四年二月になってようやく加入したが、それも一部の議員の個人参加だった。

衆議院予算委員会、在日韓国人政治犯人権救済決議

吉松は毛利議員の事務室へ行って議員連盟の会員名簿をもらい、議員事務室を訪ね歩いた。自民党の保守的なタカ派議員でさえ署名をしてくれた。在日韓国人政治犯救援運動の歴史上、自民党の議員らが

こぞって署名したのはこのときが最初で最後だった。この年の九月二六日までに議員連盟所属の一〇一名の署名を集めた。吉松はこの署名が韓国の側に伝達されるように、当時の大蔵大臣であった大平正芳（その後に総理）の夫人を訪ねた。数日後に署名は韓国側議員連盟に渡された。吉松は三木総理の夫人を紹介してくれた女性について回顧録では匿名にしていたが、のちにアジアの留学生支援運動をしていた小松秀子であると明かした。救世軍にいたこともある小松は「国際親善の会」を運営し、名士たちと親交が深かったという。

日韓議員連盟所属の自民党議員の署名提出には、一部で反発もあった。吉松は日韓議員連盟会長代理である船田中議員事務所に呼ばれ、「これからは一切議員連盟の会員事務所に出入りしないように、会長として要求する」という通告を受けた。船田は衆議院議長などを歴任した自民党の重鎮だった。内幕ははっきりしないが韓国側の反発があったものと推測できる。

死刑囚家族と救う会関係者たちの努力が重ねられた結果、一九七六年一月三一日の衆議院予算委員会では全会一致で、在日韓国人政治犯の死刑執行中止を日本政府から韓国政府に求める人権救済要請が採択された。在日韓国人政治犯に対する最初の人権救済要請である。この日の予算委員会で小林進社会党議員が死刑囚たちの助命を要求したが、三木武夫総理は「韓国内の問題であるため内政干渉はできない」として受け入れなかった。前年にも社会党の土井たか子議員と安宅常彦議員が外務委員会と予算委員会でそれぞれ提起したが政府側の答弁は同じ水準だった。

ところが、今回は自民党の荒舩清十郎予算委員長が関心を見せたため事情がちがった。荒舩委員長は予算委員会理事会に協議を要請し、傍聴席に座っていた孫順伊、朴三順を議場まで呼んで励ましてくれた。衆議院予算委員会が与野党一致で人権救済を要請したので、井出一太郎官房長官は「委員長の要請に対してできるだけの協力をする」と答弁した。

吉松は朴正熙大統領や金鍾泌総理に直接メッセージを伝達できる窓口を探そうと努力した。彼は崔哲教の夫人孫順伊と共に荒舩議員の後援会長を訪ね、荒舩をとおして椎名悦三郎に朴正熙か金鍾泌に電話で話をしてくれるように相談した。荒舩は椎名の側近だったのである。吉松は後に後援会長から、吉松が望んだようになったという連絡を受けた。実際に椎名が朴正熙などに電話したのかどうかについては確認するすべはない。

極右自民党議員からは「政治犯釈放」のプレゼント

衆議院予算委員会が全会一致で、崔哲教、陳斗鉉の人権救済を日本政府に要求したことや日韓議員連盟所属議員の署名伝達は、当時の韓国メディアでは報道されなかった。一方で、自民党で最も保守的な議員が韓国に対する「内政干渉」は止めろと荒舩予算委員長を非難した発言は大きく報道された。

玉置和郎参議院委員は一九七六年四月二六日参議院予算委員会で、陳斗鉉と崔哲教はスパイ容疑で大法院から死刑判決を受けた人物なのに、衆議院予算委員会で一部の野党議員がその救出を政府に要求し、荒舩予算委員長が努力すると言ったことは、韓国の主権と司法権を侵害することであると非難した。彼は、貿易代金支払いが焦げ付いている北朝鮮には強い態度をとらないのに、韓国の主権を侵害するのは間違っている、一部議員と政府は態度を改めるべきだと主張した。これに対して三木首相は、韓国の司法への干渉はありえないと言い、宮沢喜一外務大臣は衆議院予算委員会の決議を韓国政府に非公式的に説明しただけだと弁明した。

玉置議員は当時自民党内の極右少壮議員の集まりであった青嵐会の暴れん坊と呼ばれていた人物である。のちに東京都知事となり韓国や在日同胞に対する暴言を繰り返した石原慎太郎も、この会に所属していた。玉置議員の発言は『東亜日報』一面に五段記事で掲載され『京郷新聞』には一面に四段の大きさで扱われた。「北傀には低姿勢、韓国には高圧的」という見出しの下、玉置議員が日本の国会の誤りを正したように伝えられた。極右的思考の政治家が「親韓派」を装ったわけである。

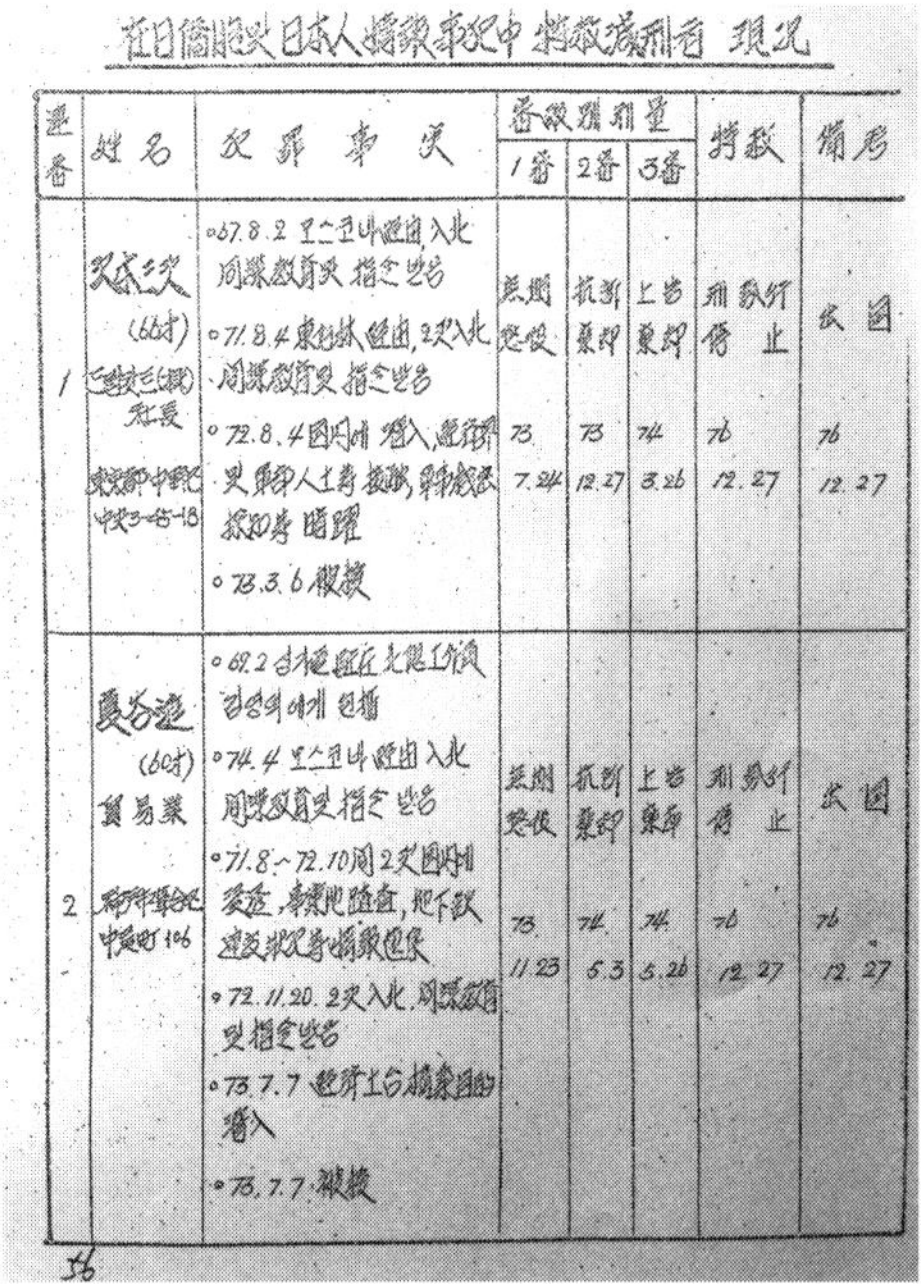

在日僑胞및日本人 間諜事件中 特赦減刑者 現況

連番	姓名	犯罪事実	審級別刑量 1審	2審	3審	特赦	備考
1	沢本三次 (66才) [illegible] 社長 [illegible] 中央3-45-18	○67.8.2 모스크바経由入北 間諜教育및 指令受領 ○71.8.4 東南亜経由, 2次入北, 間諜教育및 指令受領 ○72.8.4 国内에 潜入, [illegible] ○73.3.6 被捕	無期懲役 73. 7.24	抗訴棄却 73 12.27	上告棄却 74 3.26	刑執行停止 76 12.27	出国 76 12.27
2	夏谷進 (60才) 貿易業 [illegible] 中央町106	○69.2 [illegible] ○74.4 모스크바経由入北 間諜教育및指令受領 ○71.8~72.10間 2次国内에 [illegible] ○72.11.20. 2次入北. 間諜教育및指令受領 ○73.7.7 [illegible] 潜入 ○73.7.7 被捕	無期懲役 73. 11.23	抗訴棄却 74. 5.3	上告棄却 74. 5.26	刑執行停止 76 12.27	出国 76 12.27

スパイ事件に巻き添えになっていた在日韓国人および日本人に対する特赦減刑対象者資料。日本に帰化した沢本三次、夏谷進の名前がある。

玉置議員の行動はその年の年末に韓国政府から「見返り」を受けた。訪韓した彼は一二月二七日、収監されていた政治犯三名を連れて日本に帰った。彼らは在日韓国人ではなく、日本に帰化した「韓国系日本人」だった。彼らは、北朝鮮が帰化日本人までも包摂し国内浸透を図ったとして、中央情報部が一九七三年から一九七五年までの間に個別に発表した事件の拘束者だった。

最も早く検挙された沢本三次（韓国名：韓三次《ハンサムチャ》）は一九七三年七月に一審で無期懲役の宣告を受け、夏谷進（韓国名：全柱震《チョンジュジン》）も同年一一月、一審で無期懲役を宣告された。伊藤玄太郎（韓国名：李東玄《イドンヒョン》）は一九七五年九月、一審で死刑宣告を受け、二審で無期懲役に減刑され大法院でそのまま確定した。無期懲役などの重刑を受けた政治犯とはいえ、政治的な配慮によって二、三年のうちに解放される可能性もあることを示す事例だった。

玉置の本領は一九八六年九月、藤尾正行の暴言騒動が起こったときに存分に発揮された。当時文部大臣であった藤尾は日本の韓国への植民地支配について「日韓合併は両国の合意の上に成立したもので韓国側にも責任がある」と発言し、中曽根康弘首相から罷免された。中曾根首相は、藤尾の暴言が日韓間で問題化することを恐れ、辞任を促した。しかし、藤尾が応じなかったため結局罷免したのである。保守合同により自民党が一九五五年に発足して以来、現職閣僚が罷免されたのは初めてだった。中曾根内閣で総務庁長官をした玉置は、藤尾の発言が一貫した信念から出たものであるとむしろ擁護した。

パスポートがない政治犯家族ら、赤十字の保障で国連へ

在日韓国人政治犯家族と救援運動団体は、国連をはじめとする国際社会で在日韓国人政治犯の実態と死刑執行阻止を訴えるという方針を決定し、一九七八年末から準備を始めた。この分野に経験がある人は皆無で、国際人権団体にアプローチする方法を調べ、提出する資料を準備することから作業が始まった。国連人権委員会に代表を出している国の在京大使館を訪ね歩き、いくつかのよい反応を得た。多大な経費がかかる計画であったため「家族国連派遣基金」も集め始めた。

最も大きな障害は政治犯の家族にパスポートがないという事実であった。韓国政府は、パスポート発行を政治犯の家族を懐柔する手段として利用した。家族が無罪を主張して集会で「騒ぐ」と、パスポートを出さなかった。家族が政治犯との面会のためにパスポートを申請すると、容疑を認め「転向」するよう説得することを条件にパスポートを発給した。

日本の出入国管理令と施行規則によれば、在日外国人が出国して再入国するためには、本国政府発行のパスポートやそれに準ずる証明書を提出しなければならなかった。日本政府は、パスポートをもたない在日外国人に対しては海外出国を認めなかった。政治犯家族の会と彼らを支援する活動家は、パスポートがない状態で出国できる方法を探すために、外務省、法務省、日本赤十字社などに訴えを重ねた。パスポートがない在日外国人が海外に出るには、入国管理局（入管）局長証明書と再入国許可書を入手しなければならない。日本政府は韓国政府との摩擦を危惧し、釈放運動を行なっている政治犯の家族に入国管理局長証明書と再入国許可書を発行することをためらった。

政治犯の家族は、韓国大使館からパスポート申請の受付さえ拒否されたため、日本赤十字社に身分証明書発行を要請し、発行された。政治犯家族と救援会は、この赤十字社身分証明書で日本政府と強い姿勢で交渉した。法務省は、外務省と協議をし、出国目的が政治のためではなく人道問題であり、再入国許可が韓国との関係で外務省の利益を損ねることはないという判断を下し、一九七九年一二月一四日、政治犯家族七名に再入国を許可した。一九七二年の日中国交正常化以前の在日中国人や、朝鮮籍の在日朝鮮人が、日本赤十字社発行の身分証明書で再入国許可書を得られたことがあったが、国交がありながらパスポートがない在日韓国人のケースでは初めてであった。日本政府の再入国許可書発給は、本国政

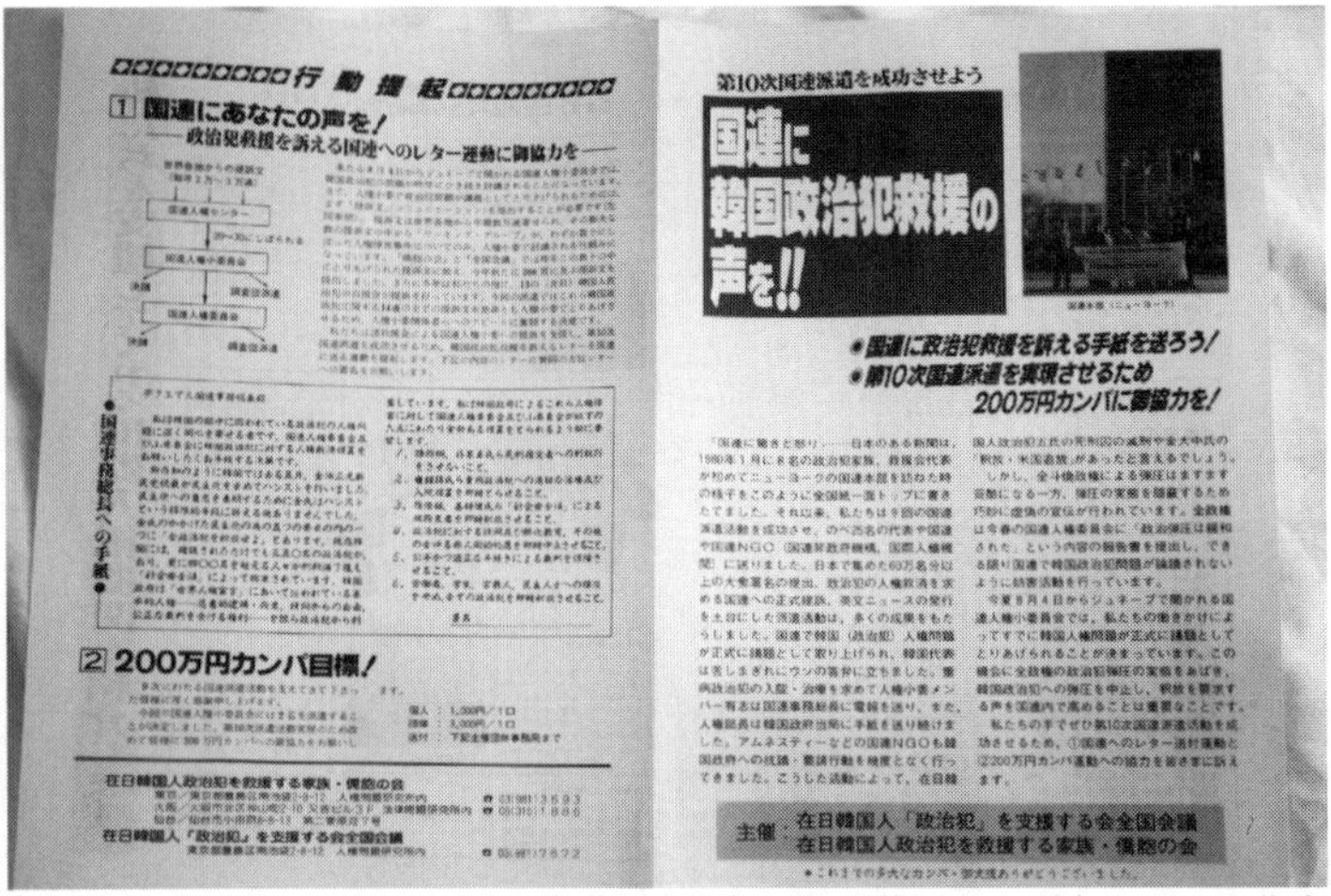

在日韓国人政治犯問題を国連人権委員会など国際人権団体に訴えるために代表団派遣を支援しようという募金のパンフレット

府のパスポートがない在日韓国人にも海外旅行の自由を認めたという点で大きな意味がある。

国連人権委員会での訴え

第一次国連派遣代表団は政治犯家族六名と吉松牧師など支援活動家二人の八名で構成された。代表団には鬱陵島事件の李佐永夫婦をはじめとして、死刑囚だった崔哲教、白玉光、姜宇奎《カンウギュ》の家族らが参加した。彼らは一九八〇年一月七日に日本を発って三一日に帰国するまで、ニューヨークとジュネーヴなどで活動を行なった。収監者の釈放を訴える四〇万名の署名を集めたマイクロフィルムをニューヨークの国連人権委員会連絡事務所へ提出し、ワシントンではケネディ上院議員などと面会した。ジュネーヴでは国連人権委員会、国際赤十字社、国際法律家協会などを訪ね、持続的な関心を訴えた。

国連人権委員会の運営状況を把握したことは、第一回派遣の大きな成果であった。国連人権委員会は、毎年二月と三月にジュネーヴで六週間本会議を開くが、議題は前年の八月に人権小委員会で選定される。全世界から数多くの議題が人権小委員会に送られてくるので、国際赤十字社、国際赦免委員会（アムネスティ・インターナショナル）、国際法律家協会、クエーカー本部など、国連人権委員会で発言権をもつ「非政府組織（NGO）」の協力を受けることが何よりも重要だということが、行ってみて初めてわかった。

この後、家族・僑胞の会と全国会議は一一回にわたり国連に代表団を派遣した。代表団は在日韓国人政治犯問題の実態についてのスライド資料を作り、ヨーロッパの重要都市を回り、現地の人権団体の協力を受けて世論を喚起した。

日本の公安の差別意識、骨の髄まで

八〇歳代の高齢である吉松牧師は、自分の人生において誇れることが二つあるという。一つはベトナムの子どもたちに医薬品を持って行ったことであり、もう一つは在日韓国人政治犯の救援運動である。前者は「短期決戦」で終わったが、後者は三〇年余りも続いた。政治犯救援運動に対する情熱は今でも冷めていない。彼は「救援運動はともすると独裁政権の弾圧を非難することに傾きかねないが、むしろ日本政府の独裁支援こそが諸悪の根源」だときっぱりと言いきった。在日韓国人に対する日本の公安の差別意識は骨の髄までしみわたっていると批判した。

一九八七年に出版された『在日韓国人「政治犯」と私』の内容を増補して続編を出す計画はないのかと吉松に尋ねると、彼は「困ったな」と苦笑した。自分が救援運動について総括的に書こうとしたら

「それは私たちの領域だから触れないでくれ」という声が必ず救援運動の別のところから出るだろうと吉松は言った。彼は、日本の運動が純粋だといえば聞こえはいいかもしれないが、自分たちの領域を守ろうとだんだんスケールが小さくなっていることが残念だと語った。

第12章　日本人活動家の横顔

多くの大学生が労働現場に飛び込んだ団塊の世代

六〇代半ばの体は思うようにならない。若い頃は労働現場で働いたが、何度か脳梗塞で倒れて麻痺が残っている。それでも、極右市民団体である「在特会」（在日特権を許さない市民の会）が中心となって、大阪の鶴橋駅近くで嫌韓デモがあると聞けば、彼は古くからの同志とともに車イスで出かけて行き、「カウンター」を行なう。カウンターとは対抗デモのことだ。在特会の会員らが叫ぶスローガンは、聞けばぞっとするほど人種差別的だ。「朝鮮人はゴキブリだ」「朝鮮人、韓国人はみな殺せ」「朝鮮人を追い出せ」などと堂々と叫ぶ。それにもかかわらず、安倍政権は表現の自由を損なうおそれがあるという口実で、彼らの行動を取り締まるのに消極的だ。

嫌韓主義者がみずからの存在を誇示するためにプロパガンダの舞台としているのは、在日同胞集住地域である東京の新大久保駅周辺と、大阪の鶴橋駅一帯だ。カウンターデモを行なうのは容易なことではない。在特会のデモがいつ行なわれるか、インターネットなどを通じて追跡し続けなければならないからだ。在特会はカウンター陣営の裏をかこうと、デタラメな日程を告知したり、数日間の連続集会の申告をしておきながら、ある特定の日に集まったりする。在特会側の卑劣な戦術にもかかわらず、彼は嫌韓デモがあれば、いつどこであっても、それを上回る規模のカウンターを組織し対抗する。ある時は、在特会側の参加者が一〇名足らずなのに、彼のグループが急きょ集めたカウンターデモに二五〇名から三〇〇名が集まったこともあった。在日と連帯して闘うのも大阪のカウンターデモの特徴だ。在日同胞集住地域で行なわれるヘイトスピーチは、自分の生き方からいってとても許せないものだった。

彼の名前は田村幸二、「日韓問題を考える東大阪市民の会」(以下、東大阪市民の会)の代表を務めている。東大阪市は、大阪府にある市のなかで大阪市、堺市に続いて人口が多い。ラグビーで有名な大阪朝鮮高級学校もここにある。田村が最近力を入れているのが、東大阪に暮らす外国人労働者と交流し、共に生きようという意識を地域社会に広めることだ。そこで、毎年「東大阪国際交流フェスティバル」を開き、国際共生ネットワークなども運営している。

一九四八年生まれの田村は、大学生あがりの労働運動家だった。日本の敗戦後、戦後民主主義教育を受けて育った「団塊の世代」にあたる。団塊の世代は、一九四七年から四九年の間に生まれた第一次ベビーブーム世代のことを指し、約八〇〇万人にのぼる。彼らはまた、ヨーロッパで六八年革命が起きた一九六八年当時、日本の学生運動を主導した「全共闘世代」でもある。彼らはベトナム戦争反対の平和運動、日米安保条約延長反対運動、沖縄返還運動などを繰り広げながら、保守陣営はもちろん、既存の共産党路線をも批判し、「新左翼」と呼ばれる流れを形づくった。

団塊の世代の社会経験は、韓国の同世代に比べて思想的にずっと急進的だった。当時、先進国の学生街をつつんだベトナム戦争反対運動の熱気は、韓国では政治・社会構造的な理由から起こる余地さえなかったが、日本では日米安保条約破棄運動と重なって激しく燃え広がった。在日米軍基地はアメリカがベトナム戦争を遂行するにあたって重要な後方基地であり、沖縄に駐屯した大型爆撃機などがベトナムの北爆に大挙動員されていた。一九七〇年は、日米安保条約が一〇年の期限満了を迎え、破棄されるのか、それとも自動延長となるのかの分水嶺となる年だった。それだけに、日本全土で「反戦平和大衆運動」が展開された。社会党、共産党、総評などの労組が中心となって開いた行動の日には、全国の参加者が一〇〇万人に迫るほど激しいデモが行なわれた。

　高度経済成長期にもかかわらず、労働現場が劣悪であることに憤りを感じた全共闘世代の一部は、大学を中退して労働現場に飛び込んだ。一九七〇年から七二年の間に労働現場に流れ込んだ大学生の人数について正確な統計はないが、かなりの人数になったはずだと田村は語る。全《チョン》泰壱《テイル》焼身自殺事件以降、一九七〇年代半ばに韓国の大学生が大挙して労働現場に入った経験と似通ったところがある。大阪学芸大学（現在は大阪教育大学）に通った彼は、在日とともに汗を流して日本の未来をつくろうと決心した。関西では貧しい日雇労働者が集中している釜ヶ崎に多くの学生が流れ込んだが、田村は一九七二年、在日同胞集住地域である生野の零細金属工場に入った。中小零細企業が集中している生野区は、下請、孫請の多いところだ。工場労働者も九割が在日同胞である。彼が働いた照明器具工場の従業員は八〇名ほどで、大部分が在日同胞だった。

労働運動の現場で在日韓国人政治犯問題に取り組む

一九六五年の日韓基本条約は、植民地支配にまったく言及しない不平等条約だったが、経済交流の面でも多くの問題を引き起こした。中小企業を含む日本企業が続々と韓国へ進出するなかで、大阪の企業も韓国にこぞって工場を建設したのである。労組運動家たちは、現地工場の韓国人労働者と連帯し、どうしたら労働条件を改善できるのかを考えた。ところが、日本企業は韓国に工場ができると、大阪の工場の倒産や閉鎖をもくろんだ。一九七四年に田村が通っていた工場でも、「合理化」という名目で二〇名余りが解雇通知を受けた。これに対し彼は労働組合を結成し、総評全国金属労働組合に加盟した。

当時の日本の労働運動界では、日韓連帯より日朝友好が主流だった。韓国の呼称として「南朝鮮」という用語が一般的であり、韓国にはカッコをつけていた。朴正熙政権は軍事独裁政権で、韓国に対する一般大衆の印象はよくなかったが、その政権下で苦しむ労働者を支援しようという意識が労働運動の活動家たちのあいだに存在した。日本の斜陽産業や公害産業を韓国に移転することに反対する運動が広がったのは、こうした意識からだった。在日同胞を含めたアジアの民衆と交流、連帯して、社会全体のあり方を変えていかなければならないという考えだった。

田村が在日韓国人政治犯問題に身を投じるようになったのは、共に働く在日同胞労働者の兄が韓国に留学して拘束されたからだ。彼は事情を聞き、同僚たちと救援運動に乗り出した。このようにして始まった在日韓国人政治犯との縁が、今も続いている。関西の元政治犯の集まり、良心囚同友会の会員と親交が深い。田村は死刑囚であった李哲、康宗憲などと同世代であり、「同時代性」があると言う。彼は、在日青年が軍部独裁政権のもとであっても留学を決意したのは、在日同胞に対する日本社会の根深い差別があるからだと考える。そして、彼らは消極的な意味ではなく、積極的、民族的な自覚をもって祖国と向き合うために留学し、苦難を体験した。その意味は高く評価されなければならないというのが田村の考えだ。

田村が初めて救援活動を行なった相手は、李東石《イドンソク》である。田村と同じ工場で働いていた李東海《イドンへ》の兄であった。李東石は一九七五年の11・22事件における第二次逮捕者の一人である。韓国外国語大学のフランス語科三年生であった彼は、中央情報部が留学生スパイ団を大々的に発表した一一月二二日に国軍保安司令部に連行された。彼の事件も連行から刑確定に至るまで一切報道されなかった。

朝鮮高校生から祖国の言葉を学んだ罪

兵庫県出石町〔現在は豊岡市に編入〕に在日同胞二世として生を受けた李東石は、小学校から高校まで日本の学校に通った。小学校に通っていたとき、先生が「李承晩ライン」の話をして日本の船が漁場に出られないと言うと、クラスの子どもたちが振り返って自分の顔を見たことが記憶に残っている。大阪の布施高校に進学し、アイデンティティをめぐる悩みは深まった。道すがら自衛隊員募集の広告を見たときは、この仕事も日本人でないとできないのだろうと思った。

祖国の言葉、祖国の歴史を何も知らずに、どうして民族の誇りをもって生きていけるのだろうかと悩んでいた彼は、ある日、朝鮮高校のポスターが目に止まった。昭和天皇の誕生日である四月二九日は休日だったので、日本の学校は休みだったが、朝鮮学校は授業を行なっていた。ポスターは学校見学の勧誘だった。三年生だった彼は、学校が休みであることを両親には告げずに、一人で大阪朝鮮高校を訪ねた。学校の設備はとてもみすぼらしかった。簡単な歓迎会があり、授業を見学したあと、参加者が集まって自己紹介をし、話をした。在日朝鮮人問題に関心をもっている日本人教師が多かった。

自己紹介の順番が回ってきて、李東石はためらった末に日本名を名乗り、日本の学校に通っていると話した。参加者のなかに、自分は朝鮮人だが日本の学校に通っているので、恥ずかしいと思うけれど日本名を使っていると話す学生がいた。その学生は、もしここに日本の学校に通っている在日同胞の学生がいるのなら、あとで話がしたいと言った。彼は李東石と同じ高校の同級生だった。

李東石は、こんな席でさえ朝鮮人であることを明かすことができない自分を恥ずかしく思った。集会が終わってからその学生に声をかけ、自分も朝鮮人であると明かし、話をすることにした。朝鮮高校見学のあと、朝青（朝鮮青年同盟）から、日本の学校に通っている朝鮮人学生を呼んで、土曜日に討論会をするから来ないかという連絡をもらった。何度か行ってみたが、少し拒否感もあった。金日成の抗日闘争や北朝鮮の体制を宣伝するような内容が含まれていたからだ。

そうしたなか、布施高校の同級生が家にやってきて、学校で朝鮮問題研究会を立ち上げて「本名宣言」をしようと言った。李東石はいいアイデアだと賛成した。二人は学校の掲示板に「ぼくたちは朝鮮人であり、これからは朝鮮名を使おうと思う。朝鮮文化研究会を立ち上げて活動する」という宣言を貼り出した。日本人教師が朝鮮文化研究会の顧問を引き受けてくれた。布施高校の在学生五、六人が集まったが、祖国の言葉を学ぼうにも方法がなかった。やむをえず朝鮮学校を訪ね、教えてくれる人がいれば来てもらいたいと頼んだ。大阪朝鮮高校の学生が来て、「カギャコギョ」（朝鮮語の文字の読み方の初歩）から教わった。高校三年生の一〇月から始めて、二ヵ月ほどでこの学習は終わった。卒業が迫ってきたからである。

日本の大学に進学する気がなかった李東石は、一九七一年春に高校を卒業すると同時に母国留学の道を選んだ。在外国民教育研究所で語学を学び、その年の末にいったん日本に戻った。勉強を続けるのか、日本で暮らすべきなのか、考えがまとまらなかった。半年間アルバイトをしながら、やはりどうしても祖国の言葉をもっと学ばなければと思い、一九七二年一〇月に再びソウルに行き、在外国民教育研究所に入った。それから一週間もせずに維新クーデターが始まった。大学には休校令が下されたが、幸いにも教育研究所は閉鎖されず、勉強を続けることができた。

李東石は、一九七三年春に韓国外国語大学フランス語学科に入学し、演劇部に入った。祖国の言葉を学ぶのに役立つと思ったからだ。映画俳優の安聖基《アンソンギ》が演劇部の二年先輩だった。李東石は公演の稽古に一所懸命参加したが、発音がうまくできず舞台に上がることはできなかった。その彼は三年生の秋、公演で初めて舞台に上がった。セリフのない役をもらい、稽古にいそしんだ。

初日から一週間ほどがすぎた一一月二二日朝、下宿先で寝ていたところを国軍保安司令部要員によって連行された。薄着のまま顔を洗うこともできずに連れていかれた彼は、保安司令部で四〇日間拘禁され、一二月三一日になってやっとソウル拘置所に移された。息子が戻ってこないので不審に思った母親が翌年二月に訪ねてくるまで、彼は着替えの下着ひとつないまま、獄中で寒い冬をすごさなければならなかった。大統領緊急措置違反でソウル拘置所に収監された外大の学生が彼の惨状を知り、こっそりと歯ブラシと歯磨きをくれた。

李東石に罪状があるとすれば、高校のときに祖国の言葉を習い、朝鮮高校の学生と親交を深めたことくらいである。彼は検事の取調べを受けたときにこのまま釈放されることはないと悟った。一審で懲役八年を宣告されたときには、母親が法廷で倒れた。二審で懲役五年に減刑されたが、大法院で棄却された。彼は刑期満了までいくらもない一九八〇年八月一五日に仮釈放で出獄した。

東大阪市議会、三回にわたって釈放決議

田村は一九七六年、李東石の出身校である布施高校の教師と同窓生の源氏ケ丘教会牧師の合田悟、生野地域の金属労組活動家たちと協議し、李東石さんを救う会を発足させた。地域で民族差別や人権問題に取り組んできた市民団体活動家、自治体労働者たちもこれに合流した。田村は、李東石救援会の活動を行ないながら、一般市民の共感を得るために運動のすそ野を広げる必要があると感じた。李東石がなぜ日本に生まれたのか、彼の両親がなぜ日本で暮らしているのか、李東石はなぜ分断体制の犠牲者になったのかなどについて、日本と韓国の関係史から思い起こせというのは、一般の人にとってはたやすいことではないと思った。それぞれの救援会では、市民を対象にした勉強会や講演会を開くことが難しかった。さりとて、日朝友好を謳う団体が背後で動いている印象を与えると、日韓連帯運動を広げることができない。

そこで、合田牧師の提案で一九七七年に「日韓問題を考える東大阪市民の会」を立ち上げた。一九五五年に牧師の按手〔聖職を授ける儀式。按手を受けて正式に聖職者となる〕を受けた合田は、一九六四年から源氏ケ丘教会で仕事を始めた。源氏ケ丘教会は、この地域で長いあいだ反戦平和運動、在日同胞を含む外国人の人権擁護運動を進めてきた中心的存在だった。一九六〇年代に教会に来ていたある韓国人青

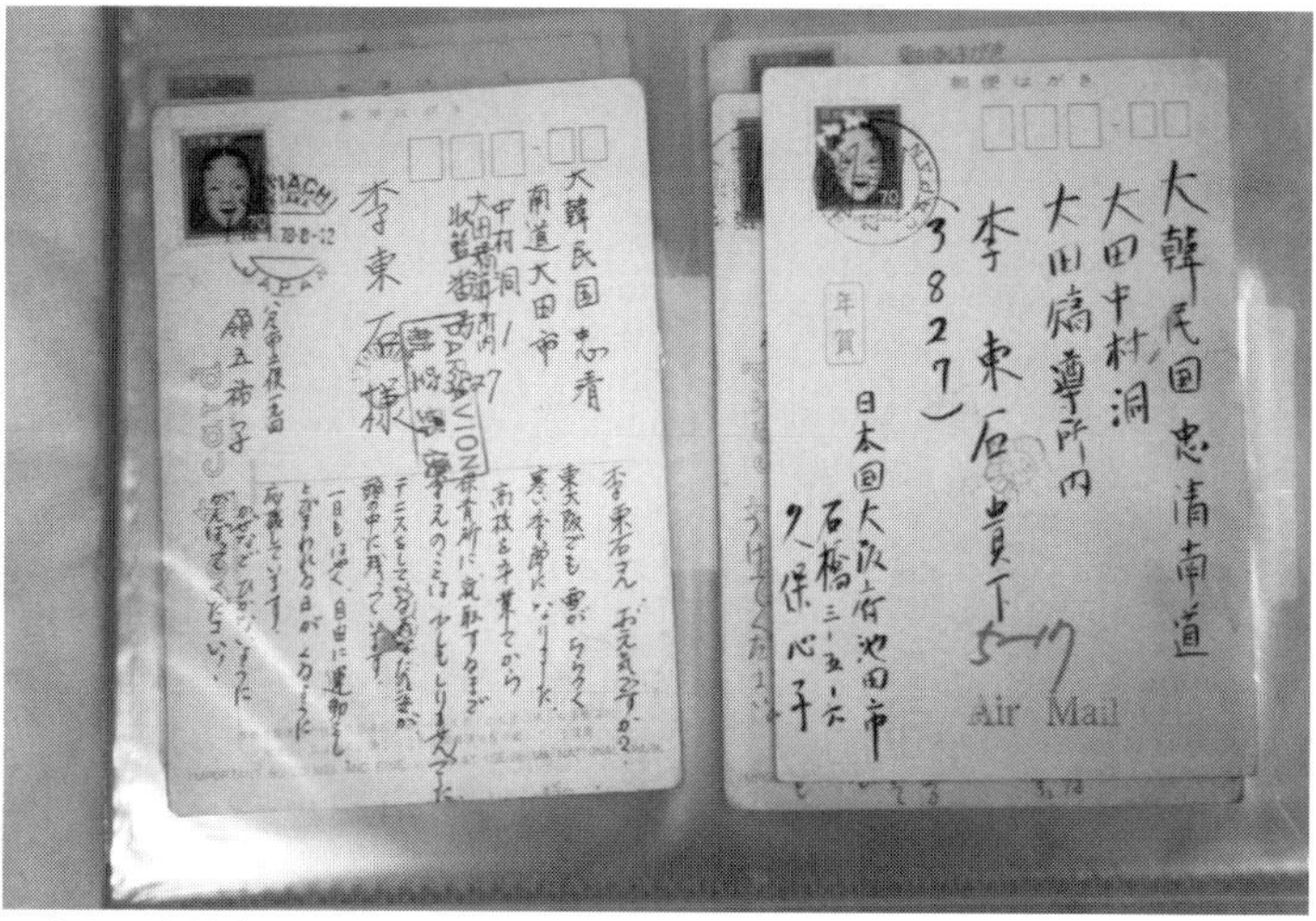

日本人の支援者が獄中の李東石に送った葉書

年が不法在留の容疑で強制送還されたことが、運動の出発点になったという。合田牧師は、経済的な理由で韓国から密航して来る人びとを支援する事業を行なった。また、学校に行ったことがない在日同胞一世の女性の教育のために「ウリソダン」を運営し、在日同胞のおばあさんに自分の故郷は済州島だと冗談を言ったりもした。この地域に暮らしていて学びに来るおばあさんは、ほとんどが済州島出身だったのである。

指紋押捺拒否で厳しい立場に立たされた在日同胞の支援運動も積極的に行なった合田牧師は、一九八九年七月二八日、金浦空港で大阪行きの飛行機に乗ろうとしたところを国家安全企画部に連行された。合田牧師の容疑は、北朝鮮を訪問した学生運動家林《イム》秀卿《スギョン》らが呼びかけた「朝鮮半島縦断平和大行進」に呼応して板門店に行こうとしたことだった。彼は五日間取調べを受け、八月二日に「入国目的外活動」の容疑で強制退去させられた。

東大阪市民の会が発足すると、労組、部落解放同盟、市民団体などがこぞって参加した。李東石が収監された韓国の矯導所に面会に行き差し入れをすることはそれぞれの救援会でできたが、日本政府に在日韓国人政治犯救援に乗り出すように求めたり、街頭で署名を集めたりするには、東大阪市民の会が圧倒的な力を発揮した。広く一般市民が政治犯救援運動に参加したことで、自国の現代史を学び直し、侵略と植民地支配の日韓関係史に目を向けるようになるきっかけが作られた。市民の会が主催する講演会や学習会を通じて、学校教育では教わらない日本の現代史を学ぶようになったのである。田村は、こうした過程を通じて救援活動の内容がずっと多様化して豊かになったと言う。

東大阪の市民活動家たちが長いあいだ国際連帯、人権運動の分野で蓄積してきた経験は、市議会が在日韓国人政治犯釈放を求める決議を三度にわたって満場一致で採択するといった成果につながった。保守的な自民党や民社党などあらゆる党派が決議に賛成し、その内容は一般市民に配布される「市政ニュース」に掲載された。決議案通過のニュースが広がると、釈放運動に協力する市民の数も大きく増えた。自治体の市議会が在日韓国人のために釈放決議を採択したのは東大阪だけである。一九七六年六月「李東石さんの速やかな釈放に関する要望決議」が採択されたのに続き、一九八〇年七月「李東石さんの釈放と速やかな帰日を要望する決議」がなされ、また一九八五年七月「尹正憲《ユンジョンホン》さんの速やかな釈放を求める要望決議」が出された。

尹正憲、「受けてみて初めて捜査というものが何なのかを知った」

尹正憲は李東石と布施高校の同級生だが、かなり遅くなってから留学して、スパイ容疑で拘束された。

内閣総理大臣、外務大臣、法務大臣、衆参両院議長に対して東大阪市議会が出した尹正憲釈放要請決議の後半部分を見てみよう。

しかし、尹正憲さんの懸命な無実の訴えにもかかわらず、新聞記事やテレビニュース、ホテルのパンフレットなどで、国家の機密を収集したとし、誰もが持つようなカメラやハサミを物的証拠として、「懲役七年」という重刑判決が下されたことは意外の念を禁じ得ない。

日本政府は、両親をはじめとする家族はもちろんのこと、友人、知人が一日として心休まる日がなく、不安と悲しみの毎日であることを十分に考慮し、真に人道・人権主義の立場に立って、尹正憲さんが速やかに釈放されて、一日も早く家族のもとに帰れるように、大韓民国政府にはたらきかけるよう強く要望する。

昭和六〇年七月二日　東大阪市議会

ここに記された「ハサミ」とは、尹正憲が保安司令部長旨洞分室での取調べで拷問に耐えきれず「国内の新聞記事をスクラップし、日本にいる工作員に渡した」と虚偽の自白をしたことから、保安司令部捜査官がソウルの東崇洞にある自宅から押収したものだ。彼はソウル留学中に本国の女性と出会い、結婚して住居を構えていたが、その家から出た家庭用ハサミがスパイ容疑の有力な証拠にされたのである。尹正憲は新聞のスクラップそのものがでっち上げであると語った。韓国内を旅行して撮った写真も、国家機密を収集した行為に仕立てあげられた。写真を現像した町の写真屋の主人も保安司令部に連行され殴られた。

大阪に生まれた在日二世である尹正憲は、小学校からずっと日本の学校に通っていた。高校は李東石と同じ布施高校だったが、互いに知らないままだった。尹正憲は一九七三年四月に京都大学農学部畜産学科に入学した。高校に通っていた頃、日本人ではないことを宣言して本名を名乗りたかったが、勇気がなかった。しかし、大学の入学願書を出すときに本名を書いた。新しい生活を始めるにあたって、それまで悩んでいたことを整理するよい機会だと思ったのだ。

入学すると、朝鮮文化研究会と韓国文化研究会の両方から新入生歓迎会の連絡をもらった。京都大学では朝文研の歴史が長く、部室があり会員数も多かった。韓文研の方は部室がなく、土曜日の午後に部屋を借りて集まっていた。京都大学の韓文研、朝文研の学生たちは互いに顔見知りで、争いやいざこざもなかった。尹正憲は祖国の言葉と歴史を学ぶのに役立つと思い、朝文研の集まりに参加した。朝文研には民団系の学生も多かった。京都地域の大学生の集まりは土曜日の午後に同志社大学で一時間ほど開かれていた。

京都大学では毎年一一月に二年生が中心となって大学祭が開かれていた。二年生になった尹正憲は、在日朝鮮人作家である金石範《キムソクポム》を招いて講演会を開くことにした。四・三事件の悲劇を扱った『鴉の死』『火山島』などの小説を書いた金石範は、京都大学文学部美学科の出身だった。すると、先輩たちから総連を批判する人士であるとストップをかけられた。金石範は『鴉の死』の単行本〔新興書房版〕を出版した翌年の一九六八年に総連を離れ、南北双方を批判していた。

先輩たちができないと言うなら朝文研を辞めると尹正憲が反発すると、留学同京都本部の幹部がやって来て、それなら好きなようにしろと言った。この一件から、尹正憲は朝文研が自分には合わないように思い、それ以来出入りをやめてしまった。彼は一九七七年三月に卒業すると、徳島にある大塚製薬に入社した。当時はそれほど大きな企業ではなかったが、研究開発部には修士・博士クラスだけでも二〇名ほどいた。二年ほど勤めたが、学士程度では将来の見通しもなく、また、父親が韓国へ行って仕事をするのも悪くないだろうと勧めたこともあり、退職して留学の道に進んだ。一九七九年四月に入国し、在外国民教育院と延世大学韓国語学堂で祖国の言葉を学んだのち、高麗大学医学部予科二年次に編入した。本科一年生のときに結婚もした。彼は父の用意してくれた二階建てに暮らしていたが、一人で買い物をする姿が気の毒だと隣家のおばさんが紹介してくれた女性だった。

何ごともなければ韓国で医師として落ち着いたはずの彼は、本科三年生だった一九八四年八月二七日、保安司令部によって連行され、当初の夢が粉々に砕かれた。拘束令状が出たのが一〇月八日だから、四三日ものあいだ不法拘禁のまま取調べを受けていたことになる。保安司令部要員の強圧的な捜査は、万景峰号に乗って北朝鮮を往来したという「自白」まで引き出した。保安司令部は一〇月一三日、別個に捜査した許哲中《ホチョルジュン》、趙一之《チョイルジ》、趙伸治《チョシンチ》ら在日同胞留学生とひとまとめにして六名のスパイを検挙したと発表した。数十年のちに再審ですべて無罪になった人たちである。

尹正憲は、その年の一一月一六日に崔鉛熙《チェヨニ》公安検事によって起訴された。それでも幸いだったのは、初めに選任された弁護士の黄山城《ファンサンソン》が一九七〇から八〇年代の人権弁護士として有名だった洪性宇《ホンソンウ》を弁護団に加えたことだ。洪弁護士は、もう心配いらないから勇気を出して違うものは違うと言いなさいと励ました。尹正憲は法廷で、北朝鮮往来もスパイ行為もすべて否認した。最後の陳述でも「まったく覚え

2012年10月19日、保安司令部で自身を拷問した捜査官を告発した記者会見の尹正憲（右側）と金整司。左側は同席した曺永鮮弁護士

のないことをでっち上げられた。検察に行って証言を翻したら、セメントを流し込んだドラム缶ごと海に捨てると脅され、どうしようもなくて供述した」と暴露した。一九八五年四月三日、一審判決公判で裁判所は検察の懲役一五年の求刑に対して懲役七年を言い渡した。しかし、控訴、上告はすべて棄却された。彼は約三年一〇ヵ月を獄中ですごしたのち、一九八八年六月三〇日に仮釈放で解放された。

尹正憲は日本で留学を決意したとき、不安がないわけではなかった。日本の新聞で時おり留学生スパイ事件が大きく報道されているのを見るにつけ、でっち上げなのだろうかと思ったが、よくわからなかった。救援会ではすべてでっち上げだと言うが、まったく何もなければあのように発表できるものだろうかという気もした。そして、自分は指令を受けたり、何かをさせられたりしたことは全然ないから、問題ないと思って留学したのである。

彼はスパイの容疑で監獄暮らしまでさせられ、失ったものは非常に大きかったが、得たことも多いと言った。それは何なのかと訊くと、このように答えた。

一言でいえば真実です。スパイ事件はほとんどがでっち上げ。われわれの仲間内では、本物のスパイなら牢屋に入るはずがないって言っています。

田村幸二、「一本の記事で自分の人生が報われた」

一九八三年、労働運動、社会運動に熱中していた田村は、脳梗塞で倒れた。三〇代半ばの働き盛りである。慢性的な睡眠不足で健康を気遣う余裕がなかったためだ。二年間の入院生活を送ったが、経営者が職場に復帰してもよいと言うので、再び働き始めた。左足と左手で運転できる障害者用の改造車を買って工場に通った。彼は、生野の工場が「一般企業のような労使関係ではなくてよかった」と言った。田村は在日韓国人政治犯救援活動をしていたが、裁判の傍聴や面会のために韓国へ行くことはできなかった。駐日韓国大使館、総領事館が彼のような活動家のリストを作成し、ビザを出さなかったからだ。

田村は合田牧師の源氏ケ丘教会で救援活動をリードした。一九八九年七月末、合田牧師が安全企画部に連行される前、田村と国際電話で通話した内容がすべて盗聴されていた。田村が用事があって教会にいるとき、田村宅に見知らぬ人が訪ねてきた。日本の公安警察は自宅の隣近所やタバコ屋で田村の動静を調べてはいたが、直接訪ねてくることはなかった。自宅にいた家族の話では、言葉の発音やイントネーションからみて日本の警察ではなかったという。のちに韓国の情報機関から合田牧師の背後に極左活動家がいるという話が流れたが、田村はそれも完全な捏造だと語った。彼が初めて韓国の土を踏んだのは、二〇〇一年八月だった。一九八八年一〇月に釈放された李哲は、釈放されて日本の家族のもとに帰

2013年11月20日、李東石再審公判を傍聴するためにソウル高等法院を訪れた日本人救援会活動家たち。右から4人目が李東石。

ってから、なかなか祖国の土を踏めなかった。金寿煥《キムスファン》枢機卿の助力で、李哲がようやく母国を訪れたときに、田村が同行した。彼は多くの在日韓国人政治犯が収監された西大門のソウル拘置所の跡地もやっと目にすることになった。

零細工場の衰退によって生野の工場は次々廃業に追い込まれ、田村は青年時代から数十年間を暮らした生野を後にして、東大阪のもとの住まいに戻った。体を動かすのが容易ではないため、自宅でコンピュータを使った出版関連の仕事をしているが、市民団体の活動をやめることはない。二〇一四年一一月三日、三ノ瀬公園で第一九回東大阪国際交流フェスティバルが開かれた。偏狭な民族主義を排し、多文化共生社会を追求するために始まったイベントだ。東大阪市の人口は約五一万人だが、そこに住む外国人の出身国は六〇ヵ国、人口は一万七〇〇〇人に上る。韓国人と中国人の割合がとても高い。会場では「コーラスむくげ」、朝鮮初級学校器楽部、成美高校中国文化クラブなどが公演し、韓国・朝鮮をはじめとして、中国、フィリピン、ベトナム、アフリカなどの料理がお目見えした。フェスティバルに参加するアジア人は毎年六〇〇〇人に達している。

団塊の世代が韓国の良心囚と出会って活動した経験は、現在こうした多文化共生運動につながっていると田村は語る。彼とともに在日韓国人政治犯救援運動に参加した労働組合や市民団体の活動家、教師、公務員など一般市民が今も関係を保って、より人間的な社会をつくるために手を取り合っている。

田村は、一九七〇年代の救援運動に参加した活動家の熱意はかなりのものだったと振り返る。今ではとても想像できないほど、市民の反応も積極的だった。一九七六年一二月二五日、大阪駅広告塔前の広場で「罪なき在日韓国人留学生の釈放を求める四八時間ハンガーストライキ」が始められた。全国に四〇余りある救援会のなかで、「11・22事件」の第二次逮捕者五団体が中心となって繰り広げられた。李哲、康宗憲、梁南国《ヤンナムグク》、趙得勲《チョドゥックン》、李東石の個別救援会が共同で連帯運動を展開したのである。二五日午後一時に始められ二七日午後一時に終わった断食闘争の結果、市民の署名三〇〇〇筆、募金二六万六六三七円の成果を収めたことが、当時の救援運動のニュースに記録されている。

社会変革のために大学を中退し、労働現場に入って労働運動、在日韓国人政治犯救援運動、多文化共生運動を粘り強く展開してきた田村は、すでに六〇代後半にさしかかっていた。彼にとって人生とは何だったのだろうか？　すると田村は「人生の宝物」だと言って、あるものを見せてくれた。Ａ４用紙に印刷されている文章。よく見ると、『ハンギョレ』二〇一三年一一月二三日付、土曜版に載った企画記事だ。李東石の再審第二回公判の傍聴のために自費で韓国へやってきた日本人活動家を紹介し、在日韓国人でっち上げスパイ事件の内幕と再審状況を扱った金旻暻《キムミンギョン》記者の記事。「一人じゃないよ、日本人の友人たちがいるじゃないか」という見出しがつけられた長い記事には、韓国内で徹底して無視されてきた

在日韓国人政治犯を救援した日本人たちの活動を扱った『ハンギョレ』の記事、「一人じゃないよ、日本人の友人たちがいるじゃないか」を手にもつ田村幸二

在日韓国人スパイ事件に対して、日本人がどのようにして関心を抱き、救援活動に立ち上がったかが紹介されていた。

　田村はこの記事の存在を、元在日韓国人政治犯李憲治《イホンチ》がメールで送ってくれて初めて知った。サムソン電子に勤めていた李憲治は、一九八一年保安司令部に逮捕された。スパイにでっち上げられ、一審では死刑判決を受けた。控訴審で無期に減刑され、一五年間服役して釈放された彼も、二〇一二年一〇月の再審で無罪が確定した。田村は、インターネット自動翻訳の助けを借りてこの記事を徹夜で読み、涙をこらえきれなかったという。当時、在日韓国人政治犯は獄中にあっても、韓国の良心囚とはちがった境遇におかれていたが、日本人が彼らを助けるために地域で活動していることを韓国の読者に知らせてくれて、とても感動したというのである。田村は「この記事ひとつで自分の人生が報われた」とまで言った。李東石の再審判決公判にはぜひとも一緒にという周囲のたっての希望で、彼は二〇一四年一月に不自由な体をおして訪韓した。ソウル高等法院は一月一七日、李東石に無罪を言い渡した。

「無罪」という言葉をこの耳で聞きたいと再審の法廷に現われた日本人

李哲救援会は規模や活動面においてほかの救援会とは桁ちがいだった。全国各地に救援会ができ、最も規模が大きく、李哲が釈放されて日本に戻ったあとも、ほかの救援会とちがって解散しなかった。李哲救援会の会員たちは今も時おり会っては釈放運動を繰り広げた往時を振り返り、親睦を深めている。

良心囚同友会の会長である李哲の再審はほかの留学生政治犯に比べて開始が遅かった。二〇一三年二月、再審決定が下されてから一年九ヵ月を待って第一次公判が二〇一四年一一月一四日に開かれた。四回の審理を経て第五回の公判となった再審一審の判決公判は、二〇一五年二月九日、ソウル中央地裁で開かれ無罪が言い渡された。この判決公判を見るために李哲救援会活動をしてきた日本人一〇人余りが訪韓した。李哲の出身高校である人吉高校の同窓生だけでも三名がやって来た。一年後輩の男性と一年先輩の女性、五年後輩の女性である。彼（女）らは、正式に無罪が確定するまでは救援活動を終えることができないと口を揃えて言う。何よりも法廷で「無罪」という言葉を、自分の耳で聞きたくてやって来たのだ。

再審一審の結審公判はこの前年の一二月二九日に開かれた。検事は公訴維持が困難であると判断したのか「法と正義に従って」という言葉を求刑の代わりとした。セウォル号特別調査委員会の委員長を引き受けたため、在日韓国人政治犯事件の弁護はこの日が最後になった李錫兌《イソクテ》弁護士は、当時中央情報部の捜査官も、検事ら捜査を担当した人たちさえ、みな捜査を進めるのに困って、無理を承知で事件を作り上げたのだろうと指摘し、弁論を展開した。李錫兌弁護士は、最小限の物的証拠もない状況で事件を担

2014年12月末、李哲再審法廷を傍聴するために年末の観光シーズンをぬって韓国に来た3名の日本人。左から仲本晴男、安野勝美、山田隆嗣。

当させられた中央情報部捜査官が、ただ拷問して自白させろと言われて、その通りにするしかなかったのだろうと述べ、拷問が好きな捜査官がどこにいるかと問い返した。また李錫兌弁護士は、事件を担当させられた検事も公益を代表する者として真実を明らかにすべきなのに、このような事件を引き受けて悩んだことだろうと述べ、裁判所も同じようにつらい状況だっただろうと指摘した。

結審公判には日本から救援会関係者三名が駆けつけた。判決公判のときと比べれば少ないが、年末という状況を考えれば多い方である。日本も韓国も年末年始を海外ですごす旅行客が多いために、この時期の航空券を手に入れるのは至難の業だ。

二人は大阪からソウル行きのチケットがなかったため、一人は岡山空港から出発し、一人は済州島から入国して国内線に乗り換えた。沖縄に暮らしているもう一人だけが直行便に乗れた。ソウル行きのチケットを入手するのが難しいとわかったので、都合のつく人が行こうと救援会から呼びかけたという。

仲本晴男、沖縄出身だから差別される事情はすぐに理解できた

沖縄県立総合精神保健センター所長である仲本晴男が李哲の救援運動に関わるようになったのは、熊本大学医学部で学生自治会活動をしていた頃だった。人吉高校出身の在日韓国人留学生が韓国に留学しスパイ容疑で逮捕されたので、学生自治会で関心を寄せてほしいと頼まれた。李哲の高校同窓生が自治会に協力を求めたのである。仲本は李哲とまったく面識がなかったが、この依頼を引き受けることにした。

熊本大学医学部は水俣病問題に取り組んだ先駆けであり、学生自治会も社会問題に対して広く発言する伝統があった。手足がしびれ中枢神経が麻痺して死にいたる奇妙な病気は、一九五六年熊本県水俣で初めて報告された。新日本窒素肥料の工場から流れ出たメチル水銀化合物が魚介類に蓄積され、それを食べた人間が発病したのだが、当初は原因の究明がなされず、風土病だと考えられていた。主に漁村で現われたこの疾患は、発生した地域の名前をとって「水俣病」と呼ばれた。熊本大学医学部は、一九五九年七月に有機水銀が原因物質であると突きとめ、工場の責任者に連絡をしたが、公表しないように圧力をかけられた。結局、メチル水銀化合物が原因であると公式に発表されたのは、一九六八年九月のことであった。

李哲救援会は、大阪、東京、名古屋、北九州などのさまざまな地域で発足し、活動が行なわれた。東京と大阪では教師などの同郷、同窓生が多く参加し、名古屋ではキリスト教聖公会が動いた。北九州で

は労働組合が中心となった。地域の救援会はそれぞれ独自に動いていたが、署名運動は一緒に行なった。当時、李哲救援会全国連絡会の事務局が熊本大学医学部事務局に置かれ、仲本が事務局長を務めた。

仲本は李哲の裁判には一度も傍聴に行くことができなかった。福岡の韓国総領事館からビザが出なかったためだ。彼は、中央情報部要員が救援会活動を探るために熊本まで来たと語っている。再審の第一回、第二回公判には、大阪や東京から救援活動に携わった人たちが訪韓し傍聴したが、仲本自身は職務の関係上、職場を離れることができなかった。第三回公判では飛行機のチケットを手に入れるのが難しかったが、ちょうど休暇中だったので沖縄から直接仁川空港に向かった。

仲本にとって救援会活動とは何だったのか。彼は、まったく面識のない者同士が一人の人間の命を守るために全国で救援団体を立ち上げたのだから、その心意気は並々ならぬものだったと回顧する。三〇年余りたっても親しく付き合い、大阪で集まっては酒を酌み交わす。仲本になぜ事件がでっち上げだと思ったのかと訊くと、「助けを求めて奔走する人たちに頼まれて始めたことだから、いろいろな情報に接したわけではない」が、「初めから無実の人をどうやって支援するかという問題だった」と言い切った。公判を見守った気持ちについては、「韓国語がわからないので内容はわからなかったが、空気の緊張感は伝わった」と言い、検察側は一切反論せずにこのまま終わることになるだろうと印象を述べた。

孫裕炯救援会を担った山田隆嗣

済州を経由してソウルに入った山田隆嗣は、田村幸二と同様に大学を中退し、労働運動を経て在日韓国人政治犯救援運動に飛び込んだ。九州の福岡で生まれた彼は、中学生の頃から関西で育った。高校生のときはベトナム反戦デモ、日米安保条約反対デモに学友たちと参加した。同志社大学に入学してからは「アジア問題研究会」というサークルで活動した。

この学生サークルでは、密航で日本に来た韓国人被爆者の支援や、在日華僑二世である徐翠珍の支援運動に取り組んでいた。一九四七年に神戸で生まれた徐翠珍は、就職や公務員採用の差別撤廃を求め、また指紋押捺を拒否するなど、華僑の立場から日本社会の構造的な差別と闘った。彼女の闘争を支援した人たちのあいだで、在日外国人の集住地域である大阪西成区、生野区に入り、働きながら支援運動を続けようとする動きが起きた。

山田は当時、学生活動家のあいだで「自己否定」という言葉が流行していたと回顧する。高度成長の歪みから日本社会のあちこちで矛盾が噴出していた時期、大学を出て「社会のエリート」として生きることが果たして正しいあり方なのかという問いが繰り返し提起された時代であった。山田は泉南の繊維会社に就職し、一九七六年生野の弱電工場（電気回路など弱電流を使用する電気製品製造）に移った。

彼は一九七八年、自分の会社で総評系の金属労働組合傘下の労組を結成し、李東石など在日韓国人政治犯の救援運動に関わった。二〇一三年九月、三六年間勤めた会社が倒産して失業者となった彼は、雇用保険の「失業者給付金」を受給しながら第二の人生を探していたとき、李東石の再審公判がその年の一〇月に開かれるというニュースを耳にした。良心囚同友会から再審のための支援を手伝ってほしいといわれ、航空券代の半分は負担するといって快く応じた。いくらにもならない失業手当を使って、李東石の最初の再審公判以降、法廷が開かれるたびに駆けつける常連となった。

彼はかつて孫裕炯《ソンユヒョン》救援会の活動を担っていた。一九八〇年八月に釈放された李東石が翌年三月に日本に戻りひと安心していたところ、生野で事業をしていた孫裕炯の事件が起きたのである。国家安全企画部は一九八一年六月九日、孫裕炯が民団に偽装転向し、マカオやジャカルタなどで北朝鮮工作員と接触したという容疑で逮捕したと発表した。孫裕炯はその年の四月末、在日韓国人系の金融機関である大阪興銀主催の韓国ゴルフコンペに参加したところを連行された。夫と合流するために遅れて入国した夫人の夫辛花《ブシナ》も、連行され取調べを受けた。捜査官は夫辛花に対して、夫は北朝鮮に密入国した嫌疑を受けているので、日本に戻って古いパスポートを探し、黄《ファン》という人に渡せば疑惑は晴れると語った。夫辛花が大阪の自宅に着くと、すぐに黄と名乗る者が電話をかけてきた。喫茶店で会い、パスポートを渡した。のちにこのパスポートが裁判で、孫裕炯が東南アジアなどで工作員と会っていた証拠として提出された。

孫裕炯は拘束された当時五二歳だったため、留学生事件のように救援運動をしてくれる学校の同窓生はいなかった。地域の労働組合が中心となって救援会を立ち上げ、当時、総評生野地域協議会の役員をしていた山田が中心的な役割を引き受けるようになった。彼は一九八二年一〇月に孫裕炯の第二審を傍聴するために訪韓した。孫裕炯の次男である孫明弘《ソンミョンホン》と一緒に傍聴席に座り、裁判を見守った。孫裕炯の夫人である夫辛花と長男の孫明源《ソンミョンウォン》は安全企画部発表で「スパイ幇助《ほうじょ》」とされており、入国さえできない状況だった。孫裕炯は大法院で死刑が確定したのち、無期、懲役二〇年と二度にわたって減刑され、一九九八年に金大中大統領就任の特別恩赦により釈放された。一七年近く収監されていた彼は、日本に戻ってからは良心囚同友会顧問を務め、二〇一四年六月二四日に亡くなった。

山田は孫裕炯救援会の活動をしながら韓国語を学んだが、うまくはならなかった。日本語がわかる韓国人しか親しく付き合えないのを残念に思っていたが、孫裕炯事件を担当した太倫基弁護士や李哲の義母である趙万朝《チョマンジョ》の紹介を通じて、韓国内で新しい知己を得たのは大きな喜びだった。当時、日本人の救援活動家が韓国に行ったとき必ずと言っていいほど訪ねた相手が、趙万朝だった。彼女と会って公判の現況、獄中の良心囚の様子、韓国民主化運動の流れなどについて情報を聞いた。

山田は二〇一三年一〇月以後の在日韓国人政治犯再審公判に欠かさず出席している。李東石、金淳一《キムスニル》、趙得勲、李哲などの公判を見守った。韓国語の実力は今でも簡単な応答だけだが、法廷で裁判長から「無罪《ムジェ》」という言葉を聞くたびに胸がときめいた。

安野勝美、差入れのために大田、光州矯導所を一日で回ることも

大阪からソウル行きの航空券を入手できずに岡山からやって来た安野勝美は、かつて泉佐野市の公立中学校で社会科教師として働いていた。小学校から大学生時代にいたるまで在日韓国人の友人が多かった彼は、在日の教育問題に関心が高く、民族教育ネットワーク、泉佐野在日外国人教育研究会、大阪日本語ボランティアネットワークなどさまざまな団体で活動してきた。今も中学校で非常勤講師として教え、教育界を去らずにいる。

教育問題に対する安野の格別な関心は、大阪市立大学夜間部に通っていた一九七五年一二月、大阪府同和教育研究協議会に事務局職員として採用されたときに端を発している。彼を除くとすべて小学校、中学校の教職員で構成されたこの協議会の主要な研究テーマは、部落差別だった。朝鮮における「白丁《ペクチョン》」と似た存在である部落民に対する差別は、時代が変わっても根強く続いていた。同和教育研究協議会では差別や偏見が部落出身の子どもたちにおよぼす影響、学力の低下、就業上のネックなどの実態を調査

し、教育を通じて問題を解決していく方法を模索していた。同時に、障害者、在日朝鮮・韓国女性に対する差別をどのように教育を通じて解消していくかも重要な課題だった。彼は一九八〇年三月に同和教育研究協議会に入り、被差別地域の子ども会の指導員を経て、教員採用試験に合格、一九八二年から中学校社会科教師を勤めていた。

安野が在日韓国人政治犯問題に関わるようになったのは、一九七五年11・22事件直後だ。拘束者のなかの崔然淑《チェヨンスク》が同じ大阪市立大出身であり、知人の頼みで崔然淑救援会に参加するようになった。早稲田大学東洋史学科を出た崔然淑は大阪市立大学の二部に入学し、『低開発経済論の構造』などの著書を出した経済学者である本多健吉教授の講義を受けた。韓国に留学する前に本多教授の理論を学べば、何か役立つだろうと思ったという。崔然淑は留学した最初の年に在外国民教育研究所で語学教育を受けていたときに逮捕され、韓国の大学には入ることさえできなかった。

李哲が一九七七年三月八日に大法院で上告棄却され死刑が確定したとき、11・22事件の拘束者の裁判はほぼ終わりになっていた。死刑囚を除いた刑確定者は各地の矯導所に分散して収監されていた。安野は一九七七年春から、11・22事件拘束者を支援する包括的な救援会の事務局活動も引き受けるようになった。その年の四月に訪韓して在日韓国人政治犯が収監されている矯導所を訪ねては差し入れをした。少しでも獄中にいる人たちの励ましになればと行なった差し入れは、日本人が在日韓国人政治犯を忘れてはいないというメッセージにほかならなかった。当時、大田矯導所に収監されていた崔然淑に、彼女の家族と一緒に面会することができた。韓国に発つ前、本多教授の紹介で同じ大阪市立大学の川久保公夫教授の紹介状をもらった。川久保教授はアムネスティ日本支部の副理事長を務めていた。

安野は一九七七年から八〇年まで毎年三、四回訪韓した。言葉がうまく通じないので、李哲の義母の趙万朝を訪ねて手伝ってもらうのがお決まりのコースとなった。当時は交通の便が悪く、短い日程のなかで矯導所を回るにはタクシーを貸し切るしかなかった。午前九時前に大田矯導所に入り面会を済ませてタクシーで全州矯導所まで行った。運転手との交渉がうまくいけば光州矯導所まで行くこともあった。一日に矯導所を三ヵ所も回ることはあまりなかったが、それでも日本に比べてタクシー代がずっと安かったのを覚えている。

安野は一九八〇年五月、金大中と会って在日韓国人政治犯問題について協力を得ようとしたが、ビザが出なかった。その後も数回、発給を拒まれた。一九八一年春、彼は再度ビザを申請し、大阪総領事館でぜひ領事と会って話がしたいと求めた。安野は、素っ気ない態度の領事に対し、自分が在日韓国人に対する差別をなくすためにどのような活動をしているのか粘り強く説明し、ようやくビザを手にした。

こうした困難を経て入国し出会った人のなかに姜哲順《カンチョルスン》の家族がいる。姜哲順は日本で知られていないが、在日韓国人関連スパイ事件の収監者だった。11・22事件で投獄され獄中生活を経て日本に戻った金東輝《キムドンフィ》から姜哲順の存在を知り、安野は調査に乗り出した。済州島出身の姜哲順は太平洋戦争が終わったあと日本にやって来た。関西外国語大学二部を卒業し朝鮮学校の小学校教師を務めたあと、一九六四年四月に家族とともに帰国した。韓国にある日本企業に勤務していた彼は一九七二年七月に逮捕され、無期懲役を言い渡されて服役中だった。彼の四人の子どもたちのなかで唯一大学に進学した姜希雪《カンヒソル》は、一九八九年六月に林秀卿の平壌世界青年学生祝典参加の際に逮捕されたこともあった。当時、誠信女子大総学生会長だった姜希雪は、ソウル地域総学生会連合平壌祝典準備委員長を務めていた。姜哲順は一九九〇年の三・一特赦で釈放された。

安野はソウル拘置所に収監された政治犯の差入れに行って、珍しい体験をしたことがある。差入れ窓口で李哲に差入れだと言うと、隣で待っていた人が「おお、李哲に差入れか」と嬉しそうに声をかけてきた。その人は民青学連事件の主導者である李哲と誤解したのだ。彼は、昼食を一緒にして面会所に行ってみないかと誘った。安野はその頃、ソウル拘置所の面会所を見物した日本人がほとんどいなかったので興味がわき、ついていった。あとで知ったのだが、この人は麻薬の売人だった。日本人に麻薬を売ったことを隠しもせずに平然と言うのでびっくりしたと安野は語った。

11・22事件をきっかけに釈放運動が一般に広がる

日本では、在日韓国人政治犯釈放運動は徐兄弟事件から始まったが、それは大学教授や牧師など著名人が中心であり、大衆運動ではなかった。大衆的な運動として広がったのはやはり11・22事件以降である。それ以前は特定のセクト（政治党派）、あるいは一部の有名な人物だけが関わっていたが、この頃から政治犯になった人びとの出身校同窓生が先頭に立って動いたことが大衆化のきっかけとなった。既存の社会運動をしてきた人たちは救援会の後ろに退いた。同窓生は政治的な色彩を帯びることがなかったからだ。学校の同窓生が主体となって釈放運動を展開することに反対したり妨害したりする勢力が存在したのも事実だが、流れは変えられなかった。また、それまでの運動とは異なり、教会も加わって活動するなど、思想や理念にとらわれない大衆的な運動として広がった。大阪では拘束された政治犯ごとに作られた個別救援会が毎月一回集まって連絡をとり、情報を共有した。都合がつかず収監者への面会がかなわない時は、同じ矯導所に収監されているほかの政治犯を支援するグループと互いに差入れを頼むこともあった。

大阪の政治犯釈放運動は日本人がみずから動いたことに大きな意味があったと安野は評価している。それまでは、在日が頼んできた時にカンパや署名をする程度の受身なものであった。在日が「三六年間の植民地支配をどう考えているのか」、「現在の日本社会の差別をどう考えているのか」と問題提起してくれば、良心がとがめて何かしなければいけない気持ちになり、活動に参加したというのだ。そのため、日本人は在日が要求することはしても、それ以上のことはしなかったと安野はいう。日本人がみずから進んで何かしようというような発想がなかったためだ。

安野は、当時釈放運動をしながら在日とどのように連帯するかも重要な問題だったと言う。そうして、「在日」が置かれているさまざまな政治状況と日本の状況をどうやって克服していくのか、日本人が自分の問題として考えて語り始めたのだ。一九七六年以降、釈放運動に関連する集会が行なわれると、大阪民団の幹部や青年たちがやって来て猛烈に抗議した。彼らは救援運動の活動家に「お前たちは三六年間の植民地統治を忘れたのか。植民地統治を反省しているならこのような集会は開けないはずだ。スパイとして捕まった人間を助けるなどもってのほかだ」と言いがかりをつけた。活動家たちは「植民地統治に対する反省があるから救援集会をするのだ」と反論した。集会場の入口では若い人たちが防衛にあたり、万一に備えなければならなかった。民団の内部でも、朴正熙政権を支持する体制派と非主流派の対立が激しかった。民団大阪本部と在日韓国青年同盟（韓青同）の事務所は、駐車場をはさんですぐ隣り合っていた。政治犯救援会の連絡会議が韓青同の事務所で開かれると、緊張した雰囲気になった。

安野に李哲の再審公判を見た感想を聞くと、「再審の請求をしなかったらすべて闇に葬られてしまっただろうが、歴史の一断面が法廷の記録として残ることになった」と評価した。彼は「過去の歴史だけでなく、現在の社会を理解するためにもとても役立つ」と指摘し、「老人よりは若い人たちがたくさん来て公判を見てくれるといいのだが」と語った。

あとがき

原稿を書きながら多くの方々にお世話になった。インタビューの依頼を断らずに悪夢のような記憶を思い起こしながら語ってくれた被害当事者たち、もう高齢者と呼ばれはじめた日本人救援会活動家たちに感謝の意を表する。また、金大中、盧武鉉政権の下でスタートしたさまざまな過去事真相究明委員会で真実を明らかにするために黙々と活動し報告書を作成した調査官たちの労苦を想起しないわけにはいかない。金栄珍《キムヨンジン》氏をはじめ彼らの堅実な調査作業がなかったならば、この本の内容はずっと貧弱なものになったであろう。

この本を書くようになった経緯にはささやかな事情があった。二〇一四年春、私は人権弁護と市民運動で幅広く活動してきた李錫兌《イソクテ》弁護士から、在日同胞留学生スパイ事件を整理して本にして出してほしいという依頼を受けた。セウォル号惨事特別調査委員会委員長を引き受けている李錫兌弁護士は、数年前から沈載桓《シムジェファン》、曺永鮮《チョヨンソン》、張慶旭《チャンギョンウク》、李相姫《イサンヒ》、宋尚教《ソンサンギョ》弁護士らとともに在日同胞留学生事件再審弁護人団を構成して数十年間暗闇のなかに置き去りにされてきた事件をすくい上げ、不当極まりない濡れ衣を晴らす作業を続けてきた。弁護人団の努力で二〇代の若き時代に祖国を訪ねてスパイの烙印を押された在日同胞被害者たちの再審申請が一つ、二つと受け入れられはじめると、やがて無罪判決が相次ぐようになった。

李錫兌弁護士とは古くからの付き合いがあったわけではない。二〇〇八年「フォーラム真実と正義」を立ち上げたとき、同じ発起人として知り合った。「真実と正義」は、李明博政権が成立するや否や、権威主義政権の下で起きた虐殺、疑問死、人権弾圧など過去事に対する真相整理作業をことごとく後退させたことに対し、危機意識をもった人びとが集まって組織した市民団体である。フォーラム活動を通じて李錫兌弁護士の真摯さ、誠実さ、熱情の一端に接した私としては、彼の度重なる丁重な要請を拒むこともできず、結局執筆を承諾することにした。

私が気軽には引き受けられなかったのには、それなりの事情があった。私は一九九二年二月『ハンギョレ新聞』の東京特派員として日本に赴任し三年間勤務した。「権力と資本から独立した」新たに登場した言論の初代特派員という名目が与える圧迫感を個人的に感じないわけにはいかなかった。日本の新聞の報道を韓国の読者に「中継」することが主たる仕事にならざるを得ない特派員活動の限界をどうしたら少しでも乗り越えることができるかが、私にとっては少なからず切実な課題だった。だから時々日本の新聞を書き写すだけではない、独自の企画記事を書こうと試みた。

特派員三年間に書いた記事のなかで自分でもやりがいがあったと思うものに「在日同胞その衝撃の現住所」という特集記事があった。一九九三年五月二一日付から始まり一二回にわたって連載したこの企画は、在日同胞社会をアイデンティティ葛藤、教育、結婚、帰化、共生など多様な側面から分析したものだ。連載のなかの一つに「分断のいけにえ政治犯」というタイトルで在日韓国人スパイ事件を扱った。

私が当初執筆を引き受けるのをためらったのは、当時取材して垣間見た在日韓国人政治犯とその家族たちが負った深い傷の内面を再び凝視したくないという気持ちも作用した。二十数年前、青年から老人に至るまで多くの在日同胞に会って話を交わしながら、私は「ペン記者」としての限界を感じないわけにはいかなかった。度肝を抜くような事情を吐露する彼らの顔の表情、声色、語調、身振りなどを新聞記事調の文章に盛り込むことは不可能に近かった。少なくともその時だけは、ムービーカメラ記者が羨ましかった。

在日同胞シリーズ「分断のいけにえ政治犯」で私が言及した人のうち一人は実名で、もう一人は姓だけを紹介し、残りの一人はまったく名前を明かさなかった。実名で出た人は第一二章「日本人救援活動家の素顔」で取り上げた孫裕炯《ソンユヒョン》である。また、中央大在学中に総連系工作員に包摂された嫌疑で拘束されたが長きにわたった法廷での攻防の末、幸いにも無罪で釈放された張某は、第三章の末尾に出る張永植《チャンヨンシク》だ。悲劇的な死によって生を閉じたと匿名で書いた人について次のように記述した。

とくに一九七〇年代初め頃から八〇年代初め頃にかけて捜査機関同士で在日同胞を対象に「スパイ狩り」競争を繰り広げた時期にとてつもなく酷い目にあって二度と祖国を見たくないという人が少なくなかった。そうした人びとのなかには起訴にはいたらなかったものの捜査機関で過酷な取調べを受け、徹底した「口止め」の脅しを受けたうえで釈放された人びとが相当数いた。

七二年にソウル大学に入学したある同胞の出来事はきわめて悲劇的な事例だ。七五年一一月在日同胞スパイ団事件が連続して発表された頃、捜査機関に連行された彼は拷問のために精神錯乱を起こし、棄てられるように日本に送還された。日本で病院生活を一年ほど送った頃父母が亡くなり、兄も経済的負担を担えなくなると、精神的に安定しないまま居酒屋、ラーメン店などで仕事をしながら転々としたが、八〇年頃アパートの一室で衰弱死した。彼の恋人だった同胞女性は記者の取材要請に、今は何も思い出したくないと拒絶した。

拷問の後遺症で精神疾患を患い、この世を去ったこの人は朴正起《パクチョンギ》だ。一九五一年生まれで一九七一年に入国し、在外国民教育研究所でウリマル（韓国語）研修を終え、一九七二年にソウル大学校外交学科に進学した。平坦だった彼の母国留学は一九七五年秋、情報機関に連行されたことで潰えた。彼の晩年を見守ってきたある在日同胞は、彼が事実上餓死したと語った。彼の最後の住まいを訪ねると食べ物が何も見当たらなかったと言った。

飢え死に同然だった朴正起の事例にみられるように在日同胞留学生事件の被害者たちは、拘束、起訴されて長期間監獄に収監された人びとにとどまらない。情報機関に引っ張られて無慈悲な拷問を受け、起訴されずに釈放された人びと、捜査官の過酷な取調べと懐柔に耐え切れず誰かの名前を口にせざるを得なかった人びと、検察側証人として法廷に呼び出され捏造事件の被告に不利な証言をしなければならなかった人びと、自分の友人や同僚がスパイに仕立てられ奈落の底に落とされるのを見て見ぬふりをして沈黙を守らざるを得なかった人びと、これらすべてが被害者なのである。しかしながら、このような人びとが被った精神的傷痕を癒し、その日々を見守らなければならないという意識は、わが韓国社会には長いあいだ存在すらしなかった。

在日同胞留学生事件の被害者が広範囲にわたることを勘案するならば、この本は事件全体のごく一端を示す試みにすぎないだろう。あえてその理由をあげるならば、私の能力不足、検証の難しさに加え、編集上の制約も大きかった。再審を通じて無罪が宣告された人や事件を中心に限られた範囲で話をせざるを得なかったために、インタビューや取材をしても省略するしかなかった事柄が相当にある。再審手続きがまったく進捗しなかったり、拘束当時に留学生身分ではなかった人びとの話は、残念だが大部分除かざるを得なかった。

たとえば、一九七四年四月に国軍保安司令部に連行され、大法院でスパイ容疑で死刑が確定した崔《チェ》哲《チョル》教《ギョ》が家族の顔を初めて見たのは六年がすぎてからだった。崔哲教が連行されたあと、千葉県松戸市の自宅に「静かにしていれば釈放されるだろう」という怪電話が何度もかかってきた。彼の妻孫順伊《ソンスニ》は高等法院でも死刑判決が維持されると一九七五年三月、東京で夫の事件を公表する記者会見を行なったのち、幼い五人の子どもたちを連れて有楽町数寄屋橋公園で時限付きハンスト闘争を行なった。崔哲教が拘束された年に中学校に進学した長女崔鐘淑《チェジョンスク》は一九八〇年、救援会活動をしていた二人の日本人と共にソウル拘置所を訪問して父親に面会した。中学校一年生のときに会えなくなった父親に大学一年生になってようやく面会室のガラス越しに対面したのだ。母親孫順伊はスパイ幇助の嫌疑を受けていたし弟たちは幼かったために崔鐘淑はその後も一年に一、二回ひとりで父親の面会に通わなければならなかった。崔哲教は六年ぶりに向き合った長女に、日本の自宅の電話番号を言って合っているかと訊いた。彼女が合っていると言うと、自分の記憶が確かどうか確かめたかったのだと言った。そう言ってから五人の子どもたちの名前を一人ひとり口にした。崔鐘淑は父親の話をじっと聞いていたが、あとになって考えてみると父親は拷問の後遺症で自分の記憶力が損なわれていないか確認したかったのではないかと語った。母国を訪ねて死刑囚とされ、死刑囚であるが故に手錠をはめたままで刑務所生活を送りながら六年ぶりに長女の顔を見ることができた人の心境を、どうすればうかがい知ることができるだろうか。一九九〇年、日本に帰り家族と再会した崔哲教は、二〇一三年四月、息を引き取ってあの世の人となった。

取材をしながら過去の記憶があまりにも簡単に風化していくことを痛感した。以前、死刑囚に二四時間手錠をさせたことがどのような法的根拠でなされたのか、いつその行刑制度が廃止されたのか、廃止された理由や契機は何だったのか、法務部関連部署に照会してみてくれと法務部・検察庁に出入りする同僚記者に依頼した。一〇日ほどして返ってきた法務部の答弁は、いくら探しても関連文書がまったく見当たらないというものだった。そして高齢の矯導官たちの話では、昔そんな制度があったらしい、という程度だった。金泳三政権時代「歴史の立て直し」の一つとして軍事反乱と内乱及び賄賂受領嫌疑で拘束起訴された全斗煥が一九九六年八月二六日の一審で死刑を宣告されたとき、「前国家元首」に手錠をはめるべきかをめぐって議論があったという報道があった。だからその時までは死刑囚に手錠をはめる制度が存在していたのだ。もう少し歳月がながれると、死刑囚に常時手錠をはめていたという事実は、公文書で立証されないのだからそもそも信頼できないというように誤って処理されることになるのかもしれない。

一九七〇年代の日本の知識人社会で金芝河救援運動の中心的人物だった出版編集者宮田毬栄はこのよ

うに回顧した。「抗議集会をしていると一人の若い女性が三歳くらいの子供と一緒に通りすぎながら募金箱にお金を入れた。すると子供が「お母さん、どうしてお金を入れるの」と尋ねた。母親は「お金は品物を買うためにだけあるんじゃないのよ」と答えた」という。最近の韓日関係を見ると、果たしてそんな時代があったのかと疑わしく思えるほど抜き差しならぬ閉塞状態である。両国の市民社会の健やかな連帯活動に関する記憶を呼び起こして続く世代に伝えていくことが求められている。結局は記憶をめぐる闘いだ。この本で言及した捏造事件の被害者たちが被った苦痛と挫折と流れ去った歳月は、いかなる方法でも補償はできない。こうした悲劇が二度と繰り返されることがないようにするためには、真実を明らかにし記憶する作業をいささかたりともおろそかにしてはなるまい。

参考文献（原書ハングル表記のカナダラ順）

【単行本】

［韓国語］

金丙鎮『保安司』ソナム、一九八八年（日本語原本は『保安司（ポアンサ）——韓国国軍保安司令部での体験』（ルポルタージュ叢書36）晩聲社、一九八八年

金孝淳『近い国　知らない国』ハンギョレ新聞社、一九九六年

文明子『私が見た朴正熙と金大中』月刊マル、一九九九年（日本語版は『朴正熙と金大中——私の見た激動の舞台裏』共同通信社、二〇〇一年

朴鎮穆『今は遠い昔話』、慶熙出版社、一九七三年

——『わが祖国、わが山河』チャンジン社、一九七六年

李基東『南山　ザ・ビハインド・ストーリー』時事文化社、二〇一一年

鄭智我『金韓林』民主化運動記念事業会、二〇〇六年

趙一済『歴史の前で』ムンジ社、二〇一二年

地球村同胞連帯『朝鮮学校の話』ソンイン、二〇一四年

蒼丁・李栄根著作集刊行委員会『祖国統一への一本道』統一日報出版局、一九九二年

崔昌男『鬱陵島一九七四』プリとイッパリ、二〇一二年

韓勝憲『偽装時代の証言』汎友社、一九七四年

洪性宇・韓寅爕『人権弁論一時代』景仁文化社、二〇一一年

［日本語］

川邊克朗『拉致はなぜ防げなかったのか』筑摩書房、二〇〇四年

川瀬俊治・郭辰雄『知っていますか？　在日コリアン』解放出版社、二〇一四年

片山正彦『ここに記者あり!――村岡博人の戦後取材史』岩波書店、二〇一〇年
姜尚中『在日』集英社、二〇〇八年
康宗憲『死刑台から教壇へ――私が体験した韓国現代史』角川学芸出版、二〇一〇年
桑原重夫『日韓連帯への道――在日韓国人「政治犯」救援運動から』ユニウス、一九八〇年
金賛汀『在日、激動の百年』朝日新聞社、二〇〇四年
野田敬生『公安調査庁の深層』筑摩書房、二〇〇八年
松本重夫『自衛隊「影の部隊」――情報戦秘録』アスペクト。二〇〇八年
師岡康子『ヘイト・スピーチとは何か』岩波書店、二〇一三年
呉已順さん追悼文集刊行委員会編『朝を見ることなく――徐兄弟の母呉已順さんの生涯』、一九八〇年(一九八一年に現代教養文庫、社会思想社)
徐勝『獄中19年――韓国政治犯のたたかい』岩波書店、一九九四年
孫性祖『亡命記――韓国統一運動家の記録』みすず書房、一九六五年
韓国民族自主統一同盟有志一同『政治詐欺師・李栄根の歩んだ道』一九七三年
青木理『日本の公安警察』講談社、二〇〇〇年
荻野富士夫『特高警察』岩波書店、二〇一二年
吉松繁『在日韓国人「政治犯」と私』連合出版、一九八七年
鄭在俊『金大中救出運動小史――ある「在日」の半生』現代人文社、二〇〇六年
萩原遼『北朝鮮に消えた友と私の物語』、文藝春秋社、一九九八年
福岡安則『在日韓国・朝鮮人――若い世代のアイデンティティ』中央公論新社、一九九三年

【資料集】

[韓国語]

『過去との対話 未来への省察 国家情報院真実委員会報告書』国家情報院、二〇〇七年
『国防部 過去事真相究明委員会総合報告書』国防部過去事真相究明委員会、二〇〇七年
『対共三〇年史』国軍保安司令部、一九七八年

『対共活動史1』国軍保安司令部、一九八七年
『分断祖国の生贄、捏造スパイ』カトリック捏造スパイ真相究明対策委員会、一九九四年
『真実和解委員会　調査報告書』真実和解のための過去事整理委員会、二〇〇六〜二〇一〇年
『真実和解委員会　真実究明決定事件　再審判決文集、在日同胞及び日本関連スパイ事件』一〜五、四・九統一平和財団
ソウル大学校公益人権法センター、二〇一三〜二〇一四年

〔日本語〕

『家族・僑胞の会の13年をふりかえって』在日韓国民主人権協議会、一九九〇年
『同じ空の下に』うつ陵島事件関連者を救援する会、一九八四年
『徐さん兄弟救援報告』（合本一号〜五〇号）、徐さん兄弟を守る会、一九九五年
『我生きんと欲すれど――裁かれるべきはKCIAだ！』李哲さんを救う会全国連絡会議編、JCA、一九七八年
『李佐永追悼式資料集』李佐永を偲ぶ会、二〇〇八年
『在日韓国人政治犯を救うために』（縮刷版　創刊号〜六九号）、在日韓国人政治犯を救援する家族・僑胞の会、一九八五年
『在日韓国人政治犯救援運動記録集』在日韓国人政治犯を救援する家族・僑胞の会、一九九三年
『鉄窓に光を』在日韓国人政治犯を救援する家族・僑胞の会、一九七七年
『無実の死刑囚崔哲教さん救援運動記録集』崔哲教さんを救う会全国連絡協議会編、一九七八年
『濁流に抗いて』11・22在日韓国人留学生・青年不当逮捕者を救援する会、一九七六年

【国会速記録】
（韓国）国会会議録システム　http://likms.assembly.go.kr/record
（日本）国会会議録検索システム　http://kokkai.ndl.go.jp

【定期刊行物】
『京郷新聞』
『東亜日報』

『月刊マル』

『11・22通信』11・22在日韓国人留学生・青年不当逮捕者を救援する会
『民族統一新聞』民族統一新聞社
『徐君兄弟を救うために』徐君兄弟を救う会
『世界』岩波書店
『新日本文学』新日本文学会
『朝日新聞』朝日新聞社
『朝日ジャーナル』朝日新聞社
『朝鮮研究』日本朝鮮研究所
『週刊ポスト』小学館

監訳者あとがき

本書は韓国の出版社、西海文集から二〇一五年八月に出版された金孝淳《キムヒョスン》著『祖国が棄てた人びと——在日同胞留学生スパイ事件の記録（조국이 버린 사람들——재일동포 유학생 간첩 사건의 기록）』を翻訳したものである。著者の金孝淳はソウル大学政治学科を卒業し、七九年に東洋通信に入社、八一年に京郷新聞に移ったが、一九八八年の『ハンギョレ新聞』創刊に加わった。九二年からはハンギョレ新聞の東京特派員を務め、九五年には国際部長、九六年に社会部長、九七年に政治部長、二〇〇一年に論説委員、〇三年に編集局長、〇五年から編集人（主筆にあたる）を歴任し、退任後も「大記者」の肩書で健筆をふるい、二〇一二年に退社した。

韓国の近現代史に関する深い関心から著作も多く、『歴史家に問う——屈折した韓日現代史のルーツを求めて』（二〇一一年）、『間島特設隊』（二〇一四年）、『李泳禧をともに読む』（二〇一七年、共著、創批）が刊行されている。特に本書『祖国が棄てた人びと』は、言論の自由のために闘い、ハンギョレ創刊に貢献したジャーナリスト、李泳禧を記念して設けられた「李泳禧賞」の第三回受賞作（二〇一五年）となった。

金孝淳は民主化を求める学生運動に献身し、一九七四年の民青学連事件で投獄されたこともある。東京特派員時代に在日韓国人と取材や交友を通じて知り合い、在日韓国人政治犯問題についても関心を深めたのだろう。おそらく東京特派員として赴任された九〇年代前半だっただろう、私も一度、日韓連帯運動に関わった人びとともに著者にお目にかかった。その後の活躍はハンギョレの紙上でずっと目にしてきた。

一九七〇年代から八〇年代にかけて、南北朝鮮の対立と緊張関係のなか、多くの在日韓国人が韓国を訪問した際に「北朝鮮のスパイ」にでっち上げられ、死刑をはじめとする極刑・重刑を宣告された。日本では北朝鮮を支持する在日朝鮮人総連合会（朝鮮総連または総連）が存在し、北朝鮮に関連した情報に接することは、なんら法にふれることがない。また在日朝鮮人の北朝鮮との往来も、新潟からの船便を主たるルートとして存在していた。

韓国の政権は在日韓国人を「北のスパイ」にでっち上げ、北朝鮮の脅威を強調して政権への反対の動きを封じ込める政治的道具として利用してきた。まだ一般の韓国人が海外渡航も自由にできず、外部の情報を得ることも難しかった時代のことである。北朝鮮に関する情報を得ることも禁じられ、少し北について言及しただけでも、国家保安法や反共法にふれて、処罰の対象になった。日本での動向や生活を問題にされた在日韓国人政治犯について、一九七〇年代から八〇年代には、韓国内で反論することもできなかった。反共体制のもとで統制された韓国社会において、日本で生まれ育った在日韓国人二世、三世たちは、言葉も十分話せず戸惑い悩みながら生きていたはずだ。しかし、民族や祖国という問いを模索しつつすごしていた青年たちも、韓国当局にとっては政治的道具にしか見えなかったであろう。

在日韓国人政治犯事件として最も知られているのは徐勝《ソスン》・徐俊植《ソジュンシク》兄弟事件である。はなはだしい火傷を負った姿で法廷に現われた徐勝の姿は衝撃的だった。また、懲役七年の刑期を終えながら、予防拘禁を定めた社会安全法の保安監護処分により八八年まで一〇年間も釈放されなかった徐俊植の存在も国際的に注目を集めた。

日本で在日韓国人政治犯問題を社会問題化したのは七四年に逮捕され死刑を宣告された崔哲《チェチョルギョ》教事件、そして本書でも重点を置かれている七五年の11・22事件にほかならない。七〇年代半ば以降、日本全国で在日韓国人政治犯の救援会や支援団体が生まれて、日韓連帯運動の担い手として広がっていった。それは日本社会の韓国に対する認識を転換し、日本政府の対朝鮮半島政策を考えさせるきっかけになった。

折にふれて在日韓国人政治犯は公式発表されたが、発表されなかった事件も少なからずある。在日韓国人政治犯は一〇〇人を超すが、公になっていない犠牲者も存在し、正確な人数はわかっていない。実は崔哲教事件も、公式発表はなかったが、死刑判決を受けた本人が無実と抵抗の意志を日本の家族に伝え世論に訴えることで、世に知られることになったのである。

また今日、在日韓国人、あるいは在日コリアンというと、三世、四世にあたる人から、近年日本に来て暮らすようになった韓国人までさまざまな人びとが含まれている。だが、一九八〇年代くらいまでは在日韓国人といえば、おおよそ植民地時代に日本に来て、それ以降定住した人びととその子孫を指していた。何しろ、サンフランシスコ講和条約締結当時の在日外国人の九割以上が朝鮮半島出身者で、その後も長く朝鮮半島出身者が、外国人のなかで最も多くの比率を占めたのである。したがって、在日韓国人政治犯というとき、基本的に戦前から日本に暮らす在日韓国人が「北のスパイ」にでっち上げられた事件として理解されている。一九七〇年代から八〇年代当時の在日韓国人はほとんどが戦前からの居住者か、その子孫であったのである。

だが、犠牲者のなかには大韓民国成立後に留学やビジネスで日本に来て一定期間暮らし、韓国で政治犯とされる事例もあった。本書に取り上げている鬱陵島事件の李聖熙《イソンヒ》・崔奎植《チェギュシク》らがそれにあたる。これらの人びとは厳密にいうと、在日韓国人と呼ぶことはふさわしくないかもしれない。だが、でっち上げのパターンとしては、広い意味で在日韓国人政治犯に含めることも可能であろう。こうした説明をするのは、在日韓国人の定義を戦前からの日本居住だけで簡単には決められないからである。たとえば、高《コビ》秉沢《ヨンテク》のような場合、戦後故郷の済州島から東京大学に留学し、日本の団体に就職、定住した。家族も日本に暮らしており、昔から高秉沢は在日韓国人政治犯の一人に当然のように含まれて理解されてきた。在日韓国人政治犯の概念もまだ完全に定まったものではないことをお断りしておきたい。

四月革命を機に日本から韓国に戻り、歴史に残る新聞『民族日報』を創刊した趙鏞寿《チョヨンス》の事件は一九六一年のことで、本書にも登場する。時期的には在日韓国人政治犯事件が集中した時代のものではないが、軍部のクーデターにより政治的犠牲にされたという意味では、在日韓国人政治犯事件の始まりとも位置づけられる。また、六九年のヨーロッパ拠点スパイ団事件で死刑を宣告された当時の与党・民主共和党国会議員の金圭南《キムギュナム》とケンブリッジ大教授の朴櫓洙《パクノス》は、東京大学に留学した時代に北朝鮮とのつながりができたとされた。この二人は七二年七月の南北共同声明の直後に死刑を執行されたが、両氏の遺族は再審を請求し、二〇一五年に無罪が確定した。この事件は在日ではなく留学、滞日したケースだが、在日韓国人政治犯事件が多数でっち上げられていく前触れと見ることができる。

これまで、在日韓国人政治犯についての研究はほとんどなく、救援運動が展開された当時書かれた本や資料が残されている程度である。唯一、死刑囚としての厳しい日々を体験した康宗憲が『死刑台から教壇へ――私が体験した韓国現代史』（二〇一〇年、角川学芸出版）という貴重な体験記を書いている。柳相栄・和田春樹・伊藤成彦編『金大中と日韓関係――民主主義と平和の日韓現代史』（二〇一三年、延世大学金大中図書館）では私が第9章で在日韓国人政治犯救援運動についてある程度ふれてはいるが、十分なものではない。今後、調査と研究が深められる必要がある。その意味でも、本書は貴重な存在なのである。在日韓国人政治犯について、韓国の書き手が本をまとめてくれたことは本当にありがたい。韓国ではかつて、ふれることもできなかったおどろおどろしい事件の背景を取材し、その今日的意味までを射程に書き下ろしたのが本書である。

なお、全体的に分量が多く、諸事情もあって、原本の一部を省略して訳出した。各章冒頭のリード文などもすべて削除している。各章のタイトルも日本の読者にわかりやすいものに改めた。

本書の翻訳は多くの皆さんの協力で完成された。宋連玉、中野敏男、加藤圭木さんが世話人のような形で本書出版のために訳者を募ってくださり、分担、訳出した。分担は以下の通りである。

まえがき／第1章　中野宣子　韓国語・朝鮮語翻訳、講師
第2章　飯倉江里衣　東京外国語大学大学院総合国際学研究院等非常勤講師

第3章　加藤圭木　一橋大学大学院社会学研究科准教授
第4章／第8章　小志戸前宏茂　大学非常勤講師
第5章　和田圭弘　延世大学校国語国文学科博士課程
第6章／第9章　桑江博幸　韓国語通訳
第7章　石坂浩一
第10章／第12章　斉藤涼子　大阪経済法科大学アジア太平洋研究センター客員研究員／国立公文書館アジア歴史資料センター調査員（非常勤職員）
第11章　古橋綾　東京外国語大学非常勤講師

あまり多くの人びとに分担したため、あとで翻訳の統一は難しい作業になった。一生懸命訳してくださった皆さんには恐縮だが、訳語は全体を統括した監訳者の石坂浩一の責任で統一した。だが、ひとことで訳語の統一といっても、簡単ではない。著者は韓国本国にいる者の立場から「在日同胞」ないし「同胞」という言葉を多く使っているが、日本の読者になじみやすいよう文脈に応じて訳し分けている。特に在日韓国人政治犯について「在日同胞政治犯」という呼称が多く登場したが、これは日本で使われた「在日韓国人政治犯」に統一している。ただ、文脈によっては「在日朝鮮人」なども使い分けた。

本書の出版にいたる道のりはなかなか平坦ではなかった。出版に向けて働いた私たちの至らぬところが多く、日本語版が出るまでに時間がかかってしまったことを、著者をはじめとした関係者の皆さまにお詫びしたい。

本書の装丁は桂川潤さんがお引き受けくださった。装丁家として活躍している桂川さんは、かつて韓国問題キリスト者緊急会議の事務局で働き、在日韓国人政治犯を含む韓国の政治犯や人権の問題に力を尽くした人である。これもまた、縁であろう。そして、厳しい出版事情のさなか、明石書店が出版をお引き受けくださったことに心から感謝したい。また、担当してくださった関正則さんにあらためて感謝申し上げたい。

私たちが在日韓国人政治犯事件に関わった当時と比べれば、今日の韓国は見まがうほどの変わりようである。政治犯だった皆さんも少なからず幽明を異にした。時代の苦難を身をもって体験された方々への祈りをここに記し、この分断と冷戦がもたらした歴史を記憶することを誓いつつ、本書が多くの人びとに読まれることを願いたい。

二〇一八年九月

監訳者　石坂浩一

【そのほか、中国・台湾人、欧米人】

ラ行

【日本人】

224, 228, 237, 238, 247, 251, 306, 308-311, 319, 324, 333, 336, 346, 371
朴進穆（パク・チンモク）76, 96
朴徳萬（パク・トンマン）48, 81, 82, 84
朴博（パク・パク）121-124, 126, 136, 139, 140, 142, 143
朴漢徹（パク・ハンチョル）250
朴炯圭（パク・ヒョンギュ）326, 328
朴粉石（パク・プンソク）99
朴烈（パク・ヨル）72
朴英俊（パク・ヨンジュン）95
河在完（ハ・ジェワン）220
河炳旭（ハ・ビョンウク）111-113
咸柱明（ハム・ジュミョン）109
咸承熙（ハム・スンヒ）17, 18
咸錫憲（ハム・ソクホン／ハム・ソッコン）326
韓三次（ハン・サムチャ、沢本三次）337, 338
韓在順（ハン・ジェスン）290, 291
韓太雄（ハン・テウン）112, 113, 141
韓何雲（ハン・ハウン）296
韓弼聖（ハン・ピルソン）226, 227
韓弼花（ハン・ピルファ／ハン・ピラ）226, 227
方珠延（バン・ジュヨン）281
黄山城（ファン・サンソン）355
黄振灝（ファン・ジノ）41
黄迎萬（ファン・ヨンマン）84
夫辛花（プ・シナ）366
裵正（ペ・ジョン）72
裵東湖（ペ・ドンホ）48, 71, 72, 82, 175, 183, 188, 191-197, 199-201, 202, 204, 206, 208, 210, 215, 218, 220, 221
白玉光（ペク・オックァン）268, 311, 333, 340
白哲（ペク・チョル）191
白貞基（ペク・チョンギ）72
白斗鎮（ペク・トゥジン）185
許景朝（ホ・ギョンジョ）85, 111
許正勲（ホ・ジョンフン）43
許哲中（ホ・チョルジュン）115, 355
許亨淳（ホ・ヒョンスン）191
許弼奭（ホ・ピルソク）205, 207
許明信（ホ・ミョンシン）140
洪鍾仁（ホン・ジョンイン）93
洪璡基（ホン・ジンギ）132
洪性宇（ホン・ソンウ）355
洪性采（ホン・ソンチェ）191
洪南淳（ホン・ナムスン）129

マ行

閔香淑（ミン・ヒャンスク）269-273, 279, 280, 282
閔泳相（ミン・ヨンサン）197, 199, 205-207
文益煥（ムン・イクファン／ムン・イッカン）147
文仁亀（ムン・イング）85, 111, 112, 118
文明子（ムン・ミョンジャ）175

ヤ行

梁一東（ヤン・イルドン）67, 202
梁元錫（ヤン・ウォンソク）127-129, 131-142
梁兆瀚（ヤン・ジョハン）72
梁承浩（ヤン・スンホ）72
梁東洙（ヤン・ドンス）297, 298, 301, 307
梁東珉（ヤン・ドンミン）212
梁南国（ヤン・ナムグク）170, 359
梁明山（ヤン・ミョンサン）70
柳寅泰（ユ・インテ）169
劉宇城（ユ・ウソン）168
兪鎮午（ユ・ジノ）181
柳珍山（ユ・ジンサン）186
兪錫濬（ユ・ソクチュン）191-194
劉錫鉉（ユ・ソッキョン）96
柳成三（ユ・ソンサム）152, 158, 159, 160, 162, 163, 169-171
柳東説（ユ・ドンヨル）92

趙一済（チョ・イルチェ）178, 179, 273
曺圭澤（チョ・ギュテク）74
趙正済（チョ・ジョンジェ）273, 278
曺貞夏（チョ・ジョンハ）326, 328
趙伸治（チョ・シンチ）355
曺伸夫（チョ・シンブ）103, 104, 109, 111
趙淳昇（チョ・スンスン）209
曺昌淳（チョ・チャンスン）100, 101, 103, 104, 111, 113
趙泰一（チョ・テイル）324
趙得勲（チョ・ドゥックン）359, 367
趙活浚（チョ・ファルチュン）208
曺奉岩（チョ・ボンアム）47, 69-72, 75-77, 79, 192, 218
趙洪来（チョ・ホンネ）43
趙万朝（チョ・マンジョ）271, 283, 286, 367, 369
趙珷夏（チョ・ムハ）269
趙鏞俊（チョ・ヨンジュン）96
趙鏞寿（チョ・ヨンス）47-49, 53, 72-74, 79, 80, 82, 83, 86, 87, 89, 90, 95, 96
曺永鮮（チョ・ヨンソン）356, 373
丁一権（チョン・イルグォン）128
鄭京植（チョン・ギョンシク）162, 163
鄭敬謨（チョン・ギョンモ）82, 211
鄭琴星（チョン・グムソン）236, 326, 328
鄭建永（チョン・ゴニョン、町井久之）203, 204
丁三星（チョン・サムソン）94
鄭在俊（チョン・ジェジュン）188-190, 193, 196, 197, 199, 200, 202-211
全柱震（チョン・ジュジン、夏谷進）337, 338
鄭周永（チョン・ジュヨン）91
鄭準基（チョン・ジュンギ）39
鄭靖和（チョン・ジョンファ）88, 91, 94
全泰壱（チョン・テイル）262, 345
全斗煥（チョン・ドゥファン）15, 104, 128, 129, 131, 133, 134, 136-138, 148, 212, 250, 293, 295, 313, 330, 378
鄭東年（チョン・ドンニョン）129
鄭華岩（チョン・ファアム）72
鄭海永（チョン・ヘヨン）182
田永寛（チョン・ヨングァン）303
田永鳳（チョン・ヨンボン）302
陳懿鍾（チン・ウィジョン）128
陳鍾埰（チン・ジョンチェ）104
陳斗鉉（チン・ドゥヒョン）311, 333, 334, 336
太倫基（テ・ユンギ）317, 318, 329, 367
都礼鍾（ト・イェジョン）220
董元模（トン・ウォンモ）202

ナ行

羅鍾卿（ナ・ジョンギョン）163
南載熙（ナム・ジェヒ）96
盧泰愚（ノ・テウ）15, 74, 104, 330
盧泰俊（ノ・テジュン）95
盧伯麟（ノ・ベンニン）95
盧武鉉（ノ・ムヒョン）21, 116, 211, 212, 373

ハ行

朴基玎（パク・キジョン）285
朴己出（パク・キチュル）70
朴璟遠（パク・キョンウォン）132
朴慶植（パク・キョンシク）29, 30
朴三順（パク・サムスン）334, 335
朴載雨（パク・ジェウ）285
朴鐘圭（パク・ジョンギュ）224
朴勝玉（パク・スンオク）159
朴順天（パク・スンチョン）182, 327
朴世径（パク・セギョン）279
朴賛翊（パク・チャニク）95
朴俊炳（パク・チュンビョン）140
朴正起（パク・チョンギ）376
朴正熙（パク・チョンヒ）15, 16, 23-25, 34, 48, 55, 57, 72, 82-84, 90, 91, 95, 96, 101, 129, 170, 178, 181, 182, 185, 187, 188, 197-199, 201-203, 212, 223,

高秉沢（コ・ビョンテク）274
高興門（コ・フンムン）182
高明昇（コ・ミョンスン）104
孔徳貴（コン・ドッキ）236, 327, 328

サ行

沈雨晟（シム・ウソン）116
沈載桓（シム・ジェファン）373
辛格浩（シン・ギョクホ）204
申庚林（シン・ギョンニム）324
申稙秀（シン・ジクス）299
申肅（シン・スク）74
申東曄（シン・ドンヨプ）324
申秉鉉（シン・ビョンヒョン）128
徐京植（ソ・キョンシク）227
徐俊植（ソ・ジュンシク）19, 27, 50, 57, 225, 227-230, 233, 235-237, 242, 243, 245, 250, 326
徐勝（ソ・スン）19, 27, 50, 60, 225-230, 234, 235, 237, 239, 240, 251, 311, 315, 317, 318, 326
徐承春（ソ・スンチュン）237
徐善雄（ソ・ソヌン）227
徐聖寿（ソ・ソンス）113, 114
徐東権（ソ・ドンクォン）56
徐英実（ソ・ヨンシル）227, 237
成仁基（ソン・インギ）92
孫基禎（ソン・ギジョン）76
宋建鎬（ソン・ゴノ）93
宋尚教（ソン・サンギョ）373
宋相振（ソン・サンジン）220
宋志英（ソン・ジョン）79, 80
孫貞子（ソン・ジョンジャ）163
孫順伊（ソン・スニ）334-336, 377
孫性祖（ソン・ソンジョ）81, 84, 86, 88-91, 94-96
宋南憲（ソン・ナモン）95
成来運（ソン・ネウン）170
孫亨根（ソン・ヒョングン）208
孫明源（ソン・ミョンウォン）366
孫明弘（ソン・ミョンホン）366
孫裕炯（ソン・ユヒョン）364-366, 375
宋栄淳（ソン・ヨンスン）219

タ行

池学淳（チ・ハクスン）221, 326
崔康勲（チェ・ガンフン）47
崔奎植（チェ・ギュシク）299, 302
崔圭夏（チェ・ギュハ）129, 131
崔慶禄（チェ・ギョンノク）138
崔佶夏（チェ・ギルハ）307, 308
崔載寿（チェ・ジェス）129
崔在術（チェ・ジェスル）→裵東湖（ペ・ドンホ）
崔鍾吉（チェ・ジョンギル）305, 306
崔鐘淑（チェ・ジョンスク）377
崔世鉉（チェ・セヒョン）96, 173-178
崔昌一（チェ・チャンイル）170
崔哲教（チェ・チョルギョ）311, 333, 334, 336, 340, 377, 378
崔斗善（チェ・ドゥソン）185
崔徳新（チェ・ドクシン）91, 92
崔東昨（チェ・ドンオ）91
崔炳国（チェ・ビョングク）108-110
崔炳模（チェ・ビョンモ）212
崔百根（チェ・ベックン）80
崔鉛熙（チェ・ヨニ）355
崔永五（チェ・ヨンオ）111-113
崔然淑（チェ・ヨンスク）170, 368
車智澈（チャ・ジチョル）224
車鉄権（チャ・チョルグォン）305-308
張壹淳（チャン・イルスン）221
張基杓（チャン・ギピョ）269
張慶旭（チャン・ギョンウク）60, 373
張俊河（チャン・ジュナ）285, 288
張聡明（チャン・チョンミョン）193
張沢相（チャン・テクサン）214
張勉（チャン・ミョン）72, 88
張永植（チャン・ヨンシク）85, 375
趙一之（チョ・イルジ）115, 355

金仲麟（キム・ジュンリン）39
金鍾吉（キム・ジョンギル）41, 55
金整司（キム・ジョンサ）116, 152, 154-158, 160-164, 166-171, 211, 356
金鐘在（キム・ジョンジェ）72
金正柱（キム・ジョンジュ）201
金鍾忠（キム・ジョンチュン）175
金正男（キム・ジョンナム）218-221
金鍾泌（キム・ジョンピル）43, 44, 92, 132, 185, 218, 242, 336
金政夫（キム・ジョンブ）311
金宗培（キム・ジョンベ）129
金淳一（キム・スニル）367
金秀顕（キム・スヒョン）270-273, 286
金寿煥（キム・スファン）218, 268, 282-284, 358
金洙暎（キム・スヨン）324
金素雲（キム・ソウン）327
金碩洙（キム・ソクス）112
金石範（キム・ソクポム）24, 354
金善太（キム・ソンテ）285
金達寿（キム・ダルス）34, 156
金達男（キム・ダルナム）284-288
金達鎬（キム・ダロ）70
金哲顕（キム・チョリョン）284, 285, 311
金鉄佑（キム・チョルウ／キム・チョル）170, 326, 329
金喆佑（キム・チョルウ／キム・チョル）170
金千吉（キム・チョンギル）223-226
金総領（キム・チョンニョン）84
金大中（キム・デジュン）20-24, 50, 67, 68, 113, 116, 134-139, 141, 142, 147, 148, 149, 150-152, 164, 167, 169, 173, 175, 179, 180, 186, 194. 196, 198, 199, 201-210, 212, 228, 285, 292, 293, 312, 326, 330, 366, 369, 373
金泰洪（キム・テホン）116
金度演（キム・ドヨン）182
金東雲（キム・ドンウン、金炳賛）136, 173, 174
金東植（キム・ドンシク）154
金東輝（キム・ドンフィ）57, 369
金韓林（キム・ハンリム／キム・ハルリム）326-329
金炯旭（キム・ヒョンウク）164, 181, 182, 187, 213
金秉坤（キム・ビョンゴン）169
金丙鎮（キム・ビョンジン）105, 113, 121, 140
金賢姫（キム・ヒョンヒ／キム・ヒョニ）164
金嬉老（キム・ヒロ）292
金滉植（キム・ファンシク）163
金奉鎮（キム・ボンジン）72
金明植（キム・ミョンシク）160, 163
金旻畊（キム・ミンギョン）359
金亮洎（キム・ヤンギ）116
金潤（キム・ユン）328, 329
金允鍾（キム・ユンジョン）207
金纓（キム・ヨン）328
金容権（キム・ヨングォン）299, 302
金泳三（キム・ヨンサム）319, 378
金龍式（キム・ヨンシク）75-77
金溶植（キム・ヨンシク）214
金英柱（キム・ヨンジュ）241
金栄珍（キム・ヨンジン）373
金容晋（キム・ヨンジン）70
金永善（キム・ヨンソン）296
金容得（キム・ヨンドゥク）302
金龍煥（キム・ヨンファン）129
郭秀浩（クァク・スホ）212
郭東儀（クァク・トンイ）82, 149, 167, 206, 212, 311, 312
権逸（クォン・イル、権赫周）84, 180-182, 184-186, 188-190, 192, 213, 273, 329
権燦秀（クォン・チャンス）113
高建（コ・ゴン）296
高貞勲（コ・ジョンフン）93
高亨坤（コ・ヒョンゴン）296

李厚洛（イ・フラク）136, 192, 241
李滸（イ・ホ）192, 199
李憲治（イ・ホンチ）116, 360
李萬根（イ・マングン）75
李明博（イ・ミョンバク）163, 212, 374
李文永（イ・ムニョン）147
李裕天（イ・ユチョン）130, 186
李栄根（イ・ヨングン）47, 48, 72-77, 79-86, 95, 96, 198
李泳禧（イ・ヨンヒ）→（リ・ヨンヒ）
林季成（イム・ゲソン）161, 166, 167
林鍾仁（イム・ジョンイン）212
林秀卿（イム・スギョン）351, 369
林昌栄（イム・チャンヨン）202
林清造（イム・チョンジョ）170
林大洪（イム・デホン）296
任栄信（イム・ヨンシン）185
禹鍾一（ウ・ジョンイル）128
禹洪善（ウ・ホンソン）220
元心昌（ウォン・シムチャン）72, 84
呉己順（オ・ギスン）21, 227, 230-236, 238, 242
呉制道（オ・ジェド）273
呉炳哲（オ・ビョンチョル）115
呉永石（オ・ヨンソク）121-123

カ行

姜渭典（カン・ウィジョン）72
姜宇奎（カン・ウギュ）287, 311, 340
姜尚中（カン・サンジュン）23-25
姜在彦（カン・ジェオン）261
姜鐘健（カン・ジョンゴン）57
康宗憲（カン・ジョンホン）255, 256, 258-268, 281, 282, 284, 311, 333, 346, 359
姜舜（カン・スン）324
姜哲順（カン・チョルスン）369, 370
康東華（カン・ドンファ）131, 132
姜希雪（カン・ヒソル）369, 370
姜文奉（カン・ムンボン）185
金貳権（キム・イグォン）285
金一（キム・イル、大木金太郎）132
金日成（キム・イルソン）24, 39, 40, 47, 107, 109, 217, 227, 241, 265, 348
金毅漢（キム・ウィハン）88, 90, 95
金元重（キム・ウォンジュン）40-48, 50-60, 82, 85
金玉峰（キム・オクボン）168
金五子（キム・オジャ）284, 333, 334
金嘉鎮（キム・ガジン）90
金基正（キム・ギジョン）60
金淇春（キム・ギチュン）264
金基喆（キム・ギチョル）70
金基寿（キム・ギド）179
金圭南（キム・ギュナム）20, 186, 187
金教練（キム・ギョリョン）228
金敬得（キム・ギョンドゥク）35, 36
金基完（キム・ギワン、金在権）136, 174, 191-195, 215, 216
金九（キム・グ）91, 94
金権萬（キム・グォンマン）178
金今石（キム・グムソク）185, 192
金槿泰（キム・グンテ）115
金君夫（キム・グンブ）161
金三奎（キム・サムギュ）72
金相賢（キム・サンヒョン）228
金載圭（キム・ジェギュ）96, 173, 175, 176, 178
金在俊（キム・ジェジュン）326
金載華（キム・ジェファ）180-186, 188, 192, 193, 202, 207, 211, 213, 215, 217
金在浩（キム・ジェホ）74, 95
金芝河（キム・ジハ）23, 24, 152-154, 157-160, 169, 218-220, 236, 318, 323-325, 328, 378
金芝平（キム・ジピョン）280
金滋東（キム・ジャドン）88, 90-95
金重泰（キム・ジュンテ、金仲泰）48, 53, 81, 82, 84, 328
金俊輔（キム・ジュンボ）296

人名索引

【韓国・朝鮮人】

ア行

安銀廷（アン・ウンジョン）118
安重根（アン・ジュングン）95
安新奎（アン・シンギュ）74, 79, 80
安聖基（アン・ソンギ）349
安椿生（アン・チュンセン）76, 95
安炳茂（アン・ビョンム）326
安浩相（アン・ホサン）186
李乙永（イ・ウルヨン）299, 302
李甲成（イ・カプソン）185
李康源（イ・ガンウォン）119
李康哲（イ・ガンチョル）169
李康勲（イ・ガンフン）72
李基東（イ・ギドン）287, 288
李起鵬（イ・ギブン）75
李根安（イ・グナン）115
李健雨（イ・ゴヌ）277
李三熙（イ・サミ）304
李士永（イ・サヨン）299, 302, 307, 313
李相翊（イ・サンイク）187
李相権（イ・サングォン）70
李相姫（イ・サンヒ）373
李載瀅（イ・ジェヒョン）182
李佐永（イ・ジャヨン）289-292, 294-298, 300-304, 307-309, 311, 313, 340
李珠光（イ・ジュグァン）115
李宗樹（イ・ジョンス）97-99, 101-109, 140
李廷錫（イ・ジョンソク）303
李丁錫（イ・ジョンソク）185
李楨鶴（イ・ジョンハク）271
李鍾律（イ・ジョンニュル）74, 93
李珍寛（イ・ジングァン）281
李承晩（イ・スンマン）47, 70, 71, 74, 77, 79, 183, 216
李承牧（イ・スンモク）84
李錫兌（イ・ソクテ）267, 361, 362, 373, 374
李聖熙（イ・ソンヒ）299, 300, 302, 304, 306
李哲熙（イ・チョリ）136
李哲（イ・チョル）177, 267-284, 286, 311, 333, 346, 357-358, 361-364, 367, 369, 370, 372
李千秋（イ・チョンチュ）72
李泰永（イ・テヨン）300
李道先（イ・ドソン）185
李東一（イ・ドンイル）193, 194, 215
李東石（イ・ドンソク）347-352, 354, 358-360, 365, 367
李東寧（イ・ドンニョン）91
李東玄（イ・ドンヒョン、伊東玄太郎）338
李東華（イ・ドンファ）70
李東海（イ・ドンヘ）347
李漢植（イ・ハンシク）299
李漢東（イ・ハンドン）183
李禧元（イ・ヒウォン）84, 191, 193, 196, 197, 215
李姫鎬（イ・ヒホ）279
李孝祥（イ・ヒョサン）186, 192
李亨根（イ・ヒョングン）128
李炳勇（イ・ビョンヨン）168
李和樹（イ・ファス）290, 291, 295, 311
李恢成（イ・フェソン）24, 31, 33-35, 38, 100
李会栄（イ・フェヨン）72
李粉義（イ・プニ）274

［著者紹介］

金孝淳（キム・ヒョスン）

1974年ソウル大学政治学科卒業。79年東洋通信入社、81年京郷新聞に移籍した。1988年『ハンギョレ新聞』創刊に参加。92年から95年までハンギョレ新聞社東京特派員。95年に帰国し、国際部長、社会部長、政治部長、論説委員をへて2005年から編集人（主筆にあたる）を歴任し、退任後も「大記者」の肩書で健筆をふるい、2012年に退社した。著書に、『歴史家に問う――屈折した韓日現代史のルーツを求めて』（西海文集、2011年）、『間島特設隊』（西海文集、2014年）、『李泳禧をともに読む』（共著、創批、2017年）など。本書『祖国が棄てた人びと』（西海文集、2015年）で、第３回李泳禧賞を受賞。

［監訳者紹介］

石坂浩一（いしざか・こういち）

立教大学異文化コミュニケーション学部准教授。 韓国社会論、日韓・日朝関係史専攻。著書に、『フレンドリー・コリアン――楽しく学べる朝鮮語』（共著、明石書店、2004年）、『トーキング・コリアンシネマ』（凱風社、2005年）、『岩波小辞典　現代韓国・朝鮮』（共編、岩波書店、2002年）、『現代韓国を知るための60章【第２版】』（共編、明石書店、2014年）、『北朝鮮を知るための55章【第２版】』（共編、明石書店、近刊予定）

祖国が棄てた人びと——在日韓国人留学生スパイ事件の記録

2018 年 11 月 15 日　初版第 1 刷発行

著　者　金　孝　淳
監訳者　石　坂　浩　一
発行者　大　江　道　雅
発行所　株式会社 明石書店

〒101-0021 東京都千代田区外神田 6-9-5
電 話　03（5818）1171
FAX　03（5818）1174
振 替　00100-7-24505
http://www.akashi.co.jp

装丁　桂川　潤
組版　朝日メディアインターナショナル株式会社
印刷・製本　モリモト印刷株式会社

（定価はカバーに表示してあります）　ISBN978-4-7503-4739-4

朝鮮戦争論 忘れられたジェノサイド
世界歴史叢書 ブルース・カミングス著 栗原泉、山岡由美訳 ◎3800円

現代朝鮮の歴史 世界のなかの朝鮮
世界歴史叢書 ブルース・カミングス著 横田安司、小林知子訳 ◎6800円

現代朝鮮の興亡 ロシアから見た朝鮮半島現代史
世界歴史叢書 A・V・トルクノフ、V・I・デニソフ、Vl・F・リ著 下斗米伸夫監訳 ◎5000円

韓国近現代史 1905年から現代まで
世界歴史叢書 池明観著 ◎3500円

新版 韓国文化史
世界歴史叢書 池明観著 ◎7000円

朝鮮史 その発展
世界歴史叢書 梶村秀樹著 ◎3800円

共同研究 安重根と東洋平和 東アジアの歴史をめぐる越境的対話
李洙任、重本直利編著 ◎5000円

評伝 尹致昊 「親日」キリスト者による朝鮮近代60年の日記
木下隆男著 ◎6600円

済州島を知るための55章
エリア・スタディーズ 166 梁聖宗、金良淑、伊地知紀子編著 ◎2000円

現代韓国を知るための60章【第2版】
エリア・スタディーズ 6 石坂浩一、福島みのり編著 ◎2000円

北朝鮮を知るための51章
エリア・スタディーズ 53 石坂浩一編著 ◎2000円

在日コリアンの人権白書
在日本大韓民国民団中央本部人権擁護委員会企画 『在日コリアンの人権白書』制作委員会編 ◎1500円

歴史教科書 在日コリアンの歴史【第2版】
在日本大韓民国民団中央民族教育委員会企画 『歴史教科書 在日コリアンの歴史』作成委員会編 ◎1400円

写真で見る在日コリアンの100年
在日韓人歴史資料館図録 在日韓人歴史資料館編著 ◎2800円

ユネスコ世界記憶遺産と朝鮮通信使
仲尾宏、町田一仁共編 ◎1600円

朝鮮通信使の足跡 日朝関係史論
仲尾宏著 ◎3000円

〈価格は本体価格です〉

在日コリアン辞典

国際高麗学会日本支部『在日コリアン辞典』編集委員会【編】
朴　一（大阪市立大学大学院経済学研究科教授）【編集委員会代表】

◈ **定価:本体3,800円+税**

◈ **体裁:四六判／上製／456頁**

ISBN978-4-7503-3300-7

本書は、在日コリアンの歴史、政治と経済、社会と文化などについて、できるだけ客観的な情報を提供し、日本人の最も身近な隣人である在日コリアンについて理解を深めてもらいたいという目的で編集されたものである。またこの辞典には、在日コリアン100年の歩みを、ジャンルを超え、網羅的に記録しておきたいという思いが込められている。韓国併合100年を迎え、改めて日韓・日朝関係を再検証してみる必要性が問われているが、この辞典は日本と朝鮮半島の狭間で生きてきた在日コリアンの歩みから、日韓・日朝関係の100年を検証する試みでもある。

（本書「はじめに」より抜粋）

アリラン／慰安婦問題／猪飼野／大山倍達／過去の清算／「韓国併合」条約／金日成／キムチ／金大中事件／強制連行と在日コリアン／金嬉老事件／嫌韓流／皇民化政策／在日コリアンの職業／サッカー・ワールドカップ日韓共催／参政権獲得運動／指紋押捺拒否運動／創氏改名／宋神道／孫正義／第三国人／済州島四・三事件／チマ・チョゴリ引き裂き事件／朝鮮人被爆者／日朝平壌宣言／日本人拉致問題／『パッチギ!』／張本勲／阪神教育闘争／ホルモン論争／松田優作／万景峰号／民族学校／村山談話／よど号ハイジャック事件／ワンコリア・フェスティバルほか歴史、政治、経済、社会、文化等ジャンルを超えて網羅、100名を超える執筆陣による、全850項目!

〈価格は本体価格です〉